应用型本科金融与贸易系列教材

YINGYONGXINGBENKEJINRONGYUMAOYIXILIEJIAOCAI

计量经济学

JILIANGJINGJIXUE

鲁统宇　刘恩猛　主　编

厦门大学出版社

XIAMEN UNIVERSITY PRESS

图书在版编目（CIP）数据

计量经济学/鲁统宇,刘恩猛主编. -- 厦门:厦门大学出版社,2008.8(2023.1重印)

（应用型本科金融与贸易系列教材）

ISBN 978-7-5615-3064-1

Ⅰ. 计… Ⅱ. ①鲁…②刘… Ⅲ. 计量经济学—高等学校—教材 Ⅳ. F224.0

中国版本图书馆CIP数据核字(2008)第121417号

| 出 版 人 | 郑文礼 |
| 责任编辑 | 吴兴友 |

出版发行 厦门大学出版社

社　　址	厦门市软件园二期望海路 39 号
邮政编码	361008
总　　机	0592-2181111　0592-2181406(传真)
营销中心	0592-2184458　0592-2181365
网　　址	http://www.xmupress.com
邮　　箱	xmup@xmupress.com
印　　刷	三明市华光印务有限公司

开本	720 mm×1 000 mm　1/16
印张	13.75
字数	240 千字
版次	2008 年 8 月第 1 版
印次	2023 年 1 月第 2 次印刷
定价	22.00 元

厦门大学出版社
微信二维码

厦门大学出版社
微博二维码

前 言

　　计量经济学(Econometrics)是在上世纪 80 年代初期引入我国并逐渐在经管类专业广泛开设的一门经济学课程。本书就是为高等学校经济管理类各专业本科计量经济学课程编写的教材。计量经济学在我国只有 20 多年的历史,它的重要性也是逐渐被人们所认识的。1998 年 7 月,计量经济学被教育部全国经济学教学指导委员会确定为高等学校经济学门类各专业的八门核心课程之一。计量经济学已经在经济学科中占据极其重要的地位。正如诺贝尔经济学奖获得者 R. Klein(克莱因)所评价的,"在大多数大学和学院中,计量经济学的讲授已经成为经济学课程表中最有权威的一部分"。另一位诺贝尔经济学奖获得者 P. Samuelson(萨缪尔森)甚至说,"第二次大战后的经济学是计量经济学的时代"。

　　计量经济学属于专业基础课程,一般 3～4 学分。教学的目的是使学生掌握现代经济学研究和经济分析的基本理论与方法,理解和掌握计量经济学的基本思想和基本方法,能够建立和应用实用的计量经济学模型分析现实经济问题。计量经济学融经济学、数学、统计学于一体,具有较强的理论性、思想性和实用性,能够培养学生良好的理论素养和解决现实经济问题的能力。

　　计量经济学作为一门学科诞生于 20 世纪 30 年代,80 年代引入我国,尽管它仍很年轻,却显示了强大的生命力和广泛的应用前景,这一学科目前的发展很快,新的理论、方法不断涌现。我们中国计量学院经济与管理学院的计量经济学课程小组在实际的教学过程中也是不断学习和探索,在充分借鉴国内外教材优点的同时,也非常注重自身的课程建设。我们在近几年的课程建设过程中努力做好以下几方面的工作:(1)不断学习本学科的前沿理论,做好相应的科研工作,以科研带动教学;(2)在授课过程中,既要注重经典理论,又应适当引入新的模型方法,注重课程内容的创新;(3)注重应用和实践,在教学过程中注重案例教学,结合计量软件分析,强调实用性;(4)采用先进的教学方法和教学手段,加强网络课件开发和教学法研究;(5)不断发展和完善试题库建设,注意考试、考核方法的改进,注重学生课程论文和案例分析报告的写作,增强学生解决现实经济问题的能力,注重素质培养。在课程教学过程中,融计量经济学理论方法与应用模型为一体;以经典内容为主,适当引入最新的模型方法;对于理论方法,强调的是思想而不是数学过程;对于应用模型,结合现实的经济案例,运用 EViews、SPSS 等统计软件进行实例分析。在教学过程中,我们不断学习和借鉴国内外优秀教材的内容和讲述方法,开展教学法研究,结合我们自己学生的特点,坚持"重思想、重方法、重应用"的原则,收到良好的教学效果。

本书主要是为 50 多个课时的教学内容编写的,不求全,但求精。计量经济学的内容体系现在已经很丰富,但是对经管类专业的本科生而言,显然不可能全部学习,而且一般高校的课时也不允许。这就要求我们在授课的过程中不能过分求全,而是要注重把经典的内容讲清楚,同时应该注意在授课过程中对比较前沿的方法的适当引入。另外,对于经管专业的学生而言,往往感觉计量经济学学习起来很难,这主要是因为学生对计量经济学所要求的数学知识已经遗忘,或对部分内容还是比较生疏。因此,在本教材的编写过程中,我们特意把计量经济学的数学基础作为一章放在主要内容的前面。对这部分内容主要供学生复习、回顾相关的数学及统计学的知识,老师也可以做适当的选讲。在后面章节的编写过程中,我们也坚持"重思想、重方法、重应用"的原则,注重讲授计量经济学的思想方法,每章都有实践的案例结合 EViews 软件进行讲解,增强学生利用计量经济学的工具分析、解决实际问题的能力。

本书第一、二、三、四及第八章由鲁统宇编写,第五、六、七及第九章由刘恩猛编写。两人共同对该书进行校对和统稿。

由于编者水平有限,对很多问题的认识还很肤浅,书中定有不妥甚至错误之处,恳请广大专家读者批评指正。

编 者

2008 年 7 月于中国计量学院

目　录

第1章　绪　论

学习内容与要求：

本章主要介绍计量经济学的产生、发展、课程的特点、地位以及研究的步骤和内容。要求了解计量经济学的基本概念特点，掌握计量经济学的研究内容、方法和研究步骤。

第一节　什么是计量经济学

计量经济学是经济学的一个分支学科，是一门侧重于从数量方面研究各种经济变量变化规律的学科。它经过 70 多年，尤其是近 30 年的发展，形成了广泛的内容体系。

英文"Econometrics"一词最早是由挪威经济学家、统计学家、第一届诺贝尔经济学奖获得者弗里希（R. Frisch）于 1926 年仿照"Biometrics"（"生物计量学"）提出来的。中文译名有两种：经济计量学与计量经济学。前者试图从名称上强调它是一门计量经济活动方法论的学科，后者试图通过名称强调它是一门经济学科。但事实上，翻开两类不同名称的出版物，就会发现其内容并无显著差别。

一、计量经济学的特点

计量经济学的创始人弗里希（R. Frisch）将计量经济学定义为经济理论、统计学和数学的三者结合。由此可见，计量经济学在内容上必须引进量的概念和定量分析，运用统计数据、统计方法和数学方法，探讨经济现象的数量变化规律，所以定量性是计量经济学的特点之一。但是应当指出，计量经学总是以一定的经济理论为基础的,对经济现象和经济变量之间的关系做出定性的解释。计量经济学是一门经济学科,以经济现象为研究对象,实证的方法,尤其是数量分析方法是经济学研究的基本方法论。计量经济学的另一个显著的特点是多学科性,即是经济学、统计学和数学的结合。这些多学科的相互渗透使计量经济学成为从数量的的角度分析和解决实际问题的有力工具。

综合以上特点,我们可以从以下角度对计量经济学做一简单的概括:计量经济学是以经济理论为基础,运用数学、统计学的方法,根据实际观测的统计数据,以计算机为手段从事经济活动或经济关系数量规律研究,并以建立、检验和运用计量经济模型为核心的一门经济学分支学科。

二、计量经济学的产生与发展

1930 年 12 月 29 日,由弗里希(R. Frisch)和丁伯根(J. Tingbergen)等经济学家发起的国际计量经济学会在美国成立,这个学会的宗旨是"为了使经济理论在与统计学和数学的结合中获得发展"。并于 1933 年创刊 Econometrics,标志着计量经济学作为一个独立的学科正式诞生。在计量经济学刚刚诞生的最初 10 年,主要研究微观经济问题,例如,H. 舒尔兹在消费理论与市场行为方面的研究,P. 道格拉斯对边际生产力的研究,都为计量经济学开拓了新领域。R. 弗里希对以统计学和经济理论为基础来测度需求弹性、边际生产力以及总体经济稳定性更有卓著贡献。

20 世纪 40—80 年代,计量经济学的重点是研究宏观经济问题。40 年代,计量经济学致力于经济理论的模型化与数学化的研究,如 T. 哈威勒莫、A. 瓦尔德将统计推论应用到计量经济学;50 年代,H. 泰尔发表了二阶段最小二乘法;60 年代计量经济学得到了迅速发展,在这段时间,学者们发表了有关分布滞后问题的新的处理方法。由于电子计算机的使用,大量复杂的计量经济模型得以建立和应用,从而促进了计量经济学理论与应用的发展。

近 20 多年来,由于计算机技术的发展,计量经济学的发展又进入一个新阶段。学者们一方面仍继续发展计量经济学的理论部分;另一方面则将它更广泛地应用于实际经济生活,利用计量经济模型从事经济预测与经济分析,拟定经济计划并提出经济政策。计量经济模型的发展有两种趋势,一是模型越来越大,包括一万或两万个以上的方程,这种模型结构复杂,更换工作量大;二是建立模型体系,每个模型不大,但数目多,涉及经济生活的各个方面,通过信息交流和反馈,可以形成完整的、有机的模型体系,而且无论经济预测还是政策分析都很全面,可以在决策中发挥更大的作用。近几年来,计量经济学在理论和方法的研究上有了新的突破,如协整理论等使计量经济学进入了一个新的理论研究阶段。博弈论贝叶斯理论在计量经济学中的应用,是目前计量经济学研究的一个新课题。由此可见,计量经济学是一门在经济研究和经济分析中起着重要作用的、正在迅速发展的综合性学科。

从 30 年代到今天,尤其是二战以后,计量经济学在西方各国的影响迅速扩大。P. A. Samuelson 曾说:"第二次世界大战以后的经济学是计量经济学的时代。"诺贝尔经济学奖的获奖成果中 3/4 都与计量经济学有密切关系,自1969 年设立诺贝尔经济学奖至 1989 年,27 位获奖者中有 15 位是计量经济学家,其中 10 位是世界计量经济学会的会长。著名计量经济学家、诺贝尔经济奖获得者克莱因(Klein)在《计量经济学教科书》序言中写道:"计量经济学已在经济学科中居于重要的地位","在大多数大学和学院中,计量经济学的讲授已成为经济学课表中有权威的一部分"。从这些相关的评述足以看出计量经济学的重要性。在我国,1998 年教育部将计量经济学确定为经济类八门核心课程之一。

计量经济研究有三个方面的要素:以有关所研究对象经济行为的经济理论作为研究的基础,以对所研究对象经济行为进行观测所得到的信息(主要是数据)作为研究的原料或依据,以统计学及数学的估计、检验、分析的方法作为研究的工具与手段。计量经济学有两个主要的研究内容:

一是如何运用、改进和发展数理统计方法,使之成为适合测定随机性特征的经济关系的特殊方法——计量经济学方法,这部分研究内容称为理论计量经济学,也称经济计量方法。

二是在一定的经济理论指导下,以反映事实的统计数据为依据,以经济计量方法研究经济数学模型,探索和实证经济规律,这一方面的研究内容称为应用计量经济学。

第二节 计量经济学的研究步骤

运用计量经济学研究经济问题,一般可以分为以下几个步骤:建立模型、数据收集、参数估计、模型检验和模型应用。下面逐一讨论这几个过程。

3

一、理论模型的建立

模型,是对现实的描述和模拟。经济现象错综复杂,变化不定,为便于研究往往舍去一些次要因素,专门研究普遍性、决定性的因素之间的因果关系,形成系统的经济理论。经济理论是实践的高度概括,经济模型则是经济理论的简明描述。数学模型可运用数学定理进行推理。例如,为了研究居民的消费行为,根据经济学中的相关经济理论,认为影响居民消费支出的主要因素是居民的收入水平,可将两者的关系表示为以下的消费函数:

$$Y = \beta_0 + \beta_1 X \tag{1.1}$$

其中,Y 为居民消费支出,X 为居民家庭收入,β_0 和 β_1 为参数,β_1 又称为边际消费倾向(MPC)。

模型(1.1)就是刻画居民收入和消费水平的数学模型,但它还不是计量经济学模型。计量经济学模型与数学模型的主要区别在于,它不但考虑影响因变量的主要因素,还考虑影响因变量的大量的次要因素。例如,影响消费的因素除了收入这一主要因素外,还可能受消费者的财富状况、消费习惯及物价、季节等次要因素的影响。计量经济学模型是通过在模型中引入一个随机扰动项来体现大量的次要因素对因变量的影响。即

$$Y = \beta_0 + \beta_1 X + \mu \tag{1.2}$$

其中 μ 为随机扰动项,它体现大量的次要因素对因变量的影响,从数学的角度,通常把它看作一个均值为零的正态随机变量。

因此,一个计量经济学模型一般包括如下的几部分要素:变量、参数、方程式及随机扰动项。变量在不同时间、不同空间的表现不同,取值不同,是可以观测的因素,是模型的研究对象或影响因素。参数是表现经济变量相互依存程度、决定经济结构和特征、相对稳定的因素,通常不能直接观测。方程式决定了变量之间数学关系式,它通常由变量间的内在联系决定。随机扰动项包含了大量的次要因素及随机干扰对因变量的影响。

计量经济学以建立、检验和运用计量经济模型为核心。理论模型的建立因此要根据模型的构成要素做以下的工作:

(1)确定模型包含的变量:以研究的问题作为因变量(又称被解释变量),把影响问题的主要因素作为自变量(又称解释变量),把影响因变量的大量的次要因素作为随机扰动项。

(2)确定模型的数学形式:利用经济学和数理经济学的成果或根据样本数

据作出的变量关系图选择可能的形式作为模型的数学形式。

(3)拟定模型中待估计参数的理论期望值区间:包括参数的符号、大小、关系等要素。

二、样本数据的收集

计量经济模型确定以后,就要根据模型中确定的变量搜集相关数据。数据是对客观事物信息的一种反映,这种信息如果以某种量的标志显现出来就称其为数据。在计量经济学中,用于估计参数的数据常有以下几种:

1. 时间序列数据(time series data)

时间序列是指把反映某一种特征的同一指标的数据按时间顺序排列后所得到的序列,又称为动态数列。如逐年的国内生产总值,逐月的物价指数,逐日的股价指数等等都是时间序列数据。时间序列数据可以是时期数据,也可以是时点数据。

2. 截面数据(cross-sectional data)

截面数据是指同一时间某个指标在不同空间的观测数据。"不同空间"可以指不同的地域、行业、部门、单位等。如我国在 2008 年各省份的 GDP 数据,在某一时间的普查数据等。

3. 面板数据(panel data)

面板数据又称为混合数据(pooled data)或纵向数据(longitudinal data)。它是指时间序列数据和截面数据相结合的数据。如,20 年间 10 个国家的失业率的数据,全国各个省市在不同年份的经济发展状况的数据。

无论是哪种类型的数据,对数据质量的要求都是一致的,一般要求数据具有完整性、准确性、可比性、一致性等特性。

三、模型参数的估计

计量经济模型中的参数一般是未知的,这就需要根据样本数据对它加以估计。估计参数的方法有很多,常用的有普通最小二乘估计、极大似然估计、矩估计等估计方法。不同的估计方法一般需要不同的前提假设,只有当估计方法的前提假设被满足以后,才可以用这种估计方法进行参数估计。

在实际的计量经济研究中,运用样本数据对参数进行估计时往往需要很大的计算工作量。现在这方面的工作已经可以由各种统计软件来实现,统计软件已经成为计量经济学学习过程中必不可少的一部分。常用的统计软件有EViews、SPSS、GAUSS、SAS、S-Plus 等等,不同的软件有不同的特点,但都具有基本的计量经济学分析的功能。目前国内计量经济学的课堂教学多以EViews 为主。要进行计量经济学的学习和研究至少要熟练掌握一种统计软件的使用。

四、模型的检验

模型的参数被估计出来以后,一般来说这样的模型还不能够直接拿来应用,还需要对模型进行各种检验,以判断模型的"质量"。之所以要对模型进行检验,原因是多方面的。首先,模型的设定可能存在偏误。模型的设定一般要根据相关理论进行,但是由于对某些理论问题的认识不一定准确,在对模型的数学形式及变量的选取等方面可能存在偏差。其次,模型中的参数是根据一组样本数据估计得到的,由于抽样的不确定性,使参数的估计值与真实值之间总是存在一定的偏差。所谓模型的检验,就是要对模型的设定、参数估计值的含义等方面进行经济理论及统计学方面的判断。

对模型的检验一般包括如下的几方面内容:

(1)经济意义检验

在模型的设定过程中,模型中的参数一般都有特定的含义或取值范围。所谓经济意义的检验,就是要判断所估计的参数的符号、大小、范围等是否符合其理论上的含义。例如,对于模型(1.2),参数 β_1 为边际消费倾向,按照经济理论应该有 $0 < \beta_1 < 1$,所以,β_1 的估计值也应该在这样的一个范围。这是经济意义的检验。

(2)统计检验

为了考虑由于抽样的不确定性对参数估计的影响,应该按照数理统计的相关理论对模型中的参数进行检验。这主要包括拟合优度检验、模型总体显著性检验以及变量的显著性检验等内容。这些检验一般都要用到数理统计中假设检验的思想,具体的检验方法我们在后面的章节中再详细展开。

(3)计量经济学检验

在前面我们已经提到,模型的参数估计方法有很多,但是每种方法都有自己的一些前提假设,只有当这些前提假设都满足时才可以用相应的估计方法。在对现实问题进行估计时,我们就需要判断这些基本的假设是否满足,同时要考虑如果不满足应该采用什么样的方法进行修正等问题。这方面的检验称为计量经济学的检验,它是由计量经济学的理论决定的。检验的内容包括异方差性检验、序列相关性检验、多重共线性检验等内容。

(4)预测检验

对模型好坏的评价,也许预测的准确与否是一个很好的标准。所以,可以将估计得到的模型应用于对现实问题的预测,然后根据预测的结果和实际的结果进行比较,以检验模型的有效性。

五、模型应用

如果估计的模型经过上面的各种检验发现都是有效的,那么可以对模型进行应用。计量经济模型主要可以用于经济结构分析、经济预测和政策的评价等几个方面。

1. 结构分析

经济学中的结构分析是对经济现象中变量之间相互关系的研究。结构分析所采用的主要方法是弹性分析、乘数分析与比较静态分析。计量经济学模型的功能是揭示经济现象中变量之间的相互关系,即通过模型得到弹性、乘数等。

2. 经济预测

计量经济模型作为一类经济数学模型,是随着经济预测,特别是短期预测的发展而发展起来的。计量经济模型是以模拟历史、从已经发生的经济活动中找出变化规律为主要技术手段。对于非稳定发展的经济过程,对于缺乏规范行为理论的经济活动,计量经济模型的预测功能失效。模型理论方法的发展要适应预测的需要。

3. 政策评价

所谓政策评价,是利用计量经济模型对各种可供选择的政策方案的实施后果进行模拟测算,从而对各种政策方案做出评价。在这种情况下,我们是把计量经济模型当作经济运行的"经济政策实验室",去模拟所研究的经济体系,去分析整个经济体系对各种假设的政策条件的反应。在实际的政策评价时,经常把模型中的某些变量视为可调整的"政策变量",然后分析政策变量的变动对被解释变量的影响。

4. 理论检验与发展

实践是检验真理的唯一标准。任何经济学理论,只有当它成功地解释了过去,才能为人们所接受。计量经济模型提供了一种检验经济理论的好方法。

对理论假设的检验可以发现和发展理论。例如,里昂惕夫对赫—俄理论的实证检验导出了著名的"里昂惕夫之谜",经济学家对"里昂惕夫之谜"的解释大大推进了国际贸易理论的发展。

【本章小结】

1.计量经济学是以经济理论为基础,运用数学、统计学的方法,根据实际观测到的统计数据,以计算机为手段从事经济活动或经济关系数量规律研究,并以建立、检验和运用计量经济模型为核心的一门经济学分支学科。

2.运用计量经济学研究经济问题,一般可以分为以下几个步骤:建立模型、数据收集、参数估计、模型检验和模型应用。

3.在计量经济学中,用于估计参数的数据常有:时间序列数据、截面数据和面板数据。

【思考与练习】

1.1 什么是计量经济学?计量经济学与一般经济数学方法有什么区别?

1.2 计量经济学中常用到的数据类型有哪些?它们各自都有什么特点?

1.3 一个完整的计量经济学模型应包括哪些基本要素?试举例说明。

1.4 计量经济学的主要研究步骤是什么?

1.5 为什么要对估计的计量经济模型进行检验?检验的内容有哪些?

第2章　计量经济学的数学基础

学习内容与要求：

本章主要介绍计量经济学的相关数学基础，包括：概率分布、参数估计、假设检验及相关的矩阵理论。对相关数学、统计知识的掌握是学好后面章节的基础。本章内容主要供学员复习回顾相关知识。

本章对计量经济学中经常用到的一些数学基础作一简要的概括，主要涵盖概率统计和矩阵理论的一些相关知识点。掌握这些数学基础对于学好本书后面的相关内容至关重要。其实绝大部分内容都已经学过，这里更多的是做一些回顾性的介绍，使学生能够尽快地回忆起相关知识，便于后面的进一步学习。

第一节　概率分布

一、随机事件的概率

在自然界和人类社会中有着两类不同的现象。一类是确定性现象，其特征是在一定条件下必定会发生或必定不会发生；另一类是随机现象，其特征是在一定条件下可能发生也可能不发生。

对随机现象，在基本相同的条件下，重复进行试验或观察，可能出现各种不同的结果。试验共有哪些结果是事前知道的，但每次试验出现哪种结果却是无法预见的，这种试验称为随机试验（random experiment）。随机试验的某一可能结果称为随机事件（random event），简称事件。一个随机试验所有可能结果的集合称为样本空间(sample space),通常用 Ω 表示;样本空间的每一个基本成员称为样本点(sample point),通常用 ω 表示。如投掷一颗骰子,在掷之前无法知道其结果如何,但其基本结果只可能是"出现 1 点",……,"出现 6 点"等 6 种情形,若记 ω_i = 出现第 i 点,那么 $\Omega = \{\omega_1, \omega_2, \cdots, \omega_6\}$,若用 A 表示出现偶数点这一事件,则 $A = \{\omega_2, \omega_4, \omega_6\}$,显然事件 A 为样本空间 Ω 的子集。

每次试验不能预测其结果,这反映随机试验结果的出现具有偶然性;但大量重复试验中随机事件出现的频率又具有某种稳定性,即一个随机事件出现的频率通常会在某个固定的常数附近波动,这种规律性我们称之为统计规律性。频率的稳定性说明随机事件发生的可能性大小是随机事件本身固定的,不随人们意志而改变的一种客观属性,因此可以对它进行度量。

对于一个随机事件 A,用一个数 $P(A)$ 来表示该事件发生的可能性大小,这个数 $P(A)$ 就称为随机事件 A 的概率,因此,概率度量了随机事件发生的可能性的大小。

1. 概率的性质

(1)事件 A 发生的概率在 $0 \sim 1$ 之间,即 $0 \leqslant P(A) \leqslant 1$.

(2)$P(\Omega) = 1$,$P(\overline{\Omega}) = P(\phi) = 0$,其中 ϕ 为不可能事件。

(3)若 $A, B, C, \cdots$ 为互斥事件,则

$$P(A+B+C+\cdots) = P(A) + P(B) + P(C) + \cdots$$

2. 条件概率

如果 $P(B) > 0$,记 $P(A|B) = \dfrac{P(AB)}{P(B)}$,称 $P(A|B)$ 为在事件 B 发生的条件下事件 A 发生的条件概率。转化后有:$P(AB) = P(A) \cdot P(B|A) = P(B) \cdot P(A|B)$,称为概率的乘法原理。

3. 事件独立性

两个事件的独立性定义为:对事件 A 及 B,若 $P(AB) = P(A)P(B)$,则称事件 A、B 是统计独立的,简称独立的。

显然,若事件 A、B 独立,且 $P(B) > 0$,则 $P(A|B) = \dfrac{P(AB)}{P(B)} = P(A)$。因此,若事件 A、B 相互独立,则 A 关于 B 的条件概率等于无条件概率 $P(A)$,这表示 B 的发生对于事件 A 是否发生没有提供任何信息,独立性就是把这种关系从数学上加以严格定义。

二、随机变量与概率分布

随机变量是一种其取值由随机试验的结果决定的变量,是随着随机试验的结果的不同而变化的。随机变量通常用大写字母 X, Y, Z 等表示,其取值通常用小写字母 x, y, z 等表示。随机变量可分为离散型随机变量和连续型随机变量。

1. 随机变量的概率密度函数(probability density function,PDF)

(1)离散型随机变量的概率密度函数。如果随机变量 X 是一取值为 x_1,$x_2, x_3, \cdots$ 的离散型随机变量,则函数

$$f(x) = \begin{cases} P(X=x_i) & i=1,2,3,\cdots \\ 0 & X \neq x_i \end{cases}$$

称为随机变量 X 的离散概率密度函数。其中 $P(X=x_i)$ 为离散随机变量 X 取 x_i 值的概率。

(2)连续型随机变量的概率密度函数。设 X 为连续型随机变量,称函数 $f(x)$ 为 X 的概率密度函数(PDF),如果满足:

$$f(x) \geqslant 0$$

$$\int_{-\infty}^{+\infty} f(x) dx = 1$$

$$\int_{a}^{b} f(x) dx = P(a \leqslant X \leqslant b)$$

其中 $P(a \leqslant X \leqslant b)$ 表示 X 取值在区间 $[a,b]$ 的概率。如图 2-1 中阴影面积即为 P.

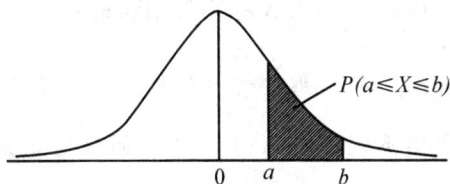

图 2-1

对于随机变量 X,函数 $F(x) = P(X \leqslant x)$,x 为任意实数,称为 X 的分布函数。对于连续型随机变量 $F(x) = P(X \leqslant x) = \int_{-\infty}^{x} f(x) dx$,其中 $f(x)$ 为 X 的概率密度函数。

2. 随机向量(random vector)及其分布

在有些随机现象中,有时候每次试验的结果不能只用一个数来描述,而要同时用几个数来描述。试验的结果将是一个向量$(X_1, X_2, \cdots, X_n)$的形式。类似于这种形式的,其基本元素由随机变量构成的向量,称之为随机向量(random vector)。

随机向量的联合分布函数也有离散型与连续型的分别,在离散型场合,概率分布集中在有限个点上;在连续型场合,存在着非负函数$f(x_1, x_2, \cdots, x_n)$,使

$$F(x_1, x_2, \cdots, x_n) = \int_{-\infty}^{x_1} \cdots \int_{-\infty}^{x_n} f(y_1, y_2, \cdots, y_n) \mathrm{d}y_1 \mathrm{d}y_2 \cdots \mathrm{d}y_n$$

这里的$f(x_1, x_2, \cdots, x_n)$称为随机向量的联合密度函数,满足如下两个条件:

$$f(x_1, x_2, \cdots, x_n) \geqslant 0$$

$$\int_{-\infty}^{\infty} \cdots \int_{-\infty}^{\infty} f(x_1, x_2, \cdots, x_n) \mathrm{d}x_1 \mathrm{d}x_2 \cdots \mathrm{d}x_n = 1$$

三、概率分布的特征

虽然概率密度函数给出了随机变量的取值以及所对应的概率,但通常我们并不考察整个概率密度函数,而只是对一些综合指标感兴趣,这些指标通常称之为分布的矩(moments of distribution)。最常用的两个矩为期望值(expected value)和方差(variance)。

1. 期望值(expected value)

一般地,如果X是随机变量,它的概率密度函数为$f(x)$,那么它的期望值为

$$\mathrm{E}(X) = \begin{cases} \sum_x x f(x) & \text{当 } X \text{ 是离散型随机变量时} \\ \int_{-\infty}^{\infty} x f(x) \mathrm{d}x & \text{当 } X \text{ 是连续型随机变量时} \end{cases}$$

在许多问题中我们不仅需要知道$\mathrm{E}(X)$,而且还想知道X的某个函数$g(X)$的数学期望。

$$\mathrm{E}(g(X)) = \begin{cases} \sum_x g(x) f(x) & \text{当 } X \text{ 是离散型时} \\ \int_{-\infty}^{\infty} g(x) f(x) \mathrm{d}x & \text{当 } X \text{ 是连续型时} \end{cases}$$

期望值是对随机变量取值的集中趋势的度量,它给出了概率分布函数的中心值。

期望的性质：

(1)设 $X_1, X_2, \cdots, X_n$ 为随机变量, $a_1, a_2, \cdots, a_n$ 和 b 为常数,则

$$E(a_1 X_1 + a_2 X_2 + \cdots + a_n X_n + b) = a_1 E(X_1) + a_2 E(X_2) + \cdots + a_n E(X_n) + b$$

(2)如果 $X_1, X_2, \cdots, X_n$ 为独立随机变量,则

$$E(X_1 X_2 \cdots X_n) = E(X_1) E(X_2) \cdots E(X_n)$$

2. 方差(variance)

设 X 为一随机变量,且 $E(X) = \mu$,则 X 的方差定义为:

$$Var(X) = \sigma^2 = E[(X - \mu)^2]$$

σ^2 的正的平方根 σ 称为 X 的标准差(standard deviation)。方差和标准差都是用来度量随机变量取值的离散程度的指标。

方差的性质：

(1) $Var(X) = E[(X - \mu)^2] = E(X^2) - [E(X)]^2$

(2)常数的方差为 0

(3)若 a 和 b 为常数,则 $Var(aX + b) = a^2 Var(X)$

(4)若 X 和 Y 为独立随机变量,则 $Var(X + Y) = Var(X) + Var(Y)$

3. 协方差(covariance)

若 X 和 Y 为两个随机变量,均值分别为 μ_x 和 μ_y,则两变量的协方差定义为:

$$Cov(X, Y) = E[(X - \mu_x)(Y - \mu_y)] = E(XY) - \mu_x \mu_y$$

协方差的性质：

(1)若 X 和 Y 为独立随机变量,则 $Cov(X, Y) = 0$

$$Cov(X, Y) = E(XY) - \mu_x \mu_y = E(X)E(Y) - \mu_x \mu_y = 0$$

(2)若 a, b, c, d 为常数,则 $Cov(a + bX, c + dY) = bd \, Cov(X, Y)$

4. 相关系数(correlation coefficient)

两个随机变量 X 和 Y 相关系数定义为:

$$\rho_{XY} = \frac{Cov(X, Y)}{\sqrt{Var(X) \cdot Var(Y)}} = \frac{Cov(X, Y)}{\sigma_x \cdot \sigma_y}$$

相关系数是度量两个变量线性相关程度的指标,其取值在 -1 到 $+1$ 之间,如果 X 和 Y 是相互独立的,那么 $\rho_{XY} = 0$.

利用这些定义,我们可以得到下面的结果:如果 $a_0, a_1, a_2, \cdots, a_n$ 是常数, $X_1, X_2, \cdots, X_n$ 是随机变量,那么

$$Var(a_0 + a_1 X_1 + \cdots + a_n X_n) = \sum_{i=1}^{n} a_i^2 Var(X_i) + 2 \sum \sum_{i<j} a_i a_j Cov(X_i, Y_j)$$

特别地,有

$$\text{Var}(a_0 + a_1 X_1) = a_1^2 \text{Var}(X_1)$$

$$\text{Var}(X_1 \pm X_2) = \text{Var}(X_1) + \text{Var}(X_2) \pm 2\text{Cov}(X_1, X_2).$$

5.随机向量的协方差矩阵

对于随机向量而言,我们可以相似地定义它的期望和协方差矩阵。用 $\boldsymbol{X}$ 表示随机变量组成的向量,即 $\boldsymbol{X} = \begin{bmatrix} X_1 \\ X_2 \\ \vdots \\ X_n \end{bmatrix}$,则随机向量 $\boldsymbol{X}$ 的期望定义为

$$\text{E}(\boldsymbol{X}) \overset{\Delta}{=} \begin{bmatrix} \text{E}(X_1) \\ \text{E}(X_2) \\ \vdots \\ \text{E}(X_n) \end{bmatrix} = \begin{bmatrix} \mu_1 \\ \mu_2 \\ \vdots \\ \mu_n \end{bmatrix} = \boldsymbol{\mu}.$$

也即一个随机向量的期望值等于它的各个分量的期望值组成的向量。

对于随机向量 $\boldsymbol{X}$ 的方差—协方差矩阵(var-covariance matrix)定义如下:

$$\text{Cov}(\boldsymbol{X}) \overset{\Delta}{=} \text{E}\{[\boldsymbol{X} - \text{E}(\boldsymbol{X})][\boldsymbol{X} - \text{E}(\boldsymbol{X})]\}$$

$$= \text{E} \begin{bmatrix} (X_1 - \mu_1)^2 & (X_1 - \mu_1)(X_2 - \mu_2) & \cdots & (X_1 - \mu_1)(X_n - \mu_n) \\ (X_2 - \mu_2)(X_1 - \mu_1) & (X_2 - \mu_2)^2 & \cdots & (X_2 - \mu_2)(X_n - \mu_n) \\ \vdots & \vdots & & \vdots \\ (X_n - \mu_n)(X_1 - \mu_1) & (X_n - \mu_n)(X_2 - \mu_2) & \cdots & (X_n - \mu_n)^2 \end{bmatrix}$$

$$= \begin{bmatrix} \text{Var}(X_1) & \text{Cov}(X_1, X_2) & \cdots & \text{Cov}(X_1, X_n) \\ \text{Cov}(X_2, X_1) & \text{Var}(X_2) & \cdots & \text{Cov}(X_2, X_n) \\ \vdots & \vdots & & \vdots \\ \text{Cov}(X_n, X_1) & \text{Cov}(X_n, X_2) & \cdots & \text{Var}(X_n) \end{bmatrix}$$

$$= \begin{bmatrix} \sigma_1^2 & \sigma_{12} & \cdots & \sigma_{1n} \\ \sigma_{21} & \sigma_2^2 & \cdots & \sigma_{2n} \\ \vdots & \vdots & & \vdots \\ \sigma_{n1} & \sigma_{n2} & \cdots & \sigma_n^2 \end{bmatrix}$$

其中,$\text{E}(X_i) = \mu_i$,$\text{Var}(X_i) = \sigma_i^2$,$\text{Cov}(X_i, X_j) = \sigma_{ij}$.

随机向量 $\boldsymbol{X}$ 的协方差矩阵常常记为 $\sum_x$,它是一个正定矩阵。

四、一些重要的概率分布

下面我们简要回顾四种重要的概率分布:正态分布、χ^2 分布、t 分布和 F 分布,掌握这些分布的主要特征是理解计量经济学的理论尤其是统计检验理论的基础。

1. 正态分布(normal distribution)

所有的理论分布中最著名的一种分布是正态分布。对于其值依赖于众多微小因素且每一因素均产生微小的或正或负影响的连续型随机变量,正态分布是一个很好的描述模型。其概率密度函数具有以下形式:

$$f(x) = \frac{1}{\sqrt{2\pi} \cdot \sigma} e^{\frac{-(x-\mu)^2}{2\sigma^2}}, \quad -\infty < x < +\infty$$

一个正态随机变量 X 的分布完全由它的两个参数——均值 μ 和 σ^2 方差——确定,通常记作 $X \sim N(\mu, \sigma^2)$。正态分布是一种对称分布(如图 2-2),在正态分布概率密度曲线下大约有 68% 的面积位于 $\mu \pm \sigma$ 之间,大约有 95% 的面积位于 $\mu \pm 2\sigma$ 之间,大约有 99.7% 的面积位于 $\mu \pm 3\sigma$ 之间。

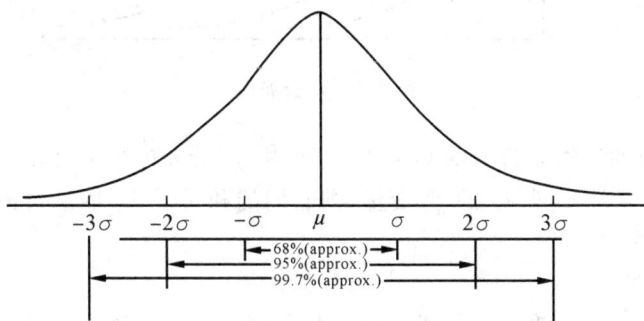

图 2-2　正态分布图

对于任意一个正态随机变量 $X \sim N(\mu, \sigma^2)$,我们都可以对其进行标准化变换,使其成为标准正态分布。若令 $Z = \frac{X - \mu}{\sigma}$,则 $Z \sim N(0, 1)$。在统计学或计量经济学的教科书后面都会附有标准正态分布表供我们查用(见附表 1)。

对于正态分布我们有如下常用的结论:正态分布的任意线性组合仍为正态分布。即:若 $X_1 \sim N(\mu_1, \sigma_1^2)$,$X_2 \sim N(\mu_2, \sigma_2^2)$,且 X_1 和 X_2 相互独立,令 $Y = aX_1 + bX_2$,则 $Y \sim N(a\mu_1 + b\mu_2, a^2\sigma_1^2 + b^2\sigma_2^2)$。

2. χ^2 分布

若 $Z_1, Z_2, \cdots, Z_k$ 为独立的标准正态随机变量（即 $Z_i \sim N(0,1), i=1, \cdots, k$），则它们的平方和服从 k 个自由度的 χ^2 分布。即 $Z = Z_1^2 + Z_2^2 + \cdots + Z_k^2 \sim \chi^2(k)$，其中 k 为自由度。

图 2-3 为不同自由度的 χ^2 分布的概率密度曲线，χ^2 分布为一个有偏分布，其偏斜程度依赖于自由度的大小。

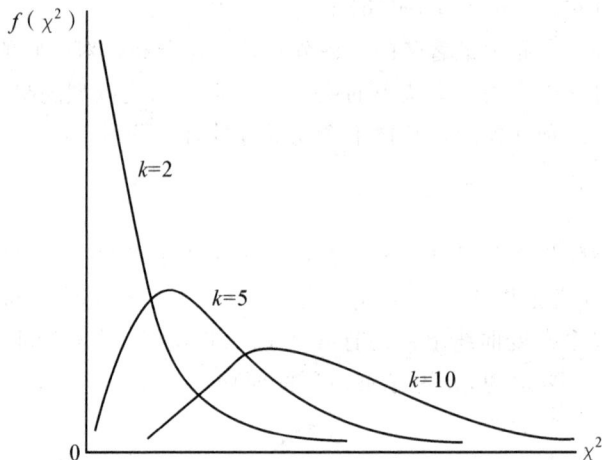

图 2-3　χ^2 分布图

χ^2 分布的均值为自由度 k，方差为 $2k$。由 χ^2 分布的构造可知，若 Z_1 和 Z_2 分别为自由度是 k_1 和 k_2 的 χ^2 变量，则它们的和 $Z_1 + Z_2$ 服从自由度为 $k_1 + k_2$ 的 χ^2 分布。

3. t 分布

若 X 为一个标准正态随机变量（即 $X \sim N(0,1)$），随机变量 Z 服从 k 个自由度的 χ^2 分布，则 $t = \dfrac{X}{\sqrt{Z/k}} \sim t(k)$，即变量 t 服从 k 个自由度的 t 分布。t 分布也是本书中广泛应用的一种分布，又称为学生 t 分布（student's t distribution）。

t 分布与正态分布非常相似（如图 2-4）也是一种对称分布。t 分布均值为 0，方差为 $\dfrac{k}{k-2}$，$(k>2)$，比标准正态分布的方差要大，所以比正态分布看起来要扁平一些。但是当 t 分布的自由度 k 充分大时，t 分布近似于标准正态分布。

4. F 分布

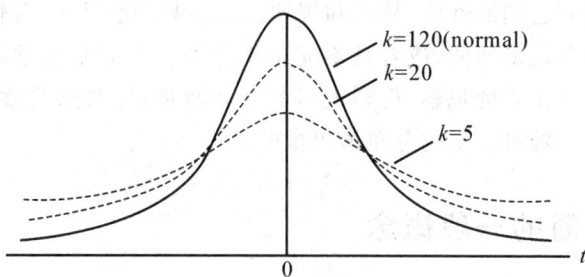

图 2-4   t 分布图

若 Z_1 和 Z_2 为独立的自由度分别为 k_1 和 k_2 的 χ^2 随机变量,则 $F = \dfrac{Z_1/k_1}{Z_2/k_2}$ $\sim F(k_1, k_2)$,即变量 F 服从自由度为 k_1 和 k_2 的 F 分布,其中 k_1 称为分子自由度,k_2 称为分母自由度。

与 χ^2 分布类似,F 分布也是向右偏斜的(如图 2-5),当自由度 k_1 和 k_2 增大时,F 分布趋向于正态分布。F 分布的均值为 $\dfrac{k_2}{k_2-2}$,$(k_2 > 2)$,方差为 $\dfrac{2k_2^2(k_1+k_2-2)}{k_1(k_2-2)^2(k_2-4)}$,$(k_2 > 4)$。

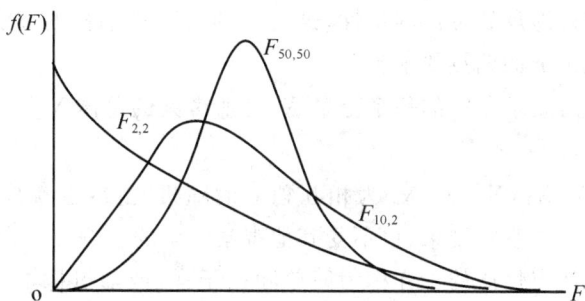

图 2-5   F 分布图

第二节   统计推断

在概率论中,对所研究的随机变量都假设它们的分布是已知的,在这一前提假定下去研究它们的性质、特点和规律性。在数理统计中,我们对所研究的随机变量的分布是未知的,或者是不完全知道的。人们是通过对所研究的随机变量进行重复独立的观察,得到大量的观测数据,并对这些数据进行分析,从而对所研究的随机变量的分布做出推断。

一、统计推断的一般概念

我们把所研究的全部元素组成的集合称为母体或总体,而把组成母体的每个元素称为个体。总体中的每一个个体是随机试验的一个观察值,因此它是某一随机变量 X 的值,这样一个总体总是对应一个随机变量。

为了对母体的分布规律进行各种研究,就必须对母体进行抽样观察。一般来说,我们需要进行多次重复的、独立的观察。将 n 次观察结果按试验次序记为 $X_1, X_2, \cdots, X_n$,由于 $X_1, X_2, \cdots, X_n$ 是对总体 X 的 n 次独立观察的结果,所以有理由认为 $X_1, X_2, \cdots, X_n$ 是相互独立的随机变量。n 次观察一经完成,就得到一组实数 $x_1, x_2, \cdots, x_n$,它们依次是随机变量 $X_1, X_2, \cdots, X_n$ 的观察值,称为样本值,n 为样本容量。

我们抽取子样的目的是为了对母体的分布律进行分析推断,因而要求抽取的子样能很好地反映母体的特性,这就必须对随机抽样的方法提出一定的要求。通常提出下面两点要求:

(1)代表性:要求子样的每个分量 X_i 与所考察的总体 X 具有相同的分布 $F(x)$;

(2)独立性:$X_1, X_2, \cdots, X_n$ 为相互独立的随机变量,也就是说,每个观察结果既不影响其他观察结果,也不受其他观察结果的影响。

满足上述两点性质的子样称为简单随机子样(或随机样本),获得简单随机样本的抽样方法称为简单随机抽样。

设 $X_1, X_2, \cdots, X_n$ 是来自总体 X 的一个样本,$g(X_1, X_2, \cdots, X_n)$ 是 $X_1, X_2, \cdots, X_n$ 的函数,若 $g(\bullet)$ 不含未知参数,则称 $g(X_1, X_2, \cdots, X_n)$ 是一统计量。即统计量是不含未知参数的样本的函数。

设 $X_1, X_2, \cdots, X_n$ 是来自总体 X 的一个样本,$x_1, x_2, \cdots, x_n$ 是这一样本的观察值。定义:

样本 k 阶原点矩:$A_k = \dfrac{1}{n} \sum_{i=1}^{n} X_i^k, k = 1, 2, \cdots$

特别地，$k = 1$ 时即为样本均值：$\overline{X} = \dfrac{1}{n}\sum\limits_{i=1}^{n} X_i$；

样本 k 阶中心矩：$B_k = \dfrac{1}{n}\sum\limits_{i=1}^{n}(X_i - \overline{X})^k, k = 2, 3, \cdots$

特别地，k 等于 2 时即为样本方差：$S^2 = \dfrac{1}{n}\sum\limits_{i=1}^{n}(X_i - \overline{X})^2$.

对于总体 X，其总体均值为 μ，总体方差为 σ^2，设 $X_1, X_2, \cdots, X_n$ 为来自总体 X 的随机样本，样本均值为 $\overline{X}$，样本方差为 S^2，则有以下结论

$$E(\overline{X}) = \mu \text{ 和 } \mathrm{Var}(\overline{X}) = \frac{\sigma^2}{n}$$

进一步，若总体 $X \sim N(\mu, \sigma^2)$，则有 $\overline{X} \sim N(\mu, \dfrac{\sigma^2}{n})$. 即使 $\overline{X}$ 为从非正态总体中抽取的随机样本的均值，只要样本容量 n 充分大，$\overline{X}$ 的抽样分布也将近似于均值为 μ，方差为 $\dfrac{\sigma^2}{n}$ 的正态分布。

二、参数估计

统计推断的基本问题可以分为两类，一类是参数估计，另一类是假设检验问题。参数估计要解决的问题是由样本值来估计总体参数。估计问题可以分为两类：点估计和区间估计。

1. 点估计

点估计问题的一般提法如下：设总体 X 的分布函数 $F(x; \theta)$ 的形式为已知，θ 是待估参数。$X_1, X_2, \cdots, X_n$ 是总体 X 的一个样本，$x_1, x_2, \cdots, x_n$ 是相应的样本值。点估计的问题就是要构造一个适当的估计量 $\hat{\theta} = g(X_1, X_2, \cdots, X_n)$，用它的观察值 $\hat{\theta} = g(x_1, x_2, \cdots, x_n)$ 作为未知参数 θ 的近似值。我们称 $\hat{\theta} = g(X_1, X_2, \cdots, X_n)$ 为 θ 的估计量（estimator），显然它是一随机变量。称 $\hat{\theta} = g(x_1, x_2, \cdots, x_n)$ 为 θ 的估计值（estimate）。在不引起混淆的情况下，统称估计量和估计值为估计，并简记为 $\hat{\theta}$. 由于估计量是样本的函数，因此对于不同的样本值，θ 的估计值一般是不同的。

下面介绍两类常用的构造估计量的方法：矩估计法和极大似然估计法。

（1）矩估计（method of moments）

设随机变量 X 的概率密度函数为 $f(x, \theta_1, \theta_2, \cdots, \theta_k)$，其中 $\theta_1, \theta_2, \cdots, \theta_k$ 为 k 个待估参数，假设总体 X 的前 k 阶矩

$$a_l(\theta_1,\cdots,\theta_k) = E(X^l) = \begin{cases} \int_{-\infty}^{+\infty} x^l \cdot f(x,\theta_1,\cdots,\theta_k)\mathrm{d}x & \text{若 } X \text{ 为连续随机变量} \\ \sum_x x^l \cdot f(x,\theta_1,\cdots,\theta_k) & \text{若 } X \text{ 为离散随机变量} \end{cases}$$

$(l=1,2,\cdots,k)$ 存在。一般来说,它们都是参数 $\theta_1,\theta_2,\cdots,\theta_k$ 的函数。

设 $X_1,X_2,\cdots,X_n$ 为来自总体 X 的样本,其前 k 阶样本矩为

$$A_l = \frac{1}{n}\sum_{i=1}^n X_i^l, l=1,2,\cdots,k$$

矩估计方法是用样本矩作为相应总体矩的估计,即令

$$a_l(\theta_1,\theta_2,\cdots,\theta_k) = A_l = \frac{1}{n}\sum_{i=1}^n X_i^l, l=1,2,\cdots,k$$

这样,上式就确定了包含 k 个未知参数 $\theta_1,\theta_2,\cdots,\theta_k$ 的 k 个方程,解这一方程组就可以得到 θ_i 的估计量 $\hat{\theta}_i=\theta(A_1,A_2,\cdots,A_k), i=1,2,\cdots,k$. 这种估计量称为矩估计量,矩估计量的观察值称为矩估计值。

(2)极大似然估计(maximum likelihood estimate)

设总体 X 的概率密度函数 $f(x,\theta)$,$\theta\in\Theta$ 的形式已知,θ 是待估参数,Θ 是 θ 的可能取值范围。设 $X_1,X_2,\cdots,X_n$ 为来自总体 X 的样本,$x_1,x_2,\cdots,x_n$ 是相应的样本值。则 $X_1,X_2,\cdots,X_n$ 落在点 $x_1,x_2,\cdots,x_n$ 的邻域里的概率为 $\prod_{i=1}^n f(x_i,\theta)\mathrm{d}x$,其值随 θ 的变化而变化。若记 $L(\theta)=L(x_1,x_2,\cdots,x_n,\theta)=\prod_{i=1}^n f(x_i,\theta)$,即把 L 看作为 θ 的函数,称为 θ 的似然函数(likelihood function)。

如果选取使下式

$$L(x_1,x_2,\cdots,x_n,\hat{\theta}) = \sup_{\theta\in\Theta} L(x_1,x_2,\cdots,x_n,\theta)$$

成立的 $\hat{\theta}(x_1,x_2,\cdots,x_n)$ 作为 θ 的估计值,则称 $\hat{\theta}(X_1,X_2,\cdots,X_n)$ 是 θ 的最大似然估计量。

由于 $\ln x$ 是 x 的单调函数,所以上式可等价地写为

$$\ln L(x_1,x_2,\cdots,x_n,\hat{\theta}) = \sup_{\theta\in\Theta} \ln L(x_1,x_2,\cdots,x_n,\theta)$$

如果 Θ 是开集,且 $f(x;\theta)$ 关于 θ 可微,则满足上式的解 $\hat{\theta}$ 也一定满足下列对数似然方程

$$\frac{\mathrm{d}}{\mathrm{d}\theta}\ln L(\theta) = 0$$

上述求最大似然估计的方法也适用于分布中含有多个未知参数 $\boldsymbol{\theta}=(\theta_1,$

$\theta_2, \cdots, \theta_k$) 的情形，这时似然函数 L 是这些未知参数的函数。分别令 $\dfrac{\partial \ln L(x_1, x_2, \cdots, x_n; \boldsymbol{\theta})}{\partial \theta_j} = 0, j = 1, 2, \cdots, k$，解由这 k 个方程组成的方程组即可得到各未知参数的最大似然估计值。

例如，设总体 $X \sim N(\mu, \sigma^2)$，μ, σ^2 为未知参数，$x_1, x_2, \cdots, x_n$，是来自总体 X 的一个样本，则：

$$
\begin{aligned}
L(\mu, \sigma^2) &= \prod_{i=1}^{n} f(x, \theta) \\
&= \prod_{i=1}^{n} \frac{1}{\sqrt{2\pi}\sigma} \exp\left[-\frac{1}{2\sigma^2}(x_i - \mu)^2\right] \\
&= (2\pi)^{-n/2} (\sigma^2)^{-n/2} \exp\left[-\frac{1}{2\sigma^2} \sum_{i=1}^{n}(x_i - \mu)^2\right]
\end{aligned}
$$

而 $\ln L = -\dfrac{n}{2}\ln(2\pi) - \dfrac{n}{2}\ln(\sigma^2) - \dfrac{1}{2\sigma^2}\sum_{i=1}^{n}(x_i - \mu)^2$

由方程组
$$
\begin{cases}
\dfrac{\partial}{\partial \mu} \ln L = \dfrac{1}{\sigma^2}\left(\sum_{i=1}^{n} x_i - n\mu\right) = 0 \\
\dfrac{\partial}{\partial \sigma^2} \ln L = -\dfrac{n}{2\sigma^2} + \dfrac{1}{2(\sigma^2)^2}\sum_{i=1}^{n}(x_i - \mu)^2 = 0
\end{cases}
$$

可解得 μ, σ^2 的极大似然估计量为 $\hat{\mu} = \dfrac{1}{n}\sum_{i=1}^{n} x_i = \bar{x}, \hat{\sigma}^2 = \dfrac{1}{n}\sum_{i=1}^{n}(x_i - \bar{x})^2$.

2. 估计量的优劣标准

由上面可知估计量是样本的函数，它是计算估计值的基础。对于总体的一个未知参数可以有多个不同的估计量，那么什么样的估计量才是"好"的估计量呢？一般有如下判别估计量优劣的标准。

(1) 无偏估计

一般地，如果 $\hat{\theta}$ 是未知参数 θ 的一个估计量，且满足下面的关系式

$E(\hat{\theta}) = \theta$

则称 $\hat{\theta}$ 是 θ 的无偏估计。

(2) 有效估计

对两个无偏估计量 $\hat{\theta}_1$ 和 $\hat{\theta}_2$，若 $\hat{\theta}_1$ 的方差小于 $\hat{\theta}_2$ 的方差，即 $\mathrm{Var}(\hat{\theta}_1) < \mathrm{Var}(\hat{\theta}_2)$，则称 $\hat{\theta}_1$ 比 $\hat{\theta}_2$ 更有效。

(3) 渐近无偏估计

如果有一列 θ 的估计 $\hat{\theta}_n \overset{\Delta}{=} \hat{\theta}_n(X_1, X_2, \cdots, X_n)$ 满足下面的关系式

$$\lim_{n\to\infty} E(\hat{\theta}) = \theta$$

则称 $\hat{\theta}_n$ 是 θ 的渐近无偏估计。

(4)一致估计

设 $X_1, X_2, \cdots, X_n$ 是取自分布族 $\{F(x;\theta), \theta \in \Theta\}$ 的子样,$\hat{\theta}_n \overset{\triangle}{=} \hat{\theta}_n(X_1, X_2, \cdots, X_n)$ 是 θ 的一个估计。如果序列 $\{\hat{\theta}_n\}$ 随机收敛到真参数值 θ,即对任意 $\varepsilon > 0$,有

$$\lim_{n\to\infty} P(|\hat{\theta}_n - \theta| > \varepsilon) = 0$$

则称 $\hat{\theta}_n$ 是 θ 的一致估计。

(5)最小方差无偏估计

一般地,若 $\hat{\theta}$ 是 θ 的一个无偏估计,且对于 θ 的任一无偏估计 $\tilde{\theta}$ 下式成立

$$\mathrm{Var}(\hat{\theta}) \leqslant \mathrm{Var}(\tilde{\theta})$$

则称 $\hat{\theta}$ 是 θ 的最小方差无偏估计。

(6)线性估计

如果估计 $\hat{\theta}$ 是子样的线性函数,即 $\hat{\theta}$ 可以表示为 $\hat{\theta} = \sum_{i=1}^{n} a_i X_i$,其中 $a_1, a_2, \cdots, a_n$ 是固定常数,则称 $\hat{\theta}$ 为线性估计。类似地可以定义,如果 $\hat{\theta}$ 既是线性估计,又是 θ 的最小方差无偏估计,则称 $\hat{\theta}$ 为 θ 的最小方差线性无偏估计。

3. 区间估计

点估计为我们提供了一个单值作为未知参数的估计值。对于未知参数通常我们还需要估计出它的一个范围,并希望知道这个范围包含参数真值的可信程度。这样的范围通常以区间的形式给出,通常还给出此区间包含参数真值的可信程度。这种形式的估计称为区间估计,这样的区间称为置信区间(confidence interval)。对于置信区间我们一般可以做如下描述:

设总体 X 的分布函数 $F(x;\theta)$ 含有一个未知参数 θ,$\theta \in \Theta$,对于给定值 α($0 < \alpha < 1$),若由来自总体 X 的样本 $X_1, X_2, \cdots, X_n$ 确定的两个统计量 $\hat{\theta}_L = \hat{\theta}_L(X_1, X_2, \cdots, X_n)$ 和 $\hat{\theta}_U = \hat{\theta}_U(X_1, X_2, \cdots, X_n)$($\hat{\theta}_L < \hat{\theta}_U$),对于任意 $\theta \in \Theta$ 满足

$$P(\hat{\theta}_L < \theta < \hat{\theta}_U) \geqslant 1 - \alpha$$

则称随机区间 $(\hat{\theta}_L, \hat{\theta}_U)$ 是 θ 的置信水平为 $1 - \alpha$ 的置信区间,$\hat{\theta}_L$ 和 $\hat{\theta}_U$ 分别称为置信水平为 $1 - \alpha$ 的双侧置信区间的置信下限和置信上限,$1 - \alpha$ 称为置信水平。如图 2-6。

为了说明区间估计这一概念,我们假设 $X_1, X_2, \cdots, X_n$ 是从总体 $N(\mu, \sigma^2)$ 中抽取的样本,由前面的理论知该样本的均值 $\overline{X}$ 服从均值为 μ,方差为 $\frac{\sigma^2}{n}$ 的正

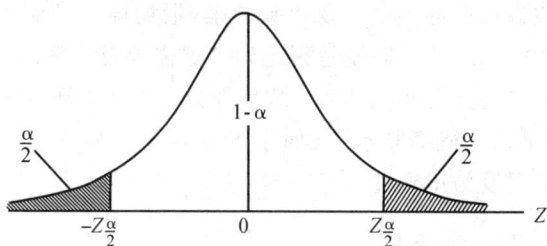

图 2-6

态分布,即 $\overline{X} \sim N(\mu, \frac{\sigma^2}{n})$,或 $Z = \frac{\overline{X} - \mu}{\sigma/\sqrt{n}} \sim N(0,1)$,由正态分布的性质知:

$$P(|\frac{\overline{X} - \mu}{\sigma/\sqrt{n}}| < Z_{a/2}) = 1 - \alpha$$

即 $P(\overline{X} - \frac{\sigma}{\sqrt{n}}Z_{a/2} < \mu < \overline{X} + \frac{\sigma}{\sqrt{n}}Z_{a/2}) = 1 - \alpha$

这样,我们就得到了 μ 的一个置信水平为 $1 - \alpha$ 的置信区间:

$(\overline{X} - \frac{\sigma}{\sqrt{n}}Z_{a/2}, \overline{X} + \frac{\sigma}{\sqrt{n}}Z_{a/2})$,常记为 $(\overline{X} \pm \frac{\sigma}{\sqrt{n}}Z_{a/2})$

假设标准差已知,不妨设 $\sigma = 1$,$n = 16$,如果取 $\alpha = 0.05$,则 $1 - \alpha = 0.95$,查表得 $Z_{a/2} = Z_{0.025} = 1.96$,于是我们得到一个置信水平为 95% 的置信区间 $(\overline{X} \pm \frac{1}{\sqrt{16}} \times 1.96)$。

三、假设检验

假设检验是统计推断的一个主要内容,它的基本任务是根据样本所提供的信息,对未知总体的某些方面的假设作出合理的判断。

假设检验都基于这样一个事实:在随机抽样的前提下,总体参数的任何估计值都是来自相应估计量(统计量)的分布,或者说是相应估计量抽样分布的一次取值,是许许多多可能估计值中的一个。因此我们在用这一个估计值对总体的未知参数进行推断的时候,必须考虑统计量的整个抽样分布。

例如,某厂生产一种直径为 100 mm 的轴,在生产的产品中随机地抽取 16 根,计算出平均直径(样本均值)为 110 mm,方差为 100,试问生产线是否出了问题?

这是一个假设检验的问题。要检验的是,根据样本均值 110 mm,来检验总体的均值为 100 mm 这一假设是否正确。这需要首先确定该样本均值的抽样分布(如正态分布或 t 分布),然后根据抽样分布来计算样本均值等于 110 mm 出现的概率,如果这个概率非常小(如小于 0.01),就应怀疑原来关于总体均值为 100 mm 的假设的正确性。

(一)假设检验的一般原理

假设检验首先要对总体某方面的未知特征提出一个论断,称为统计假设,一般记为 H_0,然后根据样本信息对 H_0 的真伪进行判断,做出拒绝 H_0 或接受 H_0 的决策。例如,在上面的例子中,我们有总体均值为 100 mm 的假设,即 $H_0:\mu=100$. 我们通常把 H_0 称为原假设或零假设(null hypothesis),而把 H_0 不成立时总体出现的情形称为备择假设(alternative hypothesis),记为 H_1. 该例子中,备择假设可表示为 $H_1:\mu\neq100$.

假设检验的基本思想是概率性质的反证法。为了检验 H_0 是否正确,先假定这个假设是正确的,看由此能推出什么结果。如果导致一个不合理的结果,则表明"原假设 H_0 正确"这一假定是错误的,从而拒绝原假设 H_0;如果没有导致一个不合理的现象,则不能认为原假设不正确,因此不能拒绝原假设 H_0.

概率性质的反证法的理论根据是小概率事件原理,该原理认为"小概率事件在一次试验中几乎是不可能发生的"。在原假设 H_0 下构造一个小概率事件,如果该事件在一次试验(一次样本观测)下就发生了,说明"原假设 H_0 正确"是错误的,因而应该拒绝原假设 H_0;反之,如果该小概率事件没有发生,就没有理由拒绝原假设 H_0,应该接受原假设 H_0. 我们一般构造与原假设 H_0 相关的统计量,利用其抽样分布及其分位点的相关理论构造小概率事件。

在假设检验的过程中我们可能犯两类错误:首先,我们可能在原假设事实上正确的情况下,拒绝原假设,这称为第 I 类错误;其次,我们可能在原假设事实上错误(即备择假设正确)的情况下,接受了原假设,这称为第 II 类错误。如表 2-1 所示。

表 2-1

	H_0 为真	H_1 为真
接受 H_0	正确	第 II 类错误
拒绝 H_0	第 I 类错误	正确

当然,我们希望所作出的检验能使得犯这两种类型错误的概率同时尽可能地小,最好全为零,但实际上这是不可能的,当样本容量给定后,犯这两种类型错误的概率就不能同时被控制。一般来说,当样本容量固定时,我们总是控制犯第一类错误的概率使它不大于某一个值 α,通常取 α 等于 $0.01,0.05,0.1$ 等值,称 α 为显著水平(significance level)。

(二)假设检验的一般步骤

假设检验的一般步骤为:

(1)提出统计假设 H_0,及其对立假设 H_1;

(2)构造一个合适的统计量 U,在原假设成立的条件下,利用样本数据计算 U 统计量的值,记为 U^*;

(3)给定一个显著水平 α(一般取 0.05 或 0.01),求 U 的分布的临界值(分位点),即求出在 H_0 成立条件下,能使 $P(|U|>U_{\alpha/2})=\alpha$ 成立的值 $U_{\alpha/2}$;

(4)比较观察值 U^* 和临界值 $U_{\alpha/2}$,如果 $|U^*|>U_{\alpha/2}$,说明小概率事件发生了,则应拒绝原假设 H_0,反之,接受原假设。

例如,对于上面提到的例子,提出假设:$H_0:\mu=100$;$H_1:\mu\neq100$.

由前面的理论知,该样本的均值 $\overline{X}$ 服从均值为 μ,方差为 $\frac{\sigma^2}{n}$ 的正态分布,即 $Z=\dfrac{\overline{X}-\mu}{\sigma/\sqrt{n}}\sim N(0,1)$,如果 σ 已知(如 $\sigma=8$),这就是一个理想的检验统计量,在原假设成立的条件下,即 $\mu=100$,利用样本数据计算统计量的值,$Z^*=\dfrac{\overline{X}-\mu}{\sigma/\sqrt{n}}=\dfrac{110-100}{8/\sqrt{16}}=5.$

但事实上,多数情况下标准差 σ 是未知的,这时,我们只能利用样本数据对它进行估计,用 $\hat{\sigma}=S=\sqrt{\dfrac{\sum(X_i-\overline{X})^2}{n-1}}$ 作为 σ 的估计量,重新构造检验统计量:

$$t=\frac{\overline{X}-\mu}{\hat{\sigma}/\sqrt{n}}=\frac{\overline{X}-\mu}{\hat{\sigma}_{\overline{x}}}=\frac{\overline{X}-\mu}{S_{\overline{x}}},\text{其中}\ \hat{\sigma}_{\overline{x}}=S_{\overline{x}}=\hat{\sigma}/\sqrt{n}$$

此时,可以证明该统计量不再服从正态分布,而是服从 $n-1$ 个自由度的 t 分布,即 $t=\dfrac{\overline{X}-\mu}{\hat{\sigma}/\sqrt{n}}=\dfrac{\overline{X}-\mu}{\hat{\sigma}_{\overline{x}}}=\dfrac{\overline{X}-\mu}{S_{\overline{x}}}\sim t(n-1)$

在上述例子中,样本均值 $\overline{X}=100$,样本方差 $S^2=100$,在原假设成立的条件下，$t^* = \dfrac{\overline{X} - \mu}{\hat{\sigma}/\sqrt{n}} = \dfrac{\overline{X} - \mu}{\hat{\sigma_{\overline{x}}}} = \dfrac{110 - 100}{10/\sqrt{16}} = 4$

给定显著水平 $\alpha = 0.05$，查自由度为 $n-1=15$ 的 t 分布表（见附表 2），得临界值 $t_{\alpha/2}(n-1) = t_{0.025}(15) = 2.13$，因为 $|t^*| = 4 > t_{0.025}(15) = 2.13$，所以拒绝原假设 H_0，样本数据不支持总体均值为 100 的假设，可能是生产线出了问题。

第三节　矩阵代数

矩阵的相关理论在计量经济学，尤其是中高级的计量经济学中起着举足轻重的作用，是一非常重要的分析工具。

1. 矩阵的基本概念

一个 $m \times n$ 矩阵可表示为：

$$A = [a_{ij}] = \begin{bmatrix} a_{11} & a_{12} & \cdots & a_{1n} \\ a_{12} & a_{22} & \cdots & a_{2n} \\ \vdots & \vdots & & \vdots \\ a_{m1} & a_{m2} & \cdots & a_{mn} \end{bmatrix}_{m \times n}$$

矩阵的加法较为简单，若 $C = A + B$，则 $c_{ij} = a_{ij} + b_{ij}$.

但矩阵的乘法的定义比较特殊，若 A 是一个 $m \times n_1$ 的矩阵，B 是一个 $n_1 \times n$ 的矩阵，则 $C = AB$ 是一个 $m \times n$ 的矩阵，而且 $c_{ij} = \sum_{k=1}^{n} a_{ik} b_{kj}$. 一般来讲，$AB \neq BA$，但如下运算是成立的：

- 结合律　　$(AB)C = A(BC)$
- 分配律　　$A(B + C) = AB + AC$

向量（vector）是一个有序的数组，既可以按行，也可以按列排列。行向量（row vector）是只有一行的向量，列向量（column vector）是只有一列的向量。

如果 α 是一个标量，则 $\alpha A = [\alpha a_{ij}]$.

矩阵 A 的转置矩阵（transpose matrix）记为 A'，是通过把 A 的行向量变成相应的列向量而得到。列向量的转置变成行向量。即：

$$A = \begin{bmatrix} a_{11} & a_{12} & \cdots & a_{m1} \\ a_{12} & a_{22} & \cdots & a_{m2} \\ \vdots & \vdots & & \vdots \\ a_{1n} & a_{2n} & \cdots & a_{mn} \end{bmatrix}_{n \times m} . \text{若 } a = \begin{bmatrix} a_1 \\ a_2 \\ \vdots \\ a_n \end{bmatrix}_{n \times 1} , \text{则 } a' = (a_1 \quad a_2 \quad \cdots \quad a_n)_{1 \times n}$$

显然 $(A')'=A$,而且 $(A+B)'=A'+B'$.

- 乘积的转置 $(AB)'=B'A'$,$(ABC)'=C'B'A'$.

- 可逆矩阵(inverse matrix),如果 n 阶方阵(square matrix)A 和 B,满足 $AB=BA=I$,则称 A、B 是可逆矩阵,显然 $A=B^{-1}$,$B=A^{-1}$.如下结果是成立的:

$$(A^{-1})^{-1}=A \qquad (A^{-1})'=(A')^{-1} \qquad (AB)^{-1}=B^{-1}A^{-1}$$

2.特殊矩阵

(1)单位(恒等)矩阵(identity matrix)

对角线上元素全为 1,其余全为 0,可记为 I;

(2)标量矩阵(scalar matrix)

即形如 αI 的矩阵,其中 α 是标量,即 α 是一个单一的数。

(3)幂等矩阵(idempotent matrix)

如果矩阵 A 具有性质 $A \cdot A=A^2=A$,这样的矩阵称为幂等矩阵。

性质:①幂等矩阵的特征根要么是 1,要么是零。②$r(A)=tr(A)$.

一般的,我们可以这样构造幂等矩阵:设 X 为 $n \times k$ 矩阵,其秩 $r(X)=k$,定义

$$P=X(X'X)^{-1}X'$$

$$M=I_n-X(X'X)^{-1}X'=I_n-P$$

则 P 和 M 为对称幂等矩阵,且 $r(P)=tr(P)=k$,$r(M)=tr(M)=n-k$.这一点由第 3 部分矩阵的迹的性质(5)和(3)容易证明。上述定义的矩阵 P 和 M 又被称为投影矩阵(projection matrix),显然有 $PX=X$,$MX=0$.

(4)正定矩阵(positive definite matrix)和负定矩阵(negative definite matrix),非负定矩阵(nonnegative matrix)或半正定矩阵(positive semi-definite matrix),非正定矩阵(nonpositive definite matrix)或半负定矩阵(negative semi-definite matrix)

对于任意的非零向量 $\bar{x}$,如有 $\bar{x}'A\bar{x}>0(<0)$,则称 A 是正(负)定矩阵;如有 $\bar{x}'A\bar{x}\geq0(\leq0)$,则称 A 为非负(非正)定矩阵。如果 A 是非负定的,则记为 $A\geq0$;如果是正定的,则记为 $A>0$.协方差矩阵 $\sum$ 是半正定矩阵。几个结论:

①恒等矩阵或单位矩阵是正定的;

②如果 A 是正定的,则 A^{-1} 也是正定的;

③如果 A 是正定的,B 是可逆矩阵,则 $B'AB$ 是正定的;

④如果 A 是一个 $n \times m$ 矩阵,且 $n>m$,$r(A)=m$,则 $A'A$ 是正定的,AA' 是非负定矩阵。

(5)对称矩阵(symmetric matrix)

如果 $A=A'$,则称 A 为对称矩阵。

3. 矩阵的迹(trace)

一个 $n \times n$ 矩阵的迹被定义为它的对角线上的元素之和,记为 $tr(A)$,则

$$tr(A)=\sum_{i=1}^{n} a_{ii},$$ 如下结论是显然的。

(1)$tr(\alpha A)=\alpha \, tr(A)$ (α 是标量)   特例 $tr(I)=n$

(2)$tr(A')=tr(A)$

(3)$tr(A+B)=tr(A)+tr(B)$

(4)$tr(AB)=tr(BA)$,特例 $tr(A'A)=\sum_{i=1}^{n}\sum_{j=1}^{n} a_{ij}^2$

(5)循环排列原则 $tr(ABCD)=tr(BCDA)=tr(CDAB)=tr(DABC)$

定理:实对称矩阵 A 的迹等于它的特征根之和。

因为 A 是实对称矩阵,故存在矩阵 C,使得 $C'AC=A=\begin{bmatrix} \lambda_1 & & \\ & \ddots & \\ & & \lambda_n \end{bmatrix}$,其

中 $CC'=I$,所以,$\sum_{i=1}^{n}\lambda_i = tr\,(A)=tr(C'AC)=tr(ACC')=tr(AI)=tr(A)$.

4. 方阵的特征根

一个 n 阶方阵 A 的特征方程为:

$|A-\lambda I|=0$

上式左边为一个关于 λ 的 k 次多项式,因此该方程有 k 个根(也可能为复根),不妨记为 $\lambda_1,\lambda_2,\cdots,\lambda_n$,它们称为矩阵 A 的特征根(eigenvalues)。如果 λ_i 是矩阵 A 的特征根,则存在非零向量 h_i 使得:$(A-\lambda_i I)h_i=0$,称 h_i 为对应于 λ_i 的矩阵 A 的特征向量(eigenvector)。

5. 矩阵的秩(rank)

设 $X_1,X_2,\cdots,X_r$ 为 r 个 $n \times 1$ 向量,称它们为线性独立向量(linearly independent vectors),当且仅当:若 $a_1 X_1+a_2 X_2+\cdots+a_r X_r=0$,则一定有 $a_1=a_2=\cdots=a_r=0$. 若存在不全为零的 $a_1,a_2,\cdots,a_r$,使 $a_1 X_1+a_2 X_2+\cdots+a_r X_r=0$,那么称 $X_1,X_2,\cdots,X_r$ 是线性相关的(linearly dependent)。若 $X_1,X_2,\cdots,X_r$ 线性相关,即表明 $X_1,X_2,\cdots,X_r$ 中至少有一个向量可以被其他向量线性表示出。

一个矩阵 A 的秩(rank of matrix A),记为 $r(A)$,定义为矩阵 A 的线性独立列向量个数的最大值,它又称为矩阵的列秩。

一个矩阵 A 的行秩和列秩一定相等，一个矩阵的秩就可以定义为它的行秩或列秩，记为 $r(A)$. 不加证明，我们给出如下结果：

(1) $r(A) = r(A') \leqslant \min(行数，列数)$

(2) $r(A) + r(B) - n_1 \leqslant r(AB) \leqslant \min(r(A), r(B))$，其中 A, B 分别为 $m \times n_1$，$n_1 \times n$ 矩阵。特例：如果 A, B 为 $n \times n$ 矩阵，而且 $AB = 0$，则 $r(A) + r(B) \leqslant n$

(3) $r(A) = r(AA') = r(A'A)$，其中 A 是 $n \times n$ 的方阵

(4) $r(A + B) \leqslant r(A) + r(B)$

6. 矩阵的微分

设 $x = \begin{bmatrix} x_1 \\ x_2 \\ \vdots \\ x_n \end{bmatrix}_{n \times 1}$ 为一 n 维列向量，$y = f(x) = f(x_1, x_2, \cdots, x_n)$ 为向量 x 的

函数，则

$$\frac{\partial f(x)}{\partial x} = \begin{bmatrix} \partial y / \partial x_1 \\ \partial y / \partial x_2 \\ \vdots \\ \partial y / \partial x_n \end{bmatrix} = \begin{bmatrix} f'_1 \\ f'_2 \\ \vdots \\ f'_n \end{bmatrix}, \frac{\partial f(x)}{\partial x'} = \left(\frac{\partial y}{\partial x_1}, \frac{\partial y}{\partial x_2}, \cdots, \frac{\partial y}{\partial x_n} \right),$$

二阶偏导数矩阵为

$$\frac{\partial f^2(x)}{\partial x \partial x'} = \begin{bmatrix} \partial^2 y / \partial x_1 \partial x_1 & \partial^2 y / \partial x_1 \partial x_2 & \cdots & \partial^2 y / \partial x_1 \partial x_n \\ \partial^2 y / \partial x_2 \partial x_1 & \partial^2 y / \partial x_2 \partial x_2 & \cdots & \partial^2 y / \partial x_2 \partial x_n \\ \vdots & \vdots & & \vdots \\ \partial^2 y / \partial x_n \partial x_1 & \partial^2 y / \partial x_n \partial x_2 & \cdots & \partial^2 y / \partial x_n \partial x_n \end{bmatrix}$$

特别地，如果 $y = a'x = x'a = \sum_{i=1}^{n} a_i x_i$ ，那么

$$\frac{\partial (a'x)}{\partial x} = \frac{\partial (x'a)}{\partial x} = a$$

同样，对于 n 阶方阵 A 有

$$\frac{\partial Ax}{\partial x} = A', \qquad \frac{\partial Ax}{\partial x'} = A$$

如果 A 是对称矩阵，那么

$$\frac{\partial x'Ax}{\partial x} = 2Ax$$

一般地，有

$$\frac{\partial x'Ax}{\partial x} = (A + A')x$$

第3章　一元线性回归模型

学习内容与要求：

　　本章主要介绍一元线性回归模型的相关理论,包括参数估计、假设检验、经济预测等内容。要求理解计量经济学模型的相关概念、掌握参数估计、假设检验和预测的相关理论方法,并能够利用 EViews 软件进行相关操作。

　　本章我们介绍一元线性回归模型,它是用来研究两个相关变量之间关系的模型。我们将会看到它实际上是多元线性回归模型的特例,但是由于它比较简单,因而能够很好而且直观地体现回归分析的基本思想和方法。它是后面章节内容的一个基础。

第一节　一元线性回归模型概述

一、回归分析概述

　　1. 变量之间的相关关系

　　自然界中的许多现象之间存在着相互依赖、相互制约的关系。这些关系表现在量上主要有两类:一类是确定的函数关系,即变量之间有着确定的关系。在这种情况下给定自变量的数值时便有一个确定的因变量值与之对应,并且这种关系可以用一个数学表达式反映出来。例如,已知圆的半径 r,则圆面积可以用公式 $S = \pi r^2$ 来计算。这里 S 与 r 之间有着确定的关系。类似地,在社会经济领域中,如贷款利息＝贷款总额×利率。另一类是不确定的相关关系,即变量之间虽然存在着密切的关系,但从一个(或一组)变量的每一确定值,不能求出另一变量的确定值。可是在大量试验中,这种不确定的关系又具有某种统计规律性。例如,在农业生产中,每亩地施肥量与农作物的亩产量之间有一定的关系,施肥量适当增加,产量也相应地增加。因而,肥料是农作物增产的主要因素之一。然而实践证明,对同一农作物,即使在施肥相同的条件下,每亩田的产量也并不完全相同,因为亩产量还与作物的生长条件、种子的品质等许多因素有关。

我们把变量之间存在的不确定的数量关系,称为相关关系(correlation)。

2.相关关系的描述和度量

(1)散点图

为了形象地描述两个变量之间的关系,可以从总体中获取两个变量 X, Y 的一组样本数据 (X_i, Y_i), $i=1,2,\cdots,n$,将两个变量的样本数据作为坐标点画在坐标平面上。由坐标及这些散点构成的二维数据图称为散点图(scatter plot),它可以近似地反映两个变量相互关系的类型、变动方向和密切程度,如图 3-1 所示。

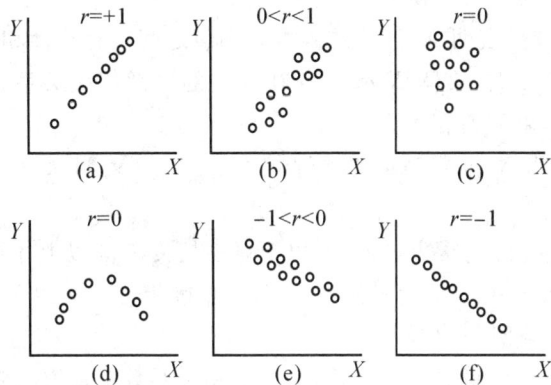

图 3-1 散点图

从散点图可以看出变量 X 和 Y 的相关关系:(a)完全正线性相关,(b)正线性相关,(c)不相关,(d)非线性相关,(e)负线性相关,(f)完全负线性相关。

(2)相关系数

散点图只是对相关关系的初步判断,若要对相关关系进行定量分析,可以计算相关系数。根据样本数据计算的对两个变量之间线性相关强度的度量值,称为相关系数(correlation coefficient)。若相关系数是根据总体全部数据

计算的,则称为总体相关系数,通常用 ρ 表示,总体相关系数的计算公式为:

$$\rho = \frac{\text{Cov}(X,Y)}{\sqrt{\text{Var}(X) \cdot \text{Var}(Y)}}$$

其中,$\text{Cov}(X,Y)$ 为变量 X 和 Y 的协方差,$\text{Var}(X)$ 和 $\text{Var}(Y)$ 分别为变量 X 和 Y 的方差。总体相关系数是反映两变量之间线性相关程度的一种特定值,对于给定的总体,X 和 Y 的数值是既定的,总体相关系数表现为一个常数。

一般情形下,对总体变量 X 和 Y 的全部数据进行观测是不可能的,所以总体相关系数一般是不知道的。通常需要从总体中随机抽取一定数量的样本,通过 X 和 Y 的样本观测值计算样本相关系数来估计总体相关系数。变量 X 和 Y 样本相关系数通常用 r_{XY} 表示,其计算公式为:

$$r_{XY} = \frac{\sum (X_i - \overline{X})(Y_i - \overline{Y})}{\sqrt{\sum (X_i - \overline{X})^2 \cdot \sum (Y_i - \overline{Y})^2}} \tag{3.1}$$

其中,$\overline{X}$、$\overline{Y}$ 分别为 X 和 Y 的样本均值。

样本相关系数 r 具有以下特点:

(1)r 的取值介于 -1 和 1 之间。

(2)当 $r=0$ 时,表明 X 和 Y 的样本观测值之间没有线性相关关系。

(3)$0<|r|<1$ 时,表明 X 和 Y 存在一定的线性相关关系。$r>0$,X 和 Y 正相关;$r<0$,X 和 Y 负相关。

(4)$r=1$ 表明 X 和 Y 完全正线性相关,$r=-1$ 表明 X 和 Y 完全负线性相关。

一般地,样本相关系数 $|r|$ 在 0.3 以下算不相关,0.3 以上才算有相关关系。划分等级如下:0.3~0.5 低度相关,0.5~0.8 中度相关,0.8 以上高度相关。

3. 相关关系与回归分析

为了说明变量之间的相关关系,可以用相关系数来加以反映。但是,相关系数仅能说明相关关系的方向和紧密程度,而不能说明变量之间因果的数量关系。当给出自变量 X 某一数值时,不能根据相关系数来估计或预测因变量 Y 可能发生的数值。回归分析就是对具有相关关系的变量之间数量变化的一般关系进行测定,确定一个相关的数学表达式,以便于进行估计或预测的统计方法。

"回归"(regression)这个词最早是英国科学家高尔顿用来描述遗传变化现象的。高尔顿通过大量的研究发现,身高高的父母比矮的父母倾向于生育高的子女,但从平均身高看,父母高,他们的子女一般并不像他们那样高,父母矮,他们的子女一般并不像他们那样矮。父母个高或个矮在遗传学上有趋于一般的现象,这种现象便叫做回归,后来这个名词被广泛用来表示变量间的数量关系。

回归分析是研究一个变量(因变量)与另外一个或多个变量(自变量)之间的不确定的相关关系的一种理论和方法。因变量(dependent variable)又称为被解释变量(explained variable),一个或多个的自变量(independent variable)又称为解释变量(explanatory variable)。按照解释变量的个数的多少,回归分析可以分为一元回归和多元回归;按照因变量与自变量之间的函数形式的不同,可以分为线性回归和非线性回归。

回归分析主要有三个步骤:

(1)根据样本观察值对回归模型参数进行估计,求得回归方程;

(2)对回归方程、参数估计值进行显著性检验;

(3)利用回归方程进行分析、评价及预测。

二、回归模型概述

1. 总体回归模型与总体回归函数

回归分析是研究因变量与自变量之间的不确定的相关关系的,自变量是影响因变量变动的主要因素,但除此之外还会有很多的次要因素在影响因变量。例如,每个家庭的消费支出(记作 Y),按照经济理论,影响 Y 的主要因素是家庭所得收入 X,但除家庭所得收入 X 之外,家庭的消费支出还受家庭成员数和年龄结构、消费习惯等等许多次要因素的影响。在回归分析中,通常把影响因变量的许多次要因素称作是随机扰动项(disturbance)或随机误差项(error term),用 μ 表示。

我们把描述因变量 Y 如何依赖于自变量 X 和随机误差项 μ 的方程,称为回归模型(regression model)。如果所研究的是经济现象的总体,这时 X 和 Y 的回归模型又称为总体回归模型(population regression model,PRM)。只涉及一个自变量的一元线性回归模型可以表示为:

$$Y=\beta_0+\beta_1 X+\mu \tag{3.2}$$

对于总体中的每一个个体 Y_i 和 X_i,上式又可以写成:

$$Y_i=\beta_0+\beta_1 X_i+\mu_i$$

在一元线性回归模型中,β_0 和 β_1 称为回归系数(regression coefficient)。Y 是 X 的线性函数加上随机误差项 μ。其中随机误差项 μ 反映了除 X 和 Y 之

间的线性关系之外的随机因素对 Y 的影响。通常假定随机误差项 μ 在给定解释变量 X 的条件下,是一均值为 0,方差为 σ^2 的正态随机变量。也即把影响因变量的主要因素 X 固定下来以后,其余大量的次要因素对因变量的影响从平均意义上来说为零,用数学语言来描述即 $E(\mu|X)=0$.

根据回归模型中的假定,随机误差项 μ 的条件期望等于 0,因此,对上述一元线性回归模型(3.2)两边取条件期望便有:

$$E(Y|X)=\beta_0+\beta_1 X \tag{3.3}$$

也就是说 Y 的条件期望值是 X 的线性函数。

我们把描述因变量 Y 的期望值如何依赖于自变量 X 的方程,称为回归函数(regression function)。如果所研究的是经济现象的总体,这时 X 和 Y 的回归函数又称为总体回归函数(population regression function,PRF)。回归函数的一般形式可以表示为

$$E(Y|X)=f(X)$$

它可能是 X 的线性函数也可能是 X 的非线性函数。本章我们研究最简单的一元线性回归函数(3.3)式的形式。一元线性回归函数 $E(Y|X)=\beta_0+\beta_1 X$ 的图示是一条直线,它表示因变量的条件均值是自变量 X 的线性函数,因此也称为直线回归方程。

2.样本回归模型和样本回归函数

在现实问题的研究中,由于所要研究的现象总体的单位数一般都很多,在许多场合甚至是无限的,一次无法掌握因变量 Y 总体的全部取值。也就是说,总体回归函数实际上是未知的,需要利用样本的信息对其进行估计。

根据样本数据拟合的直线,称为样本回归线。显然,样本回归线的函数形式应该与总体回归方程的函数形式一致。一元线性回归模型的样本回归线可表示为:

$$\hat{Y}_i=\hat{\beta}_0+\hat{\beta}_1 X_i \tag{3.4}$$

其中,$\hat{Y}_i$ 是样本回归直线上与 X_i 对应的 Y 值,可看作 $E(Y)$ 的估计值。$\hat{\beta}_0$,$\hat{\beta}_1$ 是由样本数据确定的样本回归直线的截距和斜率,它们是对总体回归系数 β_0,β_1 的估计。上述样本回归线的函数表达式(3.4)称为样本回归函数(sample regression function,SRF)。

实际观测到的因变量 Y_i 的值,并不完全等于 $\hat{Y}_i$,用 e_i 表示两者之差($e_i=Y-\hat{Y}_i$),则有:

$$Y_i=\hat{\beta}_0+\hat{\beta}_1 X_i+e_i \quad (i=1,2,\cdots,n) \tag{3.5}$$

上式称为样本回归模型(sample regression model,SRM),e_i 称为残差

（residual），在概念上，e_i 与总体模型中的随机误差项 μ_i 相对应。图 3-2 直观地反映了总体回归线与样本回归线之间的关系：

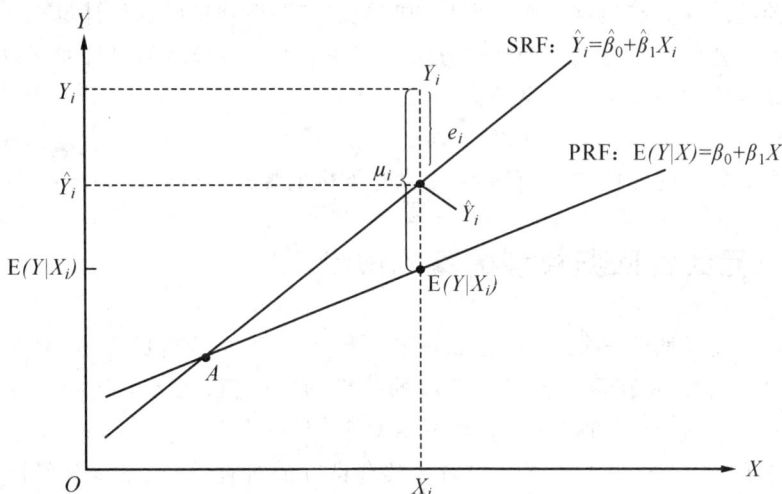

图 3-2　总体回归线与样本回归线

　　总体回归线与样本回归线之间的联系显而易见，这里特别指出它们之间的区别：（1）总体回归线多数情况下是未知的，它只有一条；而样本回归线是由样本数据拟合的，每抽一组样本数据便可拟合一条样本回归线。（2）总体回归线中的系数 β_0，β_1 是未知的；而样本回归线中的 $\hat{\beta}_0$，$\hat{\beta}_1$ 可以由样本数据求出，利用不同的样本会得到不同的 $\hat{\beta}_0$，$\hat{\beta}_1$ 值。

　　回归分析的一个主要目标就是利用样本回归函数（SRF）来估计总体回归函数（PRF）。即要寻求一种规则和方法，使得到的样本回归函数的参数 $\hat{\beta}_0$ 和 $\hat{\beta}_1$ 尽可能"接近"总体回归函数中的参数 β_0 和 β_1。这样的"规则和方法"有多种，最常用的是最小二乘估计（OLS），还有极大似然估计（MLE）、矩估计（MM）等。

第二节　一元线性回归模型的参数估计

　　本节我们考虑对于一元线性回归模型（3.2）中的参数的估计问题。要想估计总体模型中的参数 β_0 和 β_1，我们需要从总体 X 和 Y 中获取一组随机样本，设 $\{X_i, Y_i\}$，$i=1,2,\cdots,n$ 为来自总体的一组样本。我们就是要利用这样一组样本数据来估计总体中的参数。

估计模型中参数的方法有若干种,这些估计方法都是以对模型的某些假设为前提的。只有当这些假设满足的时候才能够得到良好的估计量。所以本节中的一些假设是与具体的估计方法密切联系的。本节我们是针对于以下的一元线性回归模型提出假设的:

$$Y_i = \beta_0 + \beta_1 X_i + \mu_i, i = 1, 2, \cdots, n \tag{3.6}$$

为了叙述的方便,我们有时采用没有下标的形式,如(3.2)式。

一、一元线性回归模型的基本假设

在一元线性回归分析中,通常假定解释变量 X 是确定的变量,是非随机的,即把它看作是在重复抽样中获取的一组固定的值;或者即使解释变量 X 是随机的,但它与随机扰动项 μ 是不相关的,即 $\mathrm{Cov}(X, \mu) = 0$。除了对于解释变量 X 的假定外,为了使模型的估计具有良好的统计性质,在计量经济学的研究中,还需要对随机扰动项 μ 做如下一些假定:

(A1)零均值,即在给定解释变量 X 的条件下,随机扰动项 μ 的均值为零,即 $\mathrm{E}(\mu_i \mid X_i) = 0, i = 1, 2, \cdots, n$

事实上,由这一条假设可以推出随机扰动项 μ 的总体均值为零,即 $\mathrm{E}(\mu_i) = 0$[①].

(A2)同方差,即在给定解释变量 X 的条件下,随机扰动项 μ 的方差为一常数。即

$$\mathrm{Var}(\mu_i \mid X_i) = \mathrm{E}(\mu_i - \mathrm{E}(\mu_i \mid X_i))^2 = \mathrm{E}(\mu_i^2) = \sigma^2, i = 1, 2, \cdots, n$$

这条假定称为同方差性(homoscedasticity),如果该假定不满足即出现所谓的异方差性(heteroscedasticity),即 $\mathrm{Var}(\mu_i \mid X_i) = \sigma_i^2, i = 1, 2, \cdots, n$.

(A3)无序列相关,即对于任意的 μ_i 和 μ_j 是不相关的。即

$$\mathrm{Cov}(\mu_i, \mu_j) = \mathrm{E}(\mu_i \mu_j) - \mathrm{E}(\mu_i)\mathrm{E}(\mu_j) = \mathrm{E}(\mu_i \mu_j) = 0, i \neq j$$

(A4)随机扰动项 μ 和解释变量 X 不相关,即

$$\mathrm{Cov}(\mu_i, X_i) = \mathrm{E}(\mu_i X_i) - \mathrm{E}(\mu_i)\mathrm{E}(X_i) = \mathrm{E}(\mu_i X_i) = 0$$

(A5)正态性假定,即假定随机扰动项 μ 服从均值为零,方差为 σ^2 的正态分布,即

$$\mu_i \sim N(0, \sigma^2)$$

---

① 这要用到条件期望的数学性质:$\mathrm{E}(\mu_i) \equiv \mathrm{E}(\mathrm{E}(\mu_i \mid X_i)) = 0$,此处不作要求。

以上这些对随机扰动项的假定,是由德国数学家高斯(Gauss)最早提出的,所以又称高斯假设或经典假设,称满足这些经典假设的回归模型为经典线性回归模型(classical linear regression model,CLRM)。

二、参数的普通最小二乘(OLS)估计

对模型参数的估计方法有多种,对于古典线性回归模型最简单、最常用的方法是普通最小二乘法(ordinary least square)。

对于给定的样本数据(X_i,Y_i),$i=1,2,\cdots,n$,OLS 估计的思想是使回归直线能够尽量好地拟合样本数据,即使回归直线能够尽量集中且均匀地通过样本数据的中心(如图 3-3)。

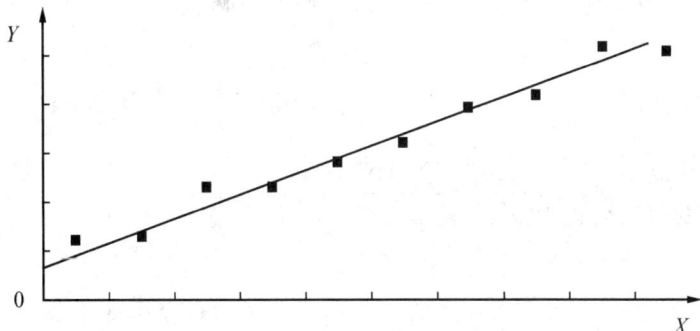

图 3-3　样本数据与回归直线

也就是说,希望Y_i偏离回归直线上相应的点$\hat{Y}_i$的距离,即残差e_i越小越好。由于e_i可正可负,残差的直接代数和会相互抵消。因此,OLS 估计是使残差的平方和$\sum e_i^2$最小,即

$$\min \sum e_i^2 = \min \sum (Y_i - \hat{Y}_i)^2 = \min \sum (Y_i - \hat{\beta}_0 - \hat{\beta}_1 X_i)^2$$

在残差的平方和$\sum e_i^2$的上述表达式中,X_i,Y_i为样本数据,$\hat{\beta}_0$,$\hat{\beta}_1$为未知参数。根据微积分中求极值的原理,为使$\sum e_i^2$达到最小,待定参数$\hat{\beta}_0$,$\hat{\beta}_1$应满足:

$$\begin{cases} \dfrac{\partial (\sum e_i^2)}{\partial \hat{\beta}_0} = -2 \sum (Y_i - \hat{\beta}_0 - \hat{\beta}_1 X_i) = 0 \\[3mm] \dfrac{\partial (\sum e_i^2)}{\partial \hat{\beta}_1} = -2 \sum (Y_i - \hat{\beta}_0 - \hat{\beta}_1 X_i) X_i = 0 \end{cases}$$

整理得如下正规方程组（normal equations）：

$$\begin{cases} \sum (Y_i - \hat{\beta}_0 - \hat{\beta}_1 X_i) = 0 \\ \sum (Y_i - \hat{\beta}_0 - \hat{\beta}_1 X_i) X_i = 0 \end{cases} \tag{3.7}$$

即：$\begin{cases} \sum Y_i = n\hat{\beta}_0 + \hat{\beta}_1 \sum X_i \\ \sum X_i Y_i = \hat{\beta}_0 \sum X_i + \hat{\beta}_1 \sum X_i^2 \end{cases}$，其中，$n$ 为样本容量。

求解这一方程组，可得：

$$\begin{cases} \hat{\beta}_1 = \dfrac{\sum X_i Y_i - \overline{Y} \sum X_i}{\sum X_i^2 - \overline{X} \sum X_i} \\ \hat{\beta}_0 = \overline{Y} - \hat{\beta}_1 \overline{X} \end{cases} \tag{3.8}$$

上式即为参数 $\hat{\beta}_0$，$\hat{\beta}_1$ 的求解公式，它们是总体模型中的参数 β_0 和 β_1 的 OLS 估计量。

如果我们令：$x_i = X_i - \overline{X}$，$y_i = Y_i - \overline{Y}$，其中，$\overline{X} = \dfrac{1}{n} \sum X_i$，$\overline{Y} = \dfrac{1}{n} \sum Y_i$，

则（3.8）式可以简化为：$\begin{cases} \hat{\beta}_1 = \dfrac{\sum x_i y_i}{\sum x_i^2} \\ \hat{\beta}_0 = \overline{Y} - \hat{\beta}_1 \overline{X} \end{cases} \tag{3.9}$

上式又被称为 OLS 估计量的离差形式。我们在今后的章节中将继续使用这一记法，用大写字母表示观测值，用小写字母表示其对均值的离差。

正规方程组（3.7）在参数估计过程中是一重要的结果，我们可以从另一角度来看它。对于总体模型（3.2），对应于（A1）和（A4）的假设为：

$$\begin{cases} E(\mu) = 0 \\ E(\mu X) = 0 \end{cases} \quad 即 \quad \begin{cases} E(Y - \beta_0 - \beta_1 X) = 0 \\ E[(Y - \beta_0 - \beta_1 X)X] = 0 \end{cases}$$

上面的这两个方程是对总体 X 和 Y 的联合分布的两个约束，β_0 和 β_1 为要估计的未知参数，利用我们上一章中介绍的矩估计的思想，相应的样本矩为：

$$\begin{cases} \dfrac{1}{n} \sum (Y_i - \hat{\beta}_0 - \hat{\beta}_1 X_i) = 0 \\ \dfrac{1}{n} \sum (Y_i - \hat{\beta}_0 - \hat{\beta}_1 X_i) X_i = 0 \end{cases}$$

整理后即为正规方程组（3.7）式。因此，利用矩估计的方法在假设（A1）和（A4）下可以得到与 OLS 一样的估计量。

三、参数的极大似然估计

极大似然估计法是不同于普通最小二乘估计的一种估计方法,它是从最大似然原理发展起来的一种估计方法(参见第二章)。对一元线性回归模型:

$$Y_i = \beta_0 + \beta_1 X_i + \mu, i = 1, 2, \cdots, n$$

在假设(A5)成立的条件下,即 $\mu \sim N(0, \sigma^2)$,由于正态随机变量的任意线性组合仍为正态随机变量,所以 Y_i 也服从正态分布(此处把解释变量 X 看作确定的变量),且 $E(Y_i) = E(\beta_0 + \beta_1 X_i + \mu_i) = \beta_0 + \beta_1 X_i$,$\mathrm{Var}(Y_i) = \mathrm{Var}(\beta_0 + \beta_1 X_i + \mu_i) = \mathrm{Var}(\mu_i) = \sigma^2$.

所以,$Y_i \sim N(\beta_0 + \beta_1 X_i, \sigma^2)$. 其概率密度函数为:

$$f(Y_i) = \frac{1}{\sqrt{2\pi}\sigma} \exp\left\{-\frac{1}{2\sigma^2}(Y_i - \beta_0 - \beta_1 X_i)^2\right\}$$

随机获取一组样本 $\{X_i, Y_i\}$,$i = 1, 2, \cdots, n$,设参数的估计量为 $\hat{\beta}_0, \hat{\beta}_1$,则其似然函数为:

$$L(\hat{\beta}_0, \hat{\beta}_1) = \prod_{i=1}^{n} f(Y_i) = \frac{1}{(2\pi)^{n/2}\sigma^n} \exp\left\{-\frac{1}{2\sigma^2}\sum_{i=1}^{n}(Y_i - \hat{\beta}_0 - \hat{\beta}_1 X_i)^2\right\}$$

由于似然函数的极大化与似然函数的对数的极大化是等价的,所以,取对数似然函数如下:

$$\ln L = -\frac{n}{2}\ln(2\pi\sigma^2) - \frac{1}{2\sigma^2}\sum_{i=1}^{n}(Y_i - \hat{\beta}_0 - \hat{\beta}_1 X_i)^2 \tag{3.10}$$

由 $\begin{cases} \dfrac{\partial \ln L}{\partial \hat{\beta}_0} = 0 \\ \dfrac{\partial \ln L}{\partial \hat{\beta}_1} = 0 \end{cases}$ 整理得:$\begin{cases} \sum(Y_i - \hat{\beta}_0 - \hat{\beta}_1 X_i) \\ \sum(Y_i - \hat{\beta}_0 - \hat{\beta}_1 X_i)X_i = 0 \end{cases}$,此即为正规方程组

(3.7)。

所以,在相关假设满足的前提下,一元线性回归模型的极大似然估计量与 OLS 估计量是一致的。不但如此,利用极大似然法,我们还可以得到未知参数 σ^2 的估计值,由似然方程:

$$\frac{\partial \ln L}{\partial \sigma^2} = -\frac{n}{2\sigma^2} + \frac{1}{2(\sigma^2)^2}\sum(Y_i - \hat{\beta}_0 - \hat{\beta}_1 X_i) = 0$$

解之得:$\hat{\sigma}^2 = \dfrac{1}{n}\sum(Y_i - \hat{\beta}_0 - \hat{\beta}_1 X_i)^2 = \dfrac{\sum e_i^2}{n}$. 但它不是 σ^2 的无偏估计。

【例 3-1】为了研究某地区居民家庭可支配收入 X 与家庭消费支出 Y 的关系,从该地区随机抽取了 10 户家庭进行调查,得如表 3-1 所示的数据资料(单

位:百元）。

表 3-1

序号	X_i	Y_i	$x_i = X_i - \overline{X}$	$y_i = Y_i - \overline{Y}$	$x_i y_i$	x_i^2	y_i^2	$\hat{Y}_i$	$e_i = Y_i - \hat{Y}_i$	e_i^2
1	60	58	−135	−84.8	11 448	18 225	7 191.04	69.711	−11.711	137.15
2	90	85	−105	−57.8	6 069	11 025	3 340.84	85.953	−0.953	0.91
3	120	102	−75	−40.8	3 060	5 625	1 664.64	102.195	−0.195	0.04
4	150	124	−45	−18.8	846	2 025	353.44	118.437	5.563	30.95
5	180	146	−15	3.2	−48	225	10.24	134.679	11.321	128.16
6	210	159	15	16.2	243	225	262.44	150.921	8.079	65.27
7	240	168	45	25.2	1 134	2 025	635.04	167.163	0.837	0.70
8	270	181	75	38.2	2 865	5 625	1 459.24	183.405	−2.405	5.78
9	300	194	105	51.2	5 376	11 025	2 621.44	199.647	−5.647	31.89
10	330	211	135	68.2	9 207	18 225	4651.24	215.889	−4.889	23.90
合计	1 950	1 428	0	0	40 200	74 250	22 189.6	1 428	0	424.75

利用样本数据，代入(3.9)式得：

$$\hat{\beta}_1 = \frac{\sum x_i y_i}{\sum x_i^2} = \frac{40\ 200}{74\ 250} = 0.5414$$

$$\hat{\beta}_0 = \overline{Y} - \hat{\beta}_i \overline{X} = 142.8 - 0.5414 \times 195 = 37.227$$

所以样本回归函数为：

$$\hat{Y}_i = 37.227 + 0.5414\ X_i$$

第三节　最小二乘估计量的性质

在上一节我们看到，在相关经典假设成立的条件下，对一元线性回归模型，无论是 OLS 估计量、矩估计量还是极大似然估计量都是一致的。本节我们就来专门讨论这些估计量的性质，需要意识到这些性质是在经典假设满足的条件下得到的。

一、样本回归线的相关性质

在 OLS 估计量 $\hat{\beta}_0$ 和 $\hat{\beta}_1$ 得到以后，相应的样本回归直线 $\hat{Y}_i = \hat{\beta}_0 + \hat{\beta}_1 X_i$ 也

就已知了。如果再把样本数据 $\{X_i, Y_i\}(i=1,2,\cdots,n)$ 代入样本回归直线的方程即可得到相应的残差 $e_i = Y_i - \hat{Y} = Y_i - \hat{\beta}_0 - \hat{\beta}_1 X_i, i=1,2,\cdots,n.$ 它们具有如下一些性质：

1. 样本回归线通过所有样本数据的均值点，即回归线通过点 $(\overline{X}, \overline{Y})$。

这一点容易说明，由 (3.8) 式知 $\overline{Y} = \hat{\beta}_0 + \hat{\beta}_1 \overline{X}$，即点 $(\overline{X}, \overline{Y})$ 满足回归线方程，所以样本回归线通过所有样本数据的均值点。

2. 残差的均值为零，即 $\bar{e} = \dfrac{1}{n}\sum e_i = 0$.

由正规方程组 (3.7) 的第一式：$\sum(Y_i - \hat{\beta}_0 - \hat{\beta}_1 X_i) = 0$，知 $\sum e_i = 0$，性质得证。

3. 解释变量 X_i 与残差 e_i 乘积的和为零，即 $\sum X_i e_i = 0$. 这表明实际上解释变量与残差是不相关的。同样的，由正规方程组 (3.7) 的第二式 $\sum(Y_i - \hat{\beta}_0 - \hat{\beta}_1 X_i)X_i = 0$ 可知，这一结果也是显然的。

类似的，我们还可以得到其他一些性质，如 $\sum \hat{Y}_i e_i = 0$，$\sum x_i e_i = 0$，$\sum \hat{y}_i e_i = 0$ 等。其中字母的记法同前面的约定，读者可以作为练习自己证明一下。

二、估计量的统计性质

在上一章中，我们曾经给出判别估计量的优劣的一些标准，如无偏估计、有效估计、一致估计等。(3.8) 式给出了 OLS 估计量的具体表达式，它们都是样本的函数，样本数据不同得到的估计值也不同，即存在抽样的波动性。那么我们得到的 OLS 估计量具有什么样的性质呢？可以证明，在满足经典假设的条件下，回归参数 β_0 和 β_1 的 OLS 估计量 $\hat{\beta}_0$ 和 $\hat{\beta}_1$ 具有以下统计性质：

1. 线性。即估计量 $\hat{\beta}_0$ 和 $\hat{\beta}_1$ 是 Y_i 的线性函数。由 (3.9) 式知

$$\hat{\beta}_1 = \frac{\sum x_i y_i}{\sum x_i^2} = \frac{\sum x_i (Y_i - \overline{Y})}{\sum x_i^2} = \frac{\sum x_i Y_i}{\sum x_i^2} - \frac{\overline{Y}\sum x_i}{\sum x_i^2} = \sum \frac{x_i}{\sum x_i^2} Y_i$$

$$= \sum k_i Y_i$$

其中 $k_i = \dfrac{x_i}{\sum x_i^2}$，容易验证 $\sum k_i = 0$，$\sum k_i X_i = 1$. 由总体模型 (3.6) 式知，Y_i 又是 μ_i 的线性函数，所以有

$$\hat{\beta}_1 = \sum k_i Y_i$$

$$= \sum k_i(\beta_0 + \beta_1 X_i + \mu_i)$$

$$= \beta_0 \sum k_i + \beta_1 \sum k_i X_i + \sum k_i \mu_i$$

$$= \beta_1 + \sum k_i \mu_i \tag{3.11}$$

从而 $\hat{\beta}_1$ 也是 μ_i 的线性函数。同样的:

$$\hat{\beta}_0 = \overline{Y} - \hat{\beta}_1 \overline{X} = \frac{1}{n} \sum Y_i - \sum k_i Y_i \overline{X} = \sum (\frac{1}{n} - \overline{X} k_i) Y_i = \sum h_i Y_i$$

其中 $h_i = \frac{1}{n} - \overline{X} k_i$,容易验证 $\sum h_i = 1$,而 $\sum h_i X_i = 0$. 类似的有

$$\hat{\beta}_0 = \sum h_i Y_i = \sum h_i(\beta_0 + \beta_1 X_i + \mu_i) = \beta_0 + \sum h_i \mu_i \tag{3.12}$$

从而 $\hat{\beta}_0$ 也是 μ_i 的线性函数。

2. 无偏性。

由(3.11)式得:$E(\hat{\beta}_1) = E(\beta_1 + \sum k_i \mu_i) = \beta_1 + \sum k_i E(\mu_i) = \beta_1$

由(3.12)式得:$E(\hat{\beta}_0) = E(\beta_0 + \sum h_i \mu_i) = \beta_0 + \sum h_i E(\mu_i) = \beta_0$

所以,OLS 估计量 $\hat{\beta}_0$ 和 $\hat{\beta}_1$ 分别是回归参数 β_0 和 β_1 的无偏估计量。

3. 有效性(最小方差性)。即在所有的线性无偏估计量中,OLS 估计量具有最小方差。

我们先给出 OLS 估计量 $\hat{\beta}_0$ 和 $\hat{\beta}_1$ 的方差的表达式,由(3.11)式得:

$$Var(\hat{\beta}_1) = Var(\beta_1 + \sum k_i \mu_i)$$

$$= \sum k_i^2 Var(\mu_i)$$

$$= \sum \left[\frac{x_i}{\sum x_i^2} \right]^2 \sigma^2$$

$$= \frac{\sigma^2}{\sum x_i^2} \tag{3.13}$$

注意到,在上式的求解过程中,我们用到了同方差假定(A2)及随机扰动项间的独立性假定(由 A3 和 A5 可得,因为正态随机变量的不相关和独立是等价的)。

由(3.12)式:

$$Var(\hat{\beta}_0) = Var(\beta_0 + \sum h_i \mu_i) = \sum h_i^2 Var(\mu_i) = \sigma^2 \sum h_i^2 = \frac{\sum X_i^2}{n \sum x_i^2} \sigma^2$$

$$\tag{3.14}$$

其中，

$$\sum h_i^2 = \sum (\frac{1}{n} - \overline{X}k_i)^2$$

$$= \sum [(\frac{1}{n})^2 - 2\frac{1}{n}\overline{X}k_i + \overline{X}^2 k_i^2]$$

$$= \frac{1}{n} - 2\frac{1}{n}\overline{X}\sum k_i + \overline{X}^2 \sum k_i^2$$

$$= \frac{1}{n} - \frac{\overline{X}^2}{\sum k_i^2}$$

$$= \frac{\sum X_i^2}{n \sum x_i^2}$$

可以证明(具体证明见相关文献)，对于 $\beta_i (i=0,1)$ 的任意线性无偏估计量 $\hat{\beta}_i^* (i=0,1)$ 都会有

$\mathrm{Var}(\hat{\beta}_i^*) \geqslant \mathrm{Var}(\hat{\beta}_i), i=0,1.$

所以，在所有的线性无偏估计量中，OLS 估计量具有最小方差。其方差分别为(3.13)和(3.14)式。

由以上分析可见，在满足经典假设的前提下得到的 OLS 估计量是最优、线性、无偏估计量(best linear unbiased estimator，BLUE)，这就是著名的高斯—马尔可夫定理(Gauss-Markov theorem)。显然这些优良的性质依赖于对模型的经典假设。

三、估计量的概率分布及随机扰动项方差的估计

在得到总体参数 β_0 和 β_1 的 OLS 估计量 $\hat{\beta}_0$ 和 $\hat{\beta}_1$ 以后，往往还要考虑估计的精度问题，即考虑估计量的方差，方差越小其抽样误差就越小，精度就越高。进一步，在经典假设(A5)，即随机扰动项的正态性假定下我们还可以得到估计量的分布。由于正态随机变量的任意线性组合仍为正态的，其分布特征由均值和方差唯一确定。所以由 Gauss-Markov 定理，我们可以得到 OLS 估计量的分布为：

$$\hat{\beta}_1 \sim N(\beta_1, \frac{\sigma^2}{\sum x_i^2}), \hat{\beta}_0 \sim N(\beta_0, \frac{\sum X_i^2}{n \sum x_i^2}\sigma^2) \tag{3.15}$$

在上面的表达式中，要计算估计量的方差还是做不到的。因为，表达式中还含有一个未知的量 σ^2，即随机扰动项的方差。这就需要对其估计，要估计

随机扰动项 μ_i 的方差我们自然想到用残差 e_i 来估计。可以证明，σ^2 的 OLS 估计量为：

$$\hat{\sigma}^2 = \frac{\sum e_i^2}{n-2} \tag{3.16}$$

其中，$n-2$ 为自由度，它是 σ^2 的无偏估计量，即 $E(\hat{\sigma}^2) = \sigma^2$.

在得到 σ^2 的估计量以后，利用样本数据就可以计算 $\hat{\beta}_0$ 和 $\hat{\beta}_1$ 的方差和标准差了，由于这时是样本方差和样本标准差，我们采用如下记号：

$$\text{样本方差：} S_{\hat{\beta}_1}^2 = \frac{\hat{\sigma}^2}{\sum x_i^2}, S_{\hat{\beta}_0}^2 = \frac{\sum X_i^2}{n \sum x_i^2} \hat{\sigma}^2 \tag{3.17}$$

$$\text{样本标准差：} S_{\hat{\beta}_1} = \frac{\hat{\sigma}}{\sqrt{\sum x_i^2}}, S_{\hat{\beta}_0} = \hat{\sigma} \sqrt{\frac{\sum X_i^2}{n \sum x_i^2}} \tag{3.18}$$

第四节 一元线性回归模型的统计检验

到目前为止，我们已经完成了回归分析的一项重要内容——参数估计。回归分析的一个主要目标就是要用样本回归函数来估计总体回归函数，这种估计的效果如何需要我们判断。一方面，样本回归线仅是对一组样本数据的拟合，对同一组样本数据，不同的估计方法可能得到不同的回归函数，所估计的样本回归线对样本数据拟合的优劣程度，即拟合优度也不同。另一方面，利用不同的样本数据会得到不同的总体参数的估计值，这种抽样误差总是存在的，尽管从理论上，多次抽样得到的参数估计值的均值应该等于真实的参数值，然而在现实中这种多次抽样往往是困难的。那么在一次抽样中所得到总体参数的估计值与真实的参数到底有多大的差异？是否显著？要回答这些问题，就要用到我们前一章介绍的统计推断的相关理论。我们先来看样本回归线的拟合优度问题。

一、拟合优度检验

拟合优度检验就是要检验估计得到的样本回归线对样本数据的拟合效果，或者说是要判断在因变量 Y 的总变动中解释变量 X 的解释能力有多大。判断回归模型拟合优度的常用指标是判定系数 R^2，而拟合优度检验基于如下的总离差平方和的分解。

1. 总离差平方和的分解

对于样本回归模型：$Y_i = \hat{\beta}_0 + \hat{\beta}_1 X_i + e_i = \hat{Y}_i + e_i$，如果两边同时减去 $\overline{Y}$，则下面的等式是恒成立的：

$$Y_i - \overline{Y} = (\hat{Y}_i - \overline{Y}) + e_i = (\hat{Y}_i - \overline{Y}) + (Y_i - \hat{Y}_i)$$

即 Y_i 与其均值的总离差可以分解为两部分离差之和，如图 3-4。

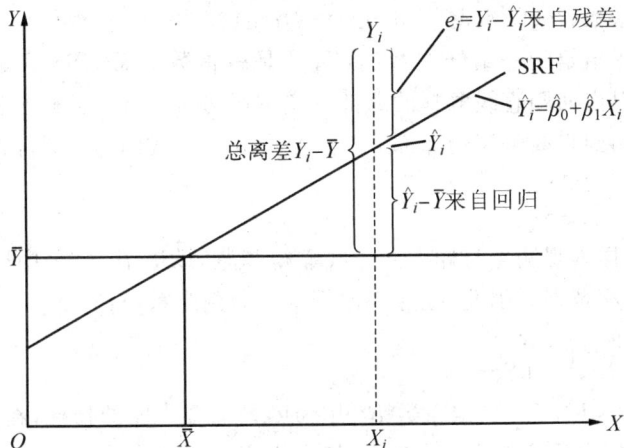

图 3-4　总离差的分解

事实上可以证明，对于上面公式中的三部分离差分别平方求和后仍然有同样的关系，即：

$$\sum (Y_i - \overline{Y})^2 = \sum (\hat{Y}_i - \overline{Y})^2 + \sum e_i^2 \text{ 仍然成立。}$$

记：$TSS = \sum (Y_i - \overline{Y})^2$，称为总离差平方和（total sum of squares）；

$ESS = \sum (\hat{Y}_i - \overline{Y})^2$，称为回归平方和（explained sum of squares）；

$RSS = \sum (Y_i - \hat{Y}_i)^2 = \sum e_i^2$，称为残差平方和（residual sum of squares）。

则有总离差平方和的分解公式：

$TSS = ESS + RSS$

这一结果的证明是简单的，现证明如下：

$$TSS = \sum (Y_i - \overline{Y})^2$$

$$= \sum (Y_i - \hat{Y}_i + \hat{Y}_i - \overline{Y})^2$$

$$= \sum (Y_i - \hat{Y}_i)^2 + \sum (\hat{Y}_i - \overline{Y})^2 + 2 \sum (Y_i - \hat{Y}_i) \cdot (\hat{Y}_i - \overline{Y})$$

$$= \sum (Y_i - \hat{Y}_i)^2 + \sum (\hat{Y}_i - \overline{Y})^2 + 2 \sum e_i \cdot \beta_1 (X_i - \overline{X})$$

$$= \sum (Y_i - \hat{Y}_i)^2 + \sum (\hat{Y}_i - \overline{Y})^2$$

$$= RSS + ESS$$

其中，$\sum e_i \cdot \beta_1 (X_i - \overline{X}) = \beta_1 \sum e_i X_i - \beta_1 \overline{X} \sum e_i$，由正规方程知该式等于零。

2. 判定系数(coefficient of determination)

显然对于给定的一组样本数据，TSS 是一常数。而 ESS 表示了总离差平方和中可以由回归直线解释的那部分离差平方和，RSS 表示了总离差平方和中不能由回归直线解释的那部分离差平方和。上式两边同时除以 TSS 得：

$$1 = \frac{ESS}{TSS} + \frac{RSS}{TSS}$$

显然，各样本观测点与样本回归线靠得越紧，ESS 在 TSS 中所占的比重越大，拟合优度越高。因此，把这一比例定义为判定系数：

$$R^2 = \frac{ESS}{TSS} = 1 - \frac{RSS}{TSS} \tag{3.19}$$

显然有 $0 \leqslant R^2 \leqslant 1$. 判定系数 R^2 作为度量拟合优度的指标，在 $[0,1]$ 范围内，R^2 越大，拟合优度越高，R^2 越小，拟合优度越差。

判定系数 R^2 的公式可以变形为：

$$R^2 = \frac{ESS}{TSS}$$

$$= \frac{\sum (\hat{Y}_i - \overline{Y})^2}{\sum (Y_i - \overline{Y})^2}$$

$$= \frac{\hat{\beta}_1^2 \sum (X_i - \overline{X})^2}{\sum (Y_i - \overline{Y})^2}$$

$$= \left(\frac{\sum x_i y_i}{\sum x_i^2} \right)^2 \frac{\sum x_i^2}{\sum y_i^2}$$

$$= \frac{(\sum x_i y_i)^2}{\sum x_i^2 \cdot \sum y_i^2}$$

对照 (3.1) 式相关系数的计算公式，我们发现在一元线性回归分析中，判定系数等于相关系数的平方。

【例 3-2】利用例 3-1 中的数据计算得：

$$R^2 = \frac{ESS}{TSS}$$

$$= \frac{\sum (\hat{Y}_i - \overline{Y})^2}{\sum (Y_i - \overline{Y})^2}$$

$$= \frac{\hat{\beta}_1^2 \sum (X_i - \overline{X})^2}{\sum (Y_i - \overline{Y})^2}$$

$$= \frac{0.5414^2 \times 74\ 250}{22\ 189.6}$$

$$= 0.9808$$

二、变量的显著性检验

回归分析是要判断解释变量 X 是否是被解释变量 Y 的一个显著性的影响因素。在一元线性回归模型中,就是要判断 X 是否对 Y 具有显著的线性影响。这就需要进行变量的显著性检验。变量的显著性检验所应用的方法是数理统计学中的假设检验。

对一元线性回归模型 $Y = \beta_0 + \beta_1 X + \mu$,要检验解释变量 X 对被解释变量 Y 是否存在显著的线性影响,其实关键就是要判断总体模型中的参数 β_1 是否显著地不等于零的问题。因此对变量的显著性检验,就变成对未知总体参数的假设检验问题。

1. t 检验

在上一章中,我们已经介绍了假设检验的一般理论和步骤,我们看到在假设检验中,非常关键的一步就是要构造和检验与参数有关的统计量。我们自然考虑到统计量 $\hat{\beta}_1$ 的分布:

$$\hat{\beta}_1 \sim N(\beta_1, \frac{\sigma^2}{\sum x_i^2})$$

由于在 $\hat{\beta}_1$ 的方差中含有未知的参数 σ^2,可以用它的无偏估计量 $\hat{\sigma}^2 = \frac{\sum e_i^2}{n-2}$ 来代替,根据数理统计学的知识,可以构造如下统计量

$$t = \frac{\hat{\beta}_1 - \beta_1}{\sqrt{\hat{\sigma}^2 / \sum x_i^2}} = \frac{\hat{\beta}_1 - \beta_1}{S_{\hat{\beta}_1}} \tag{3.20}$$

该统计量服从 $n-2$ 个自由度的 t 分布。可以用该 t 统计量作为显著性

检验的统计量,因此,变量的显著性检验又简称为 t 检验。这一检验可以通过以下步骤来完成:

(1)提出假设:$H_0 : \beta_1 = 0$;$H_1 : \beta_1 \neq 0$

若拒绝原假设 $H_0 : \beta_1 = 0$,则表明 X 对 Y 存在显著影响。

(2)计算检验统计量的值:在原假设成立的条件下($\beta_1 = 0$),在检验过程中构造了如下服从 $n-2$ 个自由度的 t 分布的统计量,按照统计量的表达式利用样本数据计算相应的 t 值:

$$t^* = \frac{\hat{\beta}_1}{S_{\hat{\beta}_1}} = \frac{\hat{\beta}_1}{\sqrt{\hat{\sigma}^2 / \sum x_i^2}} = \frac{\hat{\beta}_1 \cdot \sqrt{\sum x_i^2}}{\hat{\sigma}} \qquad (3.21)$$

用 t^* 表示相应的 t 统计量的值。

(3)给定显著水平 α,确定临界值:例如,取 $\alpha = 0.05$ 或 $\alpha = 0.01$,查自由度为 $(n-2)$ 的 t 分布表,确定临界值 $t_{\alpha/2}(n-2)$。

(4)检验结果判断:如果计算的 t 统计量的绝对值 $|t^*|$ 大于临界值,即 $|t^*| > t_{\alpha/2}(n-2)$,则拒绝原假设,表明因变量 Y 和解释变量 X 之间存在显著的线性关系;反之,如果计算的 t 统计量的绝对值 $|t^*|$ 小于临界值,即 $|t^*| < t_{\alpha/2}(n-2)$,则接受原假设,表明因变量 Y 和解释变量 X 之间不存在显著的线性关系。

上述检验过程称为双边检验(对应于备择假设 $H_1 : \beta_1 \neq 0$),有时候我们能够根据一些信息知道 β_1 一定是非负的或一定是非正的。比如,已知 β_1 是非负的,则我们可以这样提出假设 $H_0 : \beta_1 = 0$;$H_1 : \beta_1 > 0$,此时只需考虑 t 分布的右侧,这种检验称为单边检验。此时,在检验的第(3)步,给定显著水平 α,查 t 分布表只需要查知 $t_\alpha(n-2)$ 的值即可。

【例 3-3】利用例 3-1 中的数据及(3.16)及(3.18)式:

$$\hat{\sigma}^2 = \frac{\sum e_i^2}{n-2} = \frac{424.75}{8} = 53.094$$

$$S_{\hat{\beta}_1} = \frac{\hat{\sigma}}{\sqrt{\sum x_i^2}} = \sqrt{\frac{53.094}{74\,250}} = 0.026741$$

$$t^* = \frac{\hat{\beta}_1}{S_{\hat{\beta}_1}} = \frac{0.5414}{0.026741} = 20.246$$

给定 $\alpha = 0.05$,查自由度为 $n-2 = 8$ 的 t 分布表,确定临界值 $t_{0.025}(8) = 2.306$,显然有 $|t^*| > t_{\alpha/2}(n-2)$,所以拒绝原假设,表明因变量 Y 和解释变量 X 之间存在显著的线性关系。

2. p-值检验

p-值检验法是一种跟 t 检验等价的检验方法,但要比 t 检验简单得多,它是通过 p-值的大小来检验变量的显著性,在现实问题中更为常用。我们先给出 p-值的一种描述性定义:

p-值:在原假设 H_0 成立的条件下,检验统计量(t 统计量)取比观测到的结果更为极端的数值的概率,称为 p-值。用数学公式表示即:

$$p\text{-值} = P(|t| > t^*) \tag{3.22}$$

其中,t 为服从 $n-2$ 个自由度的 t 分布的随机变量,t^* 为观测到的结果,即由(3.21)式计算得到的值。

一般的,当 p-值小于某一显著水平 α 时,就认为有充足的理由拒绝原假设。p-值是一个概率值,绝大多数统计软件都会自动给出相应统计量的 t 值,因此应用方便。p-值检验与 t 检验的等价性留给读者思考。

二、参数的置信区间

一元线性回归模型的 OLS 估计量仅仅是未知参数的一个点估计值,有时候我们更需要知道未知参数取值的一个范围。类似于第二章中的区间估计,我们可以在一定的置信水平下,求得位置参数取值的一个置信区间。在变量的显著性检验中,我们知道:

$$t = \frac{\hat{\beta}_1 - \beta_1}{\sqrt{\hat{\sigma}^2 / \sum x_i^2}} = \frac{\hat{\beta}_1 - \beta_1}{S_{\hat{\beta}_1}} \sim t(n-2)$$

给定置信水平 $1-\alpha$,查自由度为 $(n-2)$ 的 t 分布表,确定临界值 $t_{\alpha/2}$,那么 t 值处于区间 $(-t_{\alpha/2}, t_{\alpha/2})$ 的概率为 $1-\alpha$. 用公式表示为

$$P = (-t_{\alpha/2} < t < t_{\alpha/2}) = 1-\alpha$$

即 $P = (-t_{\alpha/2} < \dfrac{\hat{\beta}_1 - \beta_1}{S_{\hat{\beta}_1}} < t_{\alpha/2}) = 1-\alpha$

所以有:

$$P = (\hat{\beta}_1 - t_{\alpha/2} S_{\hat{\beta}_1} < \beta_1 < \hat{\beta}_1 + t_{\alpha/2} S_{\hat{\beta}_1}) = 1-\alpha \tag{3.23}$$

于是得到 $1-\alpha$ 的置信水平下 β_1 的置信区间为

$(\hat{\beta}_1 - t_{\alpha/2} S_{\hat{\beta}_1}, \hat{\beta}_1 + t_{\alpha/2} S_{\hat{\beta}_1})$

同样的,我们可以得到 $1-\alpha$ 的置信水平下 β_0 的置信区间为

$(\hat{\beta}_0 - t_{\alpha/2} S_{\hat{\beta}_0}, \hat{\beta}_0 + t_{\alpha/2} S_{\hat{\beta}_0})$

其中,$S_{\hat{\beta}_0}$,$S_{\hat{\beta}_1}$ 的具体表达式见(3.18)式。

【例 3-4】利用例 3-1 中的数据,在 95% 的置信水平下,

$$\hat{\beta}_1 \pm t_{a/2} S_{\hat{\beta}_1} = 0.5414 \pm 2.306 \times 0.026741 = 0.5414 \pm 0.0617$$

β_1 的置信区间为:(0.4797,0.6031)。

即以 95% 的概率保证,居民边际消费倾向在 0.4797 到 0.6031 之间。

第五节　一元线性回归模型的预测

当回归模型通过各种统计检验以后,我们就可以应用得到的估计模型对经济现象进行分析。经济预测主要是利用计量经济模型根据经济现象过去和现在的信息来推测未来的趋势。

利用计量经济模型的预测可以分为两种情形:点预测和区间预测。而无论是点预测还是区间预测都可以区分为对 Y 的总体均值的预测和对个别值的预测。

一、点预测

对于一元线性回归函数 $\hat{Y}_i = \hat{\beta}_0 + \hat{\beta}_1 X_i$,当给定样本以外的解释变量的观测值 X_0 时,可以得到被解释变量的预测值 $\hat{Y}_0$,即 $\hat{Y}_0 = \hat{\beta}_0 + \hat{\beta}_1 X_0$.

1. $\hat{Y}_0$ 是总体均值 $E(Y|X_0)$ 的一个无偏估计

对总体回归函数 $E(Y|X) = \beta_0 + \beta_1 X$,当 $X = X_0$ 时,

$E(Y|X_0) = \beta_0 + \beta_1 X_0$

而点预测值 $\hat{Y}_0 = \hat{\beta}_0 + \hat{\beta}_1 X_0$,对其取期望

$E(\hat{Y}_0) = E(\hat{\beta}_0) + E(\hat{\beta}_1) X_0 = \beta_0 + \beta_1 X_0 = E(Y|X_0)$

所以,$\hat{Y}_0$ 是总体均值的一个无偏估计。

2. $\hat{Y}_0$ 是对个别值 Y_0 的一个无偏估计

对总体回归模型 $Y = \beta_0 + \beta_1 X + \mu$,当 $X = X_0$ 时,

$Y_0 = \beta_0 + \beta_1 X_0 + \mu$

对其取期望得

$E(Y_0) = \beta_0 + \beta_1 X_0 + E(\mu) = \beta_0 + \beta_1 X_0 = E(\hat{Y}_0)$

所以,$\hat{Y}_0$ 是对个别值 Y_0 的一个无偏估计。

二、区间预测

利用样本回归函数进行点预测,所得到的预测值 $\hat{Y}_0$ 与真实值 Y_0 会有一定的误差。这是由于一方面回归方程的系数 $\hat{\beta}_0$ 和 $\hat{\beta}_1$ 是由样本观测值得到的,这自然会受到抽样误差的影响,因而最终会影响预测值。另一方面,在进行上述预测时,我们使模型的随机项等于它的均值零,但实际上它是不等于零的。为了不忽略这些因素的影响,我们考虑区间预测。

1. 对总体均值 $E(Y|X_0)$ 的区间预测

对于表达式 $\hat{Y}_0 = \hat{\beta}_0 + \hat{\beta}_1 X_0$,由于 $\hat{\beta}_0$ 和 $\hat{\beta}_1$ 是统计量,服从正态分布(3.15)式,可以证明[①],$\hat{Y}_0$ 也服从正态分布,其均值为 $\hat{\beta}_0 + \hat{\beta}_1 X_0$,方差为

$$\sigma^2(\hat{Y}_0) = \sigma^2 \left[\frac{1}{n} + \frac{(X_0 - \overline{X})^2}{\sum x_i^2} \right] \tag{3.24}$$

即 $\hat{Y}_0 \sim N(\beta_0 + \beta_1 X_0, \sigma^2 \left[\frac{1}{n} + \frac{(X_0 - \overline{X})^2}{\sum x_i^2} \right])$ (3.25)

将未知参数 σ^2,用它的无偏估计量代替 $\hat{\sigma}^2$,则可构造 t 统计量

$$t = \frac{\hat{Y}_0 - \beta_0 - \beta_1 X_0}{S_{\hat{Y}_0}} = \frac{\hat{Y}_0 - E(Y|X_0)}{S_{\hat{Y}_0}} \sim t(n-2)$$

其中,$S_{\hat{Y}_0} = \sigma^2 \sqrt{\frac{1}{n} + \frac{(X_0 - \overline{X})^2}{\sum x_i^2}}$. (3.26)

在 $1-\alpha$ 置信水平下,查 $n-2$ 个自由度的 t 分布表得临界值 $t_{\alpha/2}$,则有

$$P(\hat{Y}_0 - t_{\alpha/2} S_{\hat{Y}_0} < E(Y|X_0) < \hat{Y}_0 + t_{\alpha/2} S_{\hat{Y}_0}) = 1 - \alpha$$

所以,总体均值 $E(Y|X_0)$ 的置信区间为

$$(\hat{Y}_0 - t_{\alpha/2} S_{\hat{Y}_0}, \hat{Y}_0 + t_{\alpha/2} S_{\hat{Y}_0}) \tag{3.27}$$

2. 对总体个别值 Y_0 的区间预测

如果我们记预测误差

$$e_0 = \hat{Y}_0 - Y_0$$

由于 $Y_0 = \beta_0 + \beta_1 X_0 + \mu$,且 $\mu \sim N(0, \sigma^2)$,所以,$Y_0 \sim N(\beta_0 + \beta_1 X_0, \sigma^2)$,结合(3.25)式我们有:$e_0$ 服从均值为零,方差为

$$\sigma^2(e_0) = \sigma^2 [1 + \frac{1}{n} + \frac{(X_0 - \overline{X})^2}{\sum x_i^2}]$$

---

① 证明过程较为繁琐,本书从略。

的正态分布。e_0 的方差的表达式中含有未知参数 σ^2,用它的无偏估计量 $\hat{\sigma}^2$ 代替,这时可以对 e_0 构造 t 统计量

$$t = \frac{\hat{Y}_0 - Y_0}{S_{e_0}} \sim t(n-2)$$

其中,$S_{e_0} = \hat{\sigma} \sqrt{1 + \frac{1}{n} + \frac{(X_0 - \overline{X})^2}{\sum x_i^2}}$ 。 (3.28)

给定置信水平 $1-\alpha$,查 $n-2$ 个自由度的 t 分布表得临界值 $t_{\alpha/2}$,则

$$P(\hat{Y}_0 - t_{\alpha/2} S_{e_0} < Y_0 < \hat{Y}_0 + t_{\alpha/2} S_{e_0}) = 1-\alpha$$ (3.29)

因此,在 $1-\alpha$ 置信水平下,Y_0 的预测区间(置信区间)为

$$(\hat{Y}_0 - t_{\alpha/2} S_{e_0}, \hat{Y}_0 + t_{\alpha/2} S_{e_0})$$ (3.30)

从对因变量的总体均值和个别值的区间预测我们可以看出:

(1)对个别值的区间预测的方差要大于对总体均值区间预测的方差。这一点可以从(3.27)和(3.30)式及相应的标准差表达式看出。从图形上看,对个别值的预测区间比对均值的预测区间要宽,如图 3-5。

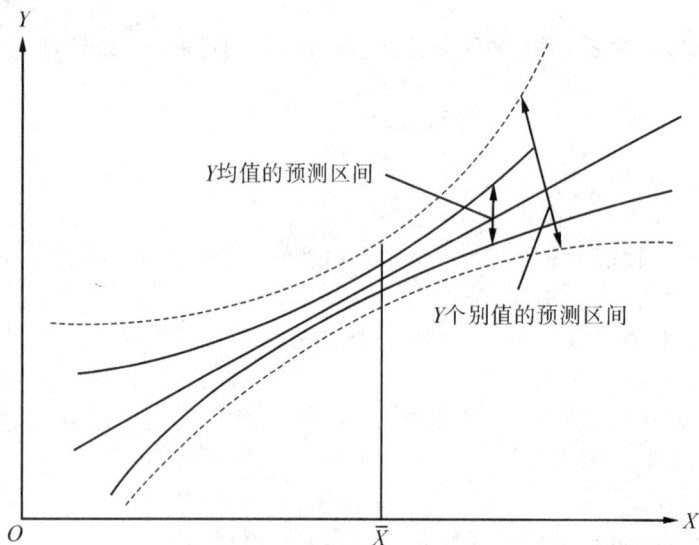

图 3-5　总体均值和个别值的预测区间

(2)预测区间的宽度不是一个常数,它随着解释变量预测值点 X_0 的变化而变化。而且当 X_0 取均值点 $\overline{X}$ 时,预测区间最窄,此时的预测精度最高。

(3)预测区间与样本容量 n 有关,n 越大,预测区间越窄,预测的精度越高。

【例 3-5】利用例 3-1 中的数据,已经得样本回归函数

$$\hat{Y}_i = 37.227 + 0.5414 X_i$$

当 $X_0 = 370$ 时,$\hat{Y}_i = 37.227 + 0.5414 \times 370 = 237.545$.

当给定显著水平 $\alpha = 0.05$ 时,$t_{0.025}(8) = 2.306$,由前面的计算知 $\hat{\sigma}^2 = 53.094$,所以,对总体均值 $E(Y \mid X_0)$ 的区间预测为:

$$\hat{Y}_0 \pm t_{\alpha/2}\hat{\sigma}\sqrt{\frac{1}{n} + \frac{(X_0 - \overline{X})^2}{\sum x_i^2}} = 237.545 \pm 2.306 \times \sqrt{53.094 \times \left[\frac{1}{10} + \frac{(370 - 195)^2}{74\,250}\right]}$$

$$= 237.545 \pm 12.0285$$

也就是说,当预期的可支配收入在 370 百元时,家庭消费支出的平均值在 95% 的置信度下的预测区间为 $[225.5165, 249.5735]$(百元)。

同理可得总体个别值 Y_0 的区间预测为:237.545 ± 20.664. 显然,这一预测区间要比均值的预测区间略微宽一点。

第六节　EViews 软件简介及回归结果的书写规范

一、EViews 软件简介

1. 什么是 EViews

EViews 能为我们提供基于 Windows 平台的复杂的数据分析、回归及预测工具,通过 EViews 能够快速从数据中得到统计关系,并根据这些统计关系进行预测。EViews 在系统数据分析和评价、金融分析、宏观经济预测、模拟、销售预测及成本分析等领域中有着广泛的应用。

EViews 是在大型计算机的 TSP(Time Series Processor)软件包基础上发展起来的新版本,是一组处理时间序列数据的有效工具,1981 年 Micro TSP 面世,1994 年 QMS(Quantitative Micro Software)公司在 Micro TSP 基础上直接开发成功 EViews 并投入使用。虽然 EViews 是由经济学家开发的并大多在经济领域应用,但它的适用范围不应只局限于经济领域。

EViews 提供便利的从键盘、磁盘文件得到数据的方法,并能从已有的数据得到新的数据,以及显示和打印数据,做数据序列的统计分析和相关分析。

EViews 得益于 Windows 的可视性特点,能通过标准的 Windows 菜单和对话框,用鼠标选择操作,并且能通过标准的 Windows 技术在窗口中显示结果。

此外,还可以利用 EViews 的强大的命令功能和它的大量的程序处理语言,进入命令窗口修改命令,也可以将计算工作的一系列操作建立成相应的计算程序并存储,从而可以通过直接运行程序来完成复杂的计算工作。

2. EViews 窗口

它由如下五个部分组成:标题栏、主菜单、命令窗口、状态栏、工作区。如图 3-6。

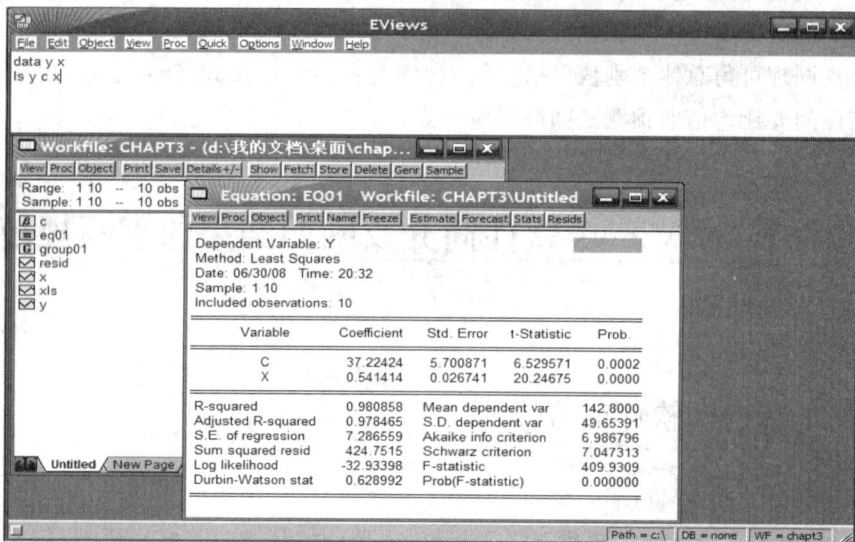

图 3-6

(1)标题栏

它位于主窗口的最上方。当 EViews 工作区窗口处于活动状态时,其标题栏的颜色是蓝色的,当其他窗口处于活动状态时,它的颜色会变成灰色的。可以单击 EViews 工作区窗口的任何位置使 EViews 工作区窗口回到活动状态。

(2)主菜单

紧接着标题栏下面的是主菜单。移动光标至主菜单然后点击鼠标左键,它会出现一个下拉菜单,在这个下拉菜单中可以单击选择显现项。

（3）命令窗口

菜单栏下面是命令窗口。把 EViews 命令输入该窗口，按回车键即执行该命令。该窗口支持 Windows 下的剪切和粘贴功能，因此可以在命令窗口、其他的 EViews 文本窗口及其他的 Windows 窗口之间转换文本。该命令窗口中的内容能被直接保存到一个文本文件中：通过单击窗口的任何位置确定命令窗口当前处于活动状态，然后从主菜单上选择 File/Save As。可把光标放在命令窗口的最底端，按着鼠标左键上下拖拽来改变命令窗口的大小。

（4）状态栏

窗口的最底端是状态栏，它被分成几个部分。左边部分有时提供 EViews 发送的状态信息，通过单击状态线最左边的方块可清除这些状态信息；往右接下来的部分是 EViews 寻找数据和程序的预设目录；最后两个部分显示预设数据库和工作文件的名称。

（5）工作区

位于窗口中间部分的是工作区。EViews 在这里显示各个目标窗口，这些窗口会相互重叠且当前活动窗口处于最上方，只有活动窗口的标题栏是深色的。当需要的窗口被部分覆盖时，可单击该窗口的标题栏或该窗口的任何可见部分使该窗口处于最上方；此外，还可通过单击菜单、选择需要的窗口名称来直接选择窗口。移动窗口可通过单击标题栏并拖拽窗口来完成。单击窗口右端底部的角落并拖拽角落可改变窗口的大小。

二、工作文件基础

EViews 的核心是对象，对象是指有一定关系的信息或算子捆绑在一起供使用的单元，用 EViews 工作就是使用不同的对象。对象都放置在对象集合中，其中工作文件（workfile）是最重要的对象集合。

1. 什么是工作文件

工作文件是 EViews 对象的集合（关于对象的概念参见下一小节"对象基础"）。EViews 中的大多数工作都涉及对象，它们包含在工作文件中，因此使用 EViews 工作的第一步是创建一个新的工作文件或调用一个已有的工作文件。

每个工作文件包括一个或多个工作文件页（多页工作文件是 EViews5.0 增加的新功能），每页都有它自己的对象。一个工作文件页可以被认为是子工作文件或子目录，这些子工作文件或子目录允许我们在工作文件内组织数据。

　　在绝大多数情况下,我们可以把工作文件页当作工作文件(就像子目录也可当作目录一样),因为在两者之间没有本质的区别。实际上,在大多数情况下,工作文件仅仅涉及一页,因此两者是完全相同的。不会造成困扰,因此可以交叉使用"工作文件"和"工作文件页"。

　　工作文件和工作文件页可以容纳一系列 EViews 对象,如方程、图表和矩阵等,主要目的是容纳数据集合的内容。数据集合是包含一个或多个变量的一组观测值,例如,变量 GDP、投资、利率的观测值的时间序列,也可能是一个包含个体收入和税率的观测值的随机样本。

　　数据集合的主要概念是在数据集合中每个观测值均有唯一的标识符(或简称 ID)。标识符通常包含观测值的重要信息,例如日期、名字,也可能是识别代码。例如年度时间序列数据最典型的是用年份标识符("1990","1991",…),而相交叉的地区数据一般使用该地区的名字或缩写("AL","AK",…,"WY")。

　　因为工作文件页的主要目的是容纳数据集合的内容,因此每页必须包括观测值标识符的信息。一旦给出标识符的信息,工作文件页将在与此相联系的数据集合中提供与观测值相关的内容,允许我们应用数据、处理延迟或者运用纵向的数据结构。

　　大多数工作都是通过工作文件来实现的。这样,使用 EViews 工作的第一步就是建立一个新的工作文件或调用一个已有的工作文件。工作文件有两个基本特点,一是打开后即被调入内存中,以便快速地获得其中的对象;二是工作文件都有频率和范围。

　　2.建立新的工作文件

　　为了描述工作文件的结构,需要提供给 EViews 关于观测值和与其相联系的标识符的外部信息。例如,可以告知 EViews 数据集合是由从 1990Q1 到 2003Q4 的每个季度的观测值的时间序列组成,或者是从 1997 年开始到 2001 年结束的每一天的信息,或者是拥有 500 个观测值而没有附加的标识符信息的数据集合。

　　要创建工作文件,从主菜单选择 File/New Workfile,打开 Workfile Create 对话框,如图 3-7 所示。

　　对话框的左边是下拉列表框,它用来描述数据集合的基本结构。可以在 Dated-regular frequency,Unstructured 和 Balanced Panel 中选择。一般来说,若是一个简单的时间序列数据集合,可以选择 Dated-regular frequency,对于一个简单的面板数据库,可以使用 Balanced Panel,而在所有其他情况下,可以选择 Unstructured.每个基本结构所需要的选项将在后面分别介绍。

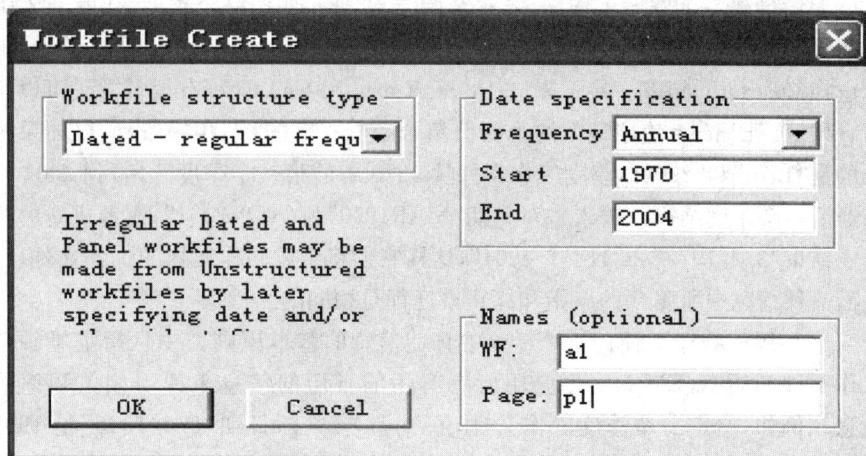

图 3-7

(1)描述具有固定频率的时间序列工作文件

当选择 Dated-regular frequency 时,EViews 将允许选择数据的频率。可以在下面两者之间进行选择,一个是标准的 EViews 所支持的数据频率(Annual(年度)、Semi-annual(半年度)、Quarterly(季度)、Monthly(月度)、Weekly(周度)、Daily-5 day week(每 5 天一个星期)、Daily-7 day week(每 7 天一个星期);另外一个是特定的频率(Integer date)。

选择频率时,要正确设置数据中观测值的间隔(无论它们是年度、半年度、季度、月度、周度、每周 5 天,还是每周 7 天),以便于允许 EViews 使用所有可用的日历信息来组织和管理数据。例如,当在日、周或年度数据之间进行变动时,EViews 会清楚地判断出有些年份有 53 个星期,而有些年份有 366 天,若应用这些数据进行工作时,EViews 将应用日历信息。

正如名字所表达的意义一样,固定频率数据被特定的频率定义而具有固定的间隔(例如,月度数据)。相反,非固定频率的数据并没有固定的间隔。非固定频率数据的一个重要例子就是关于证券和股票的价格,它们在假期和其他市场关闭的情况,观测值是非规则的,而并不是以 5 天为周期的规则数据。标准的宏观经济数据,例如季度 GDP 或者每月的房地产开发均是规则数据的例子。

EViews 也允许为工作文件输入 Start date 和 End date. 点击"OK",EViews 将创建一个具有固定频率的工作文件,其中包括指定数目的观测值和与此相关的标识符。

假设创建一个季度工作文件,它开始于 1970 年的第一个季度,结束于 2004 年的最后一个季度。第一步,为工作文件的结构选择 Dated-regular frequency,然后选择 Quarterly 频率。接下来,进入 Start date 和 End date. 有很多方法可以填写日期值。EViews 使用最大的观测值组合,它与那些日期相一致,所以如果输入的是"1970"和"2004",季度工作文件从 1970 年的第一个季度开始,到 2004 年的最后一个季度结束。输入一对日期"MAR1970"和"NOV2004",或者成对的开始—结束"3/2/1970"和"11/15/2004",这样它们将生成同样结构的工作文件,在上面三种情况中所隐含的起始和终止季度都是相同的。

这个例子阐述了使用 EViews 中日期信息的基本原则。一旦指定了一个工作文件的频率,EViews 将应用所有有用的日历的信息来说明相关频率的信息。例如,给定一个季度工作文件,EViews 会判断日期"3/2/1990"是 1990 年的第一个季度。最后,可以输入工作文件名,同时给工作文件页命名。

(2)描述非结构工作文件

非结构数据仅仅是没有指定日期的数据,它使用默认的整数标识符。

若在下拉列表中选择这一类型时,对话框将发生变化,会提供一个空白区域用来输入观测值的个数,然后点击"OK"。在图 3-8 所描述的例子中,EViews 将会创建一个拥有 500 个观测值的工作文件,其中包括从 1 到 500 的整数标识符。

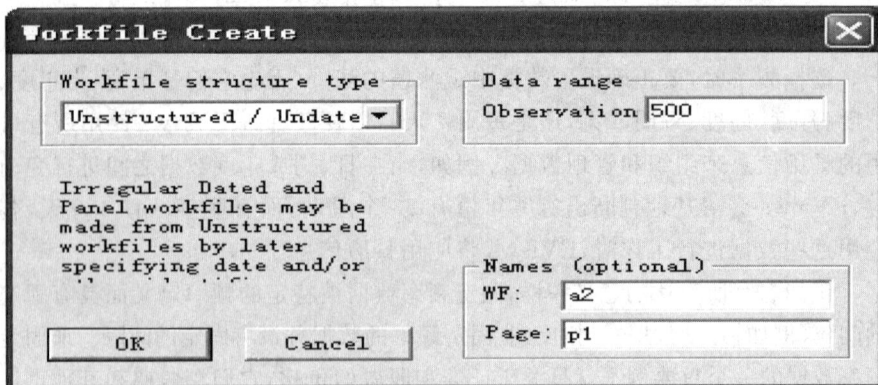

图 3-8

(3)描述平衡面板工作文件

Balanced Panel 提供了描述固定频率面板数据结构的简单方法。

创建一个平衡面板结构时,要输入每个截面成员,这些成员具有相同的固定频率和相同日期的观测值。在这里仅仅给出这一过程的大体概括。详细的讨论需要对面板数据进行总的描述和创建一个高级工作文件结构。面板数据将在后面讨论。

创建一个平衡面板结构,在下拉列表中选择 Balanced Panel,选定频率(Frequency),输入起始日期(Start date)和终止日期(End date)以及截面成员的个数(Number of cross)。可以命名工作文件和工作文件页,点击"OK"。EViews 将创建一个给定频率的平衡面板工作文件,使用特定的起始和终止日期以及截面成员的个数。

图 3-9 中,EViews 创建了一个 200 个截面成员、固定频率、年度面板工作文件,观测值起始于 1970 年,终止于 2004 年。

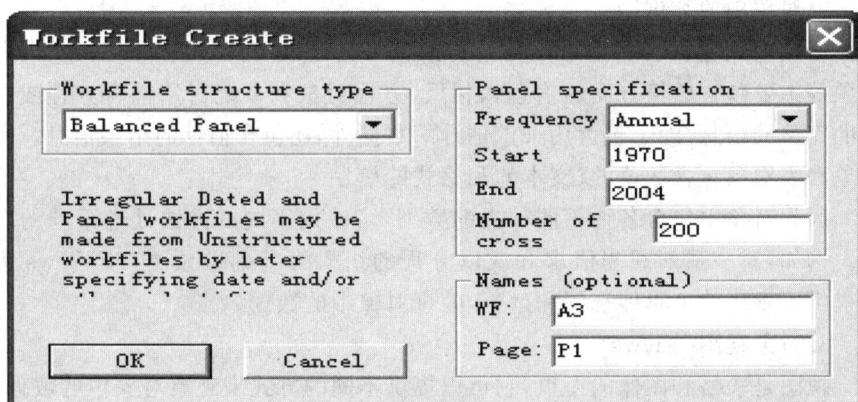

图 3-9

三、对象基础

EViews 的核心就是对象。简言之,对象是相关信息和操作的集合体,它被捆绑成一个容易使用的单元。实际上,应用 EViews 的所有工作都会涉及使用和操作各种各样的对象。

EViews 在对象集合中包含所有的对象。可以把对象集合认为是各种各样数据的档案柜或者是组织者。在 EViews 中最重要的对象集合是工作文件和数据库。

1.对象的概念

EViews 中的信息是储存在对象中的,每个对象都包含与一个特定分析领域有关的信息。与一个特定概念相关的对象被称为一种类型,一个类型名被用来表示一类分析。比如说,序列对象是指与一系列特定变量观测值相关的信息集;方程对象是指含有变量之间相互关系的信息集。对象可以包含不止一种信息,比如说方程对象,不仅包含预测方程的参数,还包括一些特定的说明、参数估计的方差协方差矩阵,以及相应的一系列统计说明。

与每类对象相关联的是一系列视图(Views)和过程(Procedure),它们和对象中的信息一起使用。这种视图、过程与对象中的数据的相关联被称为是面向对象的 EViews 设计。

方程对象中包含着各种与预测有关的信息,可以检测结果、做假设检验或做出预测,所有的这些工作只需对一个方程对象操作就可实现。

2.对象中的数据

不同对象包含着多种不同类型的信息。例如,序列对象、矩阵对象、向量对象等主要包含数值方面的信息。相反,方程对象和系统对象包含方程或系统的完整的信息,除了包含用来做估计的数据外,还包含估计的结果信息。图对象和表对象包含数值的、文本的和格式的信息。

因为对象中包含各种不同种类的数据,可以用不同的方法处理不同的对象。例如,对一系列观测值求和或以方程的结果为基础做预测。EViews 为此提供了常用的工具即视图和过程,处理对象中的数据。

3.对象视图(Views)

视图是表格和图像的窗口,它可以提供不同的方式来观察对象中的数据。例如,序列对象有表单视图(察看原始数据)、曲线图、柱状图、直方图、相关图。序列的其他视图还包括分布散点图、QQ 散点图、核密度图。利用序列的视图还可以进行简单的假设检验和统计分析。方程对象有一个用视图来显示方程的说明,一个输出视图显示估计结果,一个实际拟合残差视图显示拟合值与残差值的分布图,一个方差视图包含估计参数的协方差矩阵以及各种参数检验的说明。对象的视图被显示在对象的窗口上。每次每个对象只能打开一个窗口,而且每个窗口只能显示一个对象的视图。可以用 EViews 工作文件窗口菜单上的"View"或对象窗口工具栏上的"View"来改变对象的视图。一个对象视图的变化并不改变对象中的数据,仅仅是显示形式改变了。

4.对象过程

许多 EViews 对象还包括过程(Procedure)。与视图一样的是,过程通常以图表或坐标的形式显示在对象窗口中;与视图不同的是,过程改变数据,无论这一数据是对象本身中的还是其他对象中的。

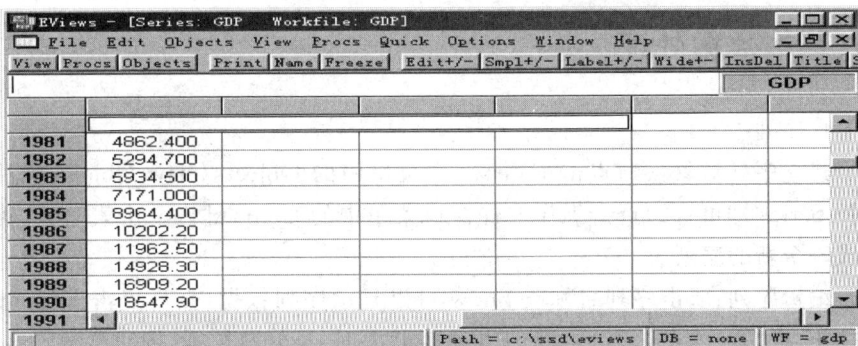

图 3-10

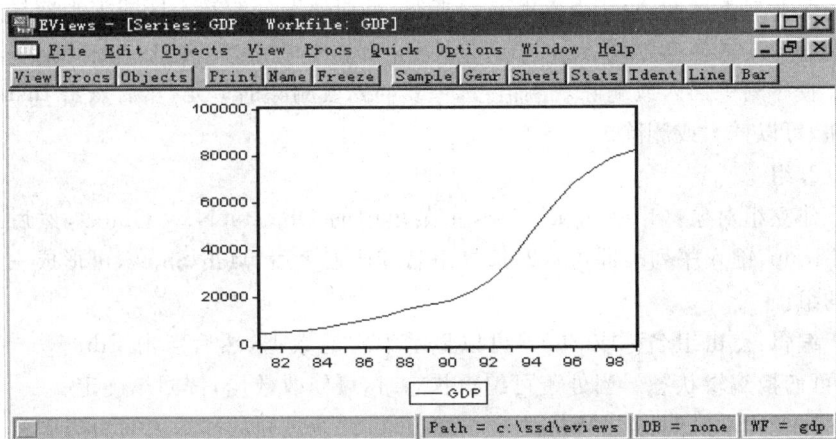

图 3-11

很多过程还创建新的对象。比如说序列对象含有进行平滑与季节调整的过程,该过程可以创建一个新的含有平滑以及调整后的数据的序列。方程对象的过程可以建立新的序列来包含残差、拟合值,以及预测。

可以用 EViews 主菜单上的"Procs"或对象窗口工具栏上的"Procs"来选择过程。

5. 对象类型

除了序列对象和方程对象外还有许多其他类型的对象,每种对象在对象集合中都有一个特定的图标表示。对象集合虽然也是对象但对象集合没有图标,因此工作文件和数据库不能放在其他的工作文件或数据库中。

四、基本数据处理

1. 序列

建立序列对象：(1)点击 EViews 主菜单中的 Objects/New Object，然后选择 Series 即可；(2)点击工作文件窗口菜单中的 Genr，键入一个表达式，可形成一个新的序列。

编辑序列：双击序列名称或 Show 可以显示序列数据，然后点击 Edit＋/－按钮，可切换编辑状态。当处于可编辑状态时，可修改数据，按回车确定。

改变表单显示：一般是竖行显示，点击 Wide＋/－按钮，可切换成表格显示状态。

改变样本区间：点击 Smpl＋/－按钮，可切换序列的样本区间为当前样本区间或工作区样本区间。

在序列中插入或删除观测值：选中要插入或删除的单元，然后点击 InsDel 按钮，可以插入或删除。

2. 组

建立组对象：(1)点击 EViews 主菜单中的 Objects/New Object，然后选择 Group，键入序列表即可；(2)选择组名和序列名后，点击 Show，可形成一个新的组。

编辑：点击组名称或 Show 可以显示组中的数据，然后点击 Edit＋/－按钮，可切换编辑状态。当处于可编辑状态时，可修改数据，按回车确定。

改变样本区间：点击 Smpl＋/－按钮，可切换序列的样本区间为当前样本区间或工作区样本区间。

3. 样本

EViews 中最重要的概念是观测值的样本，在工作文件中样本是显示和统计运算时观测值的集合(经常是子集合)，样本可以特殊指定范围，还可用条件语句来确定。

(1)工作文件样本

工作文件的样本区间是建立工作区时设定的，一般不去改动，如需重新设定，可双击 Range 后的时间区间，但有可能丢失数据。

(2)改变当前样本区间

点击工作文件中的 Objects/Sample 或 Sample 钮，也可双击 Sample 后的样本区间，然后在对话框输入时间，全体观测值也可用"@all"表示，起始时间可用"@FIRST"表示,终止时间可用"@LAST"表示。下边对话框输入条件,可以使用数学表达式及 AND、OR 逻辑表达式。如图 3-12 所示。

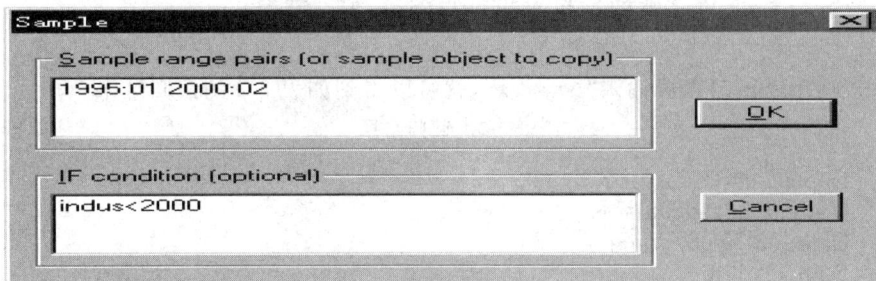

图 3-12

也可用命令方式改变当前样本区间:

Smpl 1955:1 1958:12

Smpl 1980:1 2000:4   IF RC>3.6

五、案例分析

以本章多次用到的一个简单例子为例,介绍一下在 EViews 中的操作。

首先要建立工作文件,然后输入数据,可以直接在命令窗口输入"data y x",然后输入数据,如图 3-13。

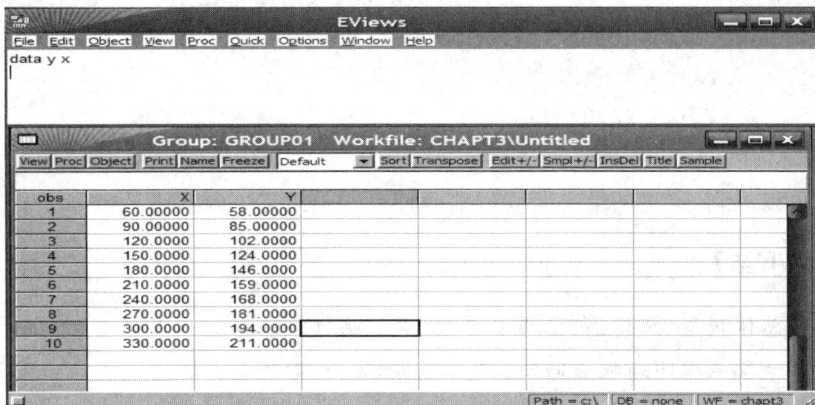

图 3-13

在数据窗口,点击 View 可选择看 Y 和 X 的相关系数、线性图及散点图等。当然这些操作都可以通过命令来实现,例如:

Scat x y 可以显示 Y 和 X 的散点图;

Cor x y 可以显示 Y 和 X 的样本相关系数。

在命令窗口直接输入"ls y c x",就可以得到如表 3-2 的回归结果。

表 3-2 回归结果

Dependent Variable: Y
Method: Least Squares
Date: 06/30/08　Time: 21:18
Sample: 1 10
Included observations: 10

Variable	Coefficient	Std. Error	t-Statistic	Prob.
C	37.22424	5.700871	6.529571	0.0002
X	0.541414	0.026741	20.24675	0.0000

R-squared	0.980858	Mean dependent var		142.8000
Adjusted R-squared	0.978465	S.D. dependent var		49.65391
S.E. of regression	7.286559	Akaike info criterion		6.986796
Sum squared resid	424.7515	Schwarz criterion		7.047313
Log likelihood	-32.93398	F-statistic		409.9309
Durbin-Watson stat	0.628992	Prob(F-statistic)		0.000000

这是 EViews 软件的一个主要回归结果,人们通常把这一结果写成如下的比较规范的形式:

$$\hat{Y}_i = 37.2242 + 0.5414X_i \qquad d.f. = 8, R^2 = 0.981$$

$$Se = (5.701) \quad (0.0267)$$

$$t = (6.5296) \quad (20.2468)$$

可以看到,这里的结果跟我们前面计算的结果是一致的。

【本章小结】

1. 总体模型、总体函数、样本模型、样本函数。

2. 一元线性回归模型的经典假设,高斯—马尔科夫定理。

3. OLS 估计、矩估计和极大似然估计。

4. 拟合优度检验、变量的显著性检验和参数的置信区间。

5. 点预测与区间预测。

【思考与练习】

3.1 解释概念

(1)函数关系与相关关系;(2)总体回归模型与总体回归函数;(3)样本回归模型与样本回归函数;(4)Gauss 假设;(5)最小二乘法;(6)OLS 估计量;(7)判定系数;(8)显著性检验;(9)p- 值检验;(10)单(双)边检验;(11)Gauss-Markov 定理;(12)区间预测。

3.2 判断下列说法是否正确,并说明理由。

(1)计算 OLS 估计量无需古典线性回归模型的经典假设;(2)Gauss-Markov 定理是 OLS 的理论依据;(3)对随机扰动项的正态性假定主要是为了模型的检验和预测;(4)两变量之间的相关关系越强则因果关系越强;(5)在随机扰动项 μ_i 正态性的假定下,OLS 估计量 $\hat{\beta}_0, \hat{\beta}_1$ 才服从正态分布;(6)在一元线性回归分析中,相关系数 r 和斜率 $\hat{\beta}_1$ 同号;(7)给定显著水平 α 及自由度 $d.f.$,若计算得到的 t 值小于负的临界值,即 $t^* < -t_{a/2}(d.f.)$,则我们接受原假设;(8)置信水平、样本容量以及预测点 X_0 的位置都是影响预测区间的因素。

3.3 为什么对参数进行估计之前,要对模型提出各种假设?

3.4 对参数进行假设检验的基本思想是什么?

3.5 根据某地区 10 户居民的家庭可支配收入 X 与家庭消费支出 Y 的资料,经计算已得到:

$$\sum X_i = 840, \sum Y_i = 683, \sum X_i^2 = 138\,600, \sum X_i Y_i = 108\,570,$$

$$\sum Y_i^2 = 85\,909$$

(1)求消费支出 Y 对收入 X 的一元线性回归方程,并解释其结果。

(2)估计当收入达到 300 元时的消费水平。

(3)模型的拟合优度是多少?

3.6 根据美国 1970—1983 年的数据,得到下面的回归结果:

$$GNP_t = -787.4723 + 8.0863 M_t \qquad R^2 = 0.9912, d.f. = (\qquad)$$
$$Se = (\qquad) \qquad (0.2179)$$
$$t = (-10.200) \qquad (\qquad)$$

其中,GNP 为国民生产总值(单位:亿美元),M 为货币供给(单位:百万美元)。

(1)完成上述回归结果中的缺省值。

(2)货币学家认为货币供给对 GNP 有显著的正面影响,你如何检验这个假设?

3.7 下表给出了1974—1986年间制造业中的税后利润 X(百万美元)以及三月期现金利息 Y(百万美元)的数据。

年份	Y	X	年份	Y	X
1974	19 467	58 747	1981	40 317	101 302
1975	19 968	49 135	1982	41 259	71 028
1976	22 763	64 519	1983	41 624	85 834
1977	26 585	70 366	1984	45 102	107 648
1978	28 932	81 148	1985	45 517	87 648
1979	32 491	98 698	1986	46 044	831 121
1980	36 495	92 579			

数据来源:Business Statistics,1986,U. S. Department of Commerce

(1)预期现金利息与税后利润的关系如何?(2)作 Y 和 X 之间的散点图。(3)该散点图是否与你的预期相符?(4)如果是的,运用 OLS 进行回归,写出回归结果。(5)对真实斜率按5%的显著水平进行假设检验:真实斜率为零,现金利息与税后利润之间不相关。

3.8 下表是中国1978—2000年的财政收入 Y 和国内生产总值(GDP)的统计资料。

单位:亿元

年份	Y	GDP	年份	Y	GDP
1978	1 132.26	3 624.1	1990	2 937.1	18 598.4
1979	1 146.38	4 038.2	1991	3 149.48	21 662.5
1980	1 159.93	4 517.8	1992	3 483.37	26 651.9
1981	1 175.79	4 860.3	1993	4 348.95	34 560.5
1982	1 212.33	5 301.8	1994	5 218.1	46 670
1983	1 366.95	5 957.4	1995	6 242.2	57 494.9
1984	1 642.86	7 206.7	1996	7 407.99	66 850.5
1985	2 004.82	8 989.1	1997	8 651.14	73 452.5
1986	2 122.01	10 201.4	1998	9 875.95	78 345.2
1987	2 199.35	11 954.5	1999	11 444.08	82 067.5
1988	2 357.24	14 992.3	2000	13 395.23	89 403.6
1989	2 664.9	16 917.8			

(1)作散点图,建立财政收入和国民生产总值之间的一元线性回归模型,并解释斜率的经济意义。

(2)对所建立的回归方程进行检验。

(3)若2001年中国国内生产总值为105 709亿元,求财政收入的预测值及预测区间。

第4章 多元线性回归模型

学习内容与要求：

　　本章主要介绍多元线性回归模型的相关理论，包括参数估计、假设检验、结构分析等内容。要求理解多元计量经济模型的相关概念、掌握参数估计、假设检验和经济结构分析的相关理论方法，并能够利用 EViews 软件进行相关操作。

　　在介绍计量经学的建模思想的时候我们曾提到，通常把研究的问题作为因变量，而把影响因变量的主要因素作为解释变量。在实际的经济问题中，这种影响因变量的主要因素往往不止一个，从而模型的解释变量就会有多个。因此，多元回归模型是一种更为一般和普遍应用的模型。这一章我们主要介绍多元线性回归模型的相关理论。这一章的逻辑结构和上一章完全类似，只是在多元模型中要更多地用到矩阵的相关理论。矩阵的相关理论是计量经济学的一个重要的数学工具，读者可以参考第二章的相关章节。

第一节　多元线性回归模型概述

一、多元线性回归模型

　　1. 多元线性回归模型的一般形式

　　一般地，包含因变量 Y 和 k 个解释变量 $X_1, X_2, \cdots, X_k$ 的多元线性回归模型可以表示为：

$$Y = \beta_0 + \beta_1 X_1 + \beta_2 X_2 + \cdots + \beta_k X_k + \mu \tag{4.1}$$

其中，μ 为随机扰动项，$\beta_j(j=0,1,\cdots,k)$ 为模型的回归系数（regression coefficient）。模型中含有 k 个解释变量、$k+1$ 个未知参数。

有时，我们需要把总体模型写成对应于每一次随机观测的形式，假设对因变量 Y 和解释变量 $X_1,X_2,\cdots,X_k$ 作了 n 次观测，所得观测值为 $Y_i,X_{1i},X_{2i},\cdots,X_{ki}(i=1,2,\cdots,n)$，则总体模型可以写作：

$$Y_i=\beta_0+\beta_1 X_{1i}+\beta_2 X_{2i}+\cdots+\beta_k X_{ki}+\mu_i \quad (i=1,2,\cdots,n) \tag{4.2}$$

这时，每个解释变量含有两个下标，第一个下标表示第几个解释变量，第二个下标表示第几次的观测值。

类似于一元线性回归模型，总体模型（4.2）的条件期望的形式即为总体回归函数：

$$E(Y_i\mid X_{1i},X_{2i},\cdots,X_{ki})=\beta_0+\beta_1 X_{1i}+\beta_2 X_{2i}+\cdots+\beta_k X_{ki} \tag{4.3}$$

在回归系数中，β_0 通常被称为截距（intercept）；$\beta_j(j=1,2,\cdots,k)$ 被称为偏回归系数（partial regression coefficients），表示当其他解释变量保持不变的条件下，第 j 个解释变量变动一个单位时对因变量平均值的影响。

与一元模型类似，在总体回归函数中，各回归系数是未知的，用样本回归函数对其进行估计，多元线性样本回归函数的形式为

$$\hat{Y}_i=\hat{\beta}_0+\hat{\beta}_1 X_{1i}+\hat{\beta}_2 X_{2i}+\cdots+\hat{\beta}_k X_{ki} \tag{4.4}$$

其中，$\hat{\beta}_j(j=0,1,\cdots,k)$ 是对未知参数 $\beta_j(j=0,1,\cdots,k)$ 的估计，$\hat{Y}_i$ 是对总体均值 $E(Y\mid X)$ 的估计。类似的，如果记真实值 Y_i 与估计值 $\hat{Y}_i$ 的离差为残差 $e_i=Y_i-\hat{Y}_i$，则样本回归模型可以写作

$$Y_i=\hat{\beta}_0+\hat{\beta}_1 X_{1i}+\hat{\beta}_2 X_{2i}+\cdots+\hat{\beta}_k X_{ki}+e_i \tag{4.5}$$

有时，人们也把（4.5）式看作是（4.4）式的随机表达式或随机形式。

2. 多元线性回归模型的矩阵表示

对应于总体模型（4.2）式的多个方程可以用矩阵的形式表示为

$$Y=X\beta+\mu \tag{4.6}$$

其中，$Y=\begin{pmatrix} Y_1 \\ Y_2 \\ \vdots \\ Y_n \end{pmatrix}_{n\times 1}$，$\beta=\begin{pmatrix} \beta_0 \\ \beta_1 \\ \beta_2 \\ \vdots \\ \beta_k \end{pmatrix}_{(k+1)\times 1}$，$\mu=\begin{pmatrix} \mu_1 \\ \mu_2 \\ \vdots \\ \mu_n \end{pmatrix}_{n\times 1}$，

$$X=\begin{pmatrix} 1 & X_{11} & X_{21} & \cdots & X_{k1} \\ 1 & X_{12} & X_{22} & \cdots & X_{k2} \\ \vdots & \vdots & \vdots & & \vdots \\ 1 & X_{1n} & X_{2n} & \cdots & X_{kn} \end{pmatrix}_{n\times(k+1)}.$$

类似的,样本函数(4.4)式和样本模型(4.5)式可以用矩阵表示为:

$$\hat{Y} = X\hat{\beta} \tag{4.7}$$

$$Y = X\hat{\beta} + e \tag{4.8}$$

其中,$\hat{Y} = \begin{pmatrix} \hat{Y}_1 \\ \hat{Y}_2 \\ \vdots \\ \hat{Y}_n \end{pmatrix}_{n\times 1}$, $\hat{\beta} = \begin{pmatrix} \hat{\beta}_0 \\ \hat{\beta}_1 \\ \hat{\beta}_2 \\ \vdots \\ \hat{\beta}_k \end{pmatrix}_{(k+1)\times 1}$, $e = \begin{pmatrix} e_1 \\ e_2 \\ \vdots \\ e_n \end{pmatrix}_{n\times 1}$.

二、多元线性回归模型的基本假定

在多元模型中,为了使参数的估计量具有良好的性质,对多元模型(4.2)或(4.1)式作出类似于一元模型的一些基本假设:

(A1)随机扰动项均值为零,即 $E(\mu_i)=0, i=1,2,\cdots,n$

(A2)随机扰动项同方差,即 $Var(\mu_i)=\sigma^2, i=1,2,\cdots,n$

(A3)随机扰动项无序列相关,即 $Cov(\mu_i,\mu_j)=E(\mu_i\mu_j)=0, i\neq j$

(A4)随机扰动项与解释变量之间不相关,即 $Cov(X_{ij},\mu_j)=E(X_{ij}\mu_j)=0, i=1,2,\cdots,k$

(A5)无多重共线性,即解释变量之间无线性关系

(A6)随机扰动项服从正态分布,即 $\mu_i \sim N(0,\sigma^2)$

我们可以进一步从矩阵的角度再来看这些基本假设。即对于总体模型(4.6)式,按照第二章中对随机向量的数字特征的定义,我们有:

由(A1),得:$E(\mu)=E\begin{pmatrix}\mu_1\\\mu_2\\\vdots\\\mu_n\end{pmatrix}=\begin{pmatrix}E(\mu_1)\\E(\mu_2)\\\vdots\\E(\mu_n)\end{pmatrix}=0.$

由(A2)和(A3),得:

$$Cov(\mu)=E[\mu-E(\mu)][\mu-E(\mu)]'=E(\mu\mu')$$

$$=E\begin{bmatrix}\mu_i^2 & \mu_1\mu_2 & \cdots & \mu_1\mu_n\\\mu_2\mu_1 & \mu_2^2 & \cdots & \mu_2\mu_n\\\vdots & \vdots & & \vdots\\\mu_n\mu_1 & \mu_n\mu_2 & \cdots & \mu_n^2\end{bmatrix}=\begin{bmatrix}\sigma^2 & 0 & \cdots & 0\\0 & \sigma^2 & \cdots & 0\\\vdots & \vdots & & \vdots\\0 & 0 & \cdots & \sigma^2\end{bmatrix}=\sigma^2 I_n$$

其中，$\boldsymbol{I}_n$ 为 n 阶的单位矩阵。

由（A4），有 $E(X'\boldsymbol{\mu})=\boldsymbol{0}$，即

$$E(\boldsymbol{X}'\boldsymbol{\mu})=E\left\{\begin{bmatrix} 1 & 1 & \cdots & 1 \\ X_{11} & X_{12} & \cdots & X_{1n} \\ \vdots & \vdots & & \vdots \\ X_{k1} & X_{k2} & \cdots & X_{kn} \end{bmatrix}_{(k+1)\times n} \begin{bmatrix} \mu_1 \\ \mu_2 \\ \vdots \\ \mu_n \end{bmatrix}_{n\times 1}\right\}$$

$$=E\begin{bmatrix} \sum \mu_i \\ \sum X_{1i}\mu_i \\ \vdots \\ \sum X_{ki}\mu_i \end{bmatrix} = \begin{bmatrix} \sum E(\mu_i) \\ \sum E(X_{1i}\mu_i) \\ \vdots \\ \sum E(X_{ki}\mu_i) \end{bmatrix} = \boldsymbol{0} \tag{4.9}$$

由（A5），假定各解释变量之间不存在线性关系，也即表示矩阵 $\boldsymbol{X}$ 中的各列向量是线性无关的，从而矩阵 $\boldsymbol{X}$ 为列满秩的，由于一般 $(k+1)<n$，所以矩阵 $\boldsymbol{X}$ 的秩为

$$\text{rank}(\boldsymbol{X})=k+1$$

此时，方阵 $\boldsymbol{X}'\boldsymbol{X}$ 满秩，$\text{rank}(\boldsymbol{X}'\boldsymbol{X})=k+1$，所以 $\boldsymbol{X}'\boldsymbol{X}$ 可逆，$(\boldsymbol{X}'\boldsymbol{X})^{-1}$ 存在。

由（A6），随机向量 $\boldsymbol{\mu}$ 服从多维正态分布，即

$$\boldsymbol{\mu} \sim N(0,\sigma^2 \boldsymbol{I}_n).$$

上述这些假设，称为多元线性回归模型的经典假设。后面将会看到这些假设在模型的参数估计以及假设检验中所起到的作用。

第二节　多元线性回归模型的参数估计

多元线性回归模型的参数估计的思想和方法与一元线性模型一样，在基本假设满足的条件下，仍然可以采用 OLS 估计、MM 估计及 ML 估计等方法。

一、普通最小二乘(OLS)估计

设 $Y_i, X_{1i}, X_{2i}, \cdots, X_{ki}(i=1,2,\cdots,n)$ 为一组随机获取的样本观测值，按照最小二乘原则，就是要使残差的平方和达到最小，即：

$$\min \sum_{i=1}^{n} e_i^2 = \sum_{i=1}^{n} (Y_i - \hat{Y})^2 = \sum_{i=1}^{n} (Y_i - \hat{\beta}_0 - \hat{\beta}_1 X_{1i} - \cdots - \hat{\beta}_k X_{ki})^2$$

按照微积分的知识,所求参数 $\hat{\beta}_j (j = 0, 1, \cdots, k)$ 应满足

$$\frac{\partial \sum e_i^2}{\partial \hat{\beta}_j} = 0, j = 0, 1, \cdots, k$$

即:
$$\begin{cases} \sum (\hat{\beta}_0 + \hat{\beta}_1 X_{1i} + \hat{\beta}_2 X_{2i} + \cdots + \hat{\beta}_k X_{ki}) = \sum Y_i \\ \sum (\hat{\beta}_0 + \hat{\beta}_1 X_{1i} + \hat{\beta}_2 X_{2i} + \cdots + \hat{\beta}_k X_{ki}) X_{1i} = \sum Y_i X_{1i} \\ \vdots \\ \sum (\hat{\beta}_0 + \hat{\beta}_1 X_{1i} + \hat{\beta}_2 X_{2i} + \cdots + \hat{\beta}_k X_{ki}) X_{ki} = \sum Y_i X_{ki} \end{cases} \qquad (4.10)$$

这是一个由含有 $k+1$ 个未知参数 $\hat{\beta}_j (j = 0, 1, \cdots, k)$ 的 $k+1$ 个方程组成的方程组。可以把它写成矩阵的形式:

$$\begin{bmatrix} n & \sum X_{1i} & \cdots & \sum X_{ki} \\ \sum X_{1i} & \sum X_{1i}^2 & \cdots & \sum X_{1i} X_{ki} \\ \vdots & \vdots & & \vdots \\ \sum X_{ki} & \sum X_{1i} X_{ki} & \cdots & \sum X_{ki}^2 \end{bmatrix} \begin{bmatrix} \hat{\beta}_0 \\ \hat{\beta}_1 \\ \vdots \\ \hat{\beta}_k \end{bmatrix} = \begin{bmatrix} 1 & 1 & \cdots & 1 \\ X_{11} & X_{12} & \cdots & X_{1n} \\ \vdots & \vdots & & \vdots \\ X_{k1} & X_{k2} & \cdots & X_{kn} \end{bmatrix} \begin{bmatrix} Y_1 \\ Y_2 \\ \vdots \\ Y_n \end{bmatrix}$$

即 $(\boldsymbol{X}'\boldsymbol{X})\hat{\boldsymbol{\beta}} = \boldsymbol{X}'\boldsymbol{Y}$ \qquad (4.11)

由(A5)$\boldsymbol{X}'\boldsymbol{X}$ 可逆,知$(\boldsymbol{X}'\boldsymbol{X})^{-1}$存在。上式两边左乘$(\boldsymbol{X}'\boldsymbol{X})^{-1}$得

$$\hat{\boldsymbol{\beta}} = (\boldsymbol{X}'\boldsymbol{X})^{-1} \boldsymbol{X}'\boldsymbol{Y} \qquad (4.12)$$

此即为多元线性回归模型参数向量 $\boldsymbol{\beta}$ 的 OLS 估计式的矩阵表达式。上面的(4.11)式为相应的正规方程组。

其实我们可以从另一种思路更为简便地得到正规方程组。由基本假设(A4)的矩阵形式的结论,我们有 $E(\boldsymbol{X}'\boldsymbol{\mu}) = \boldsymbol{0}$. 对总体回归模型

$$\boldsymbol{Y} = \boldsymbol{X}\boldsymbol{\beta} + \boldsymbol{\mu}$$

两边左乘 $\boldsymbol{X}'$ 得到

$$\boldsymbol{X}'\boldsymbol{Y} = \boldsymbol{X}'\boldsymbol{X}\boldsymbol{\beta} + \boldsymbol{X}'\boldsymbol{\mu}$$

即 $\boldsymbol{X}'(\boldsymbol{Y} - \boldsymbol{X}\boldsymbol{\beta}) = \boldsymbol{X}'\boldsymbol{\mu}$

两边取期望便有,$E[\boldsymbol{X}'(\boldsymbol{Y} - \boldsymbol{X}\boldsymbol{\beta})] = \boldsymbol{0}$

此为原总体回归模型的一组矩条件,利用矩估计(MM)的思想对于从总体中获取的一组样本数据,待估参数向量 $\hat{\boldsymbol{\beta}}$ 应该满足

$$(\boldsymbol{X}'\boldsymbol{X})\hat{\boldsymbol{\beta}} = \boldsymbol{X}'\boldsymbol{Y}$$

此即为正规方程组。可见由矩估计得到的参数的估计值与 OLS 估计值是一致的。需要注意的是,这一结论是在假设 $E(\boldsymbol{X}'\boldsymbol{\mu})=\boldsymbol{0}$ 成立的条件下得到的,即要求任意一个解释变量都与随机扰动项不相关,满足这一条件的解释变量又称为外生解释变量(exogenous explanatory variables),如果解释变量 X_j 与随机扰动项 μ 是相关的,通常称 X_j 为内生解释变量(endogenous explanatory variables)。如果模型中出现了内生解释变量,基本假设不满足,则需要寻找其他的估计方法,如工具变量(instrumental variable,IV)法等。

二、极大似然估计 *

对总体模型

$$Y_i = \beta_0 + \beta_1 X_{1i} + \beta_2 X_{2i} + \cdots + \beta_k X_{ki} + \mu_i, (i=1,2,\cdots,n)$$

可以把它写作:$Y_i = \boldsymbol{X}_i \boldsymbol{\beta} + \mu_i$.

其中,$\boldsymbol{X}_i = (1 \quad X_{1i} \quad X_{2i} \quad \cdots \quad X_{ki})$ 即为矩阵 $\boldsymbol{X}$ 的第 i 行,$\boldsymbol{\beta} = (\beta_0 \quad \beta_1 \quad \beta_2 \quad \cdots \quad \beta_k)'$.

在正态性假定(A6)下,即 $\mu_i \sim N(0,\sigma^2)$,有

$$Y_i \sim N(\boldsymbol{X}_i \boldsymbol{\beta}, \sigma^2)$$

对于 $\boldsymbol{Y}$ 的 n 组随机观测值 $\boldsymbol{Y} = (Y_1 \quad Y_2 \quad \cdots \quad Y_n)'$,其联合概率密度(似然函数)为:

$$
\begin{aligned}
L(\hat{\beta}, \sigma^2) &= \prod_{i=1}^{n} \frac{1}{\sqrt{2\pi}\sigma} \exp\left\{ -\frac{1}{2\sigma^2}(Y_i - \boldsymbol{X}_i\hat{\boldsymbol{\beta}})^2 \right\} \\
&= \frac{1}{(2\pi)^{\frac{n}{2}}\sigma^n} \exp\left\{ -\frac{1}{2\sigma^2} \sum_{i=1}^{n}(Y_i - \boldsymbol{X}_i\hat{\boldsymbol{\beta}})^2 \right\} \\
&= \frac{1}{(2\pi\sigma^2)^{\frac{n}{2}}} \exp\left\{ -\frac{1}{2\sigma^2}(\boldsymbol{Y} - \boldsymbol{X}\hat{\boldsymbol{\beta}})'(\boldsymbol{Y} - \boldsymbol{X}\hat{\boldsymbol{\beta}}) \right\}
\end{aligned}
$$

则其对数似然函数为:

$$\ln L = \ln L(\hat{\beta}, \sigma^2) = -\frac{n}{2}\ln(2\pi\sigma^2) - \frac{1}{2\sigma^2}(\boldsymbol{Y} - \boldsymbol{X}\hat{\boldsymbol{\beta}})'(\boldsymbol{Y} - \boldsymbol{X}\hat{\boldsymbol{\beta}}) \quad (4.13)$$

利用第二章中介绍的矩阵向量的微分法则,

由
$$
\begin{cases}
\dfrac{\partial \ln L}{\partial \hat{\boldsymbol{\beta}}} = 0 \\[2mm]
\dfrac{\partial \ln L}{\partial \sigma^2} = 0
\end{cases}
得:
\begin{cases}
\boldsymbol{X}'\boldsymbol{Y} = \boldsymbol{X}'\boldsymbol{X}\hat{\boldsymbol{\beta}} \\[2mm]
\sigma^2 = \dfrac{1}{n}(\boldsymbol{Y} - \boldsymbol{X}\hat{\boldsymbol{\beta}})'(\boldsymbol{Y} - \boldsymbol{X}\hat{\boldsymbol{\beta}})
\end{cases}
$$

所以，$\hat{\boldsymbol{\beta}} = (\boldsymbol{X}'\boldsymbol{X})^{-1}\boldsymbol{X}'\boldsymbol{Y}$，$\hat{\sigma}^2 = \dfrac{1}{n}(\boldsymbol{Y} - \boldsymbol{X}\hat{\boldsymbol{\beta}})'(\boldsymbol{Y} - \boldsymbol{X}\hat{\boldsymbol{\beta}}) = \dfrac{1}{n}\boldsymbol{e}'\boldsymbol{e} = \dfrac{\sum e_i^2}{n}$.

可见，在满足经典假设的条件下，多元线性回归模型的 ML 估计量与 OLS 估计量是一致的。

【例 4-1】在一项对某社区家庭对某种消费品的消费需求调查中，得表 4-1 所示资料。其中 Y 表示对某商品的消费支出额，X_1 为商品单价，X_2 为家庭月收入（单位：元）。

表 4-1   家庭消费需求相关数据

序号	Y	X_1	X_2	序号	Y	X_1	X_2
1	591.9	23.56	7 620	6	644.4	34.14	12 920
2	654.5	24.44	9 120	7	680	35.30	14 340
3	623.6	32.07	10 670	8	724	38.7	15 960
4	647	32.46	11 160	9	757.1	39.63	18 000
5	674	31.15	11 900	10	706.8	46.68	19 300

对该问题建立二元线性模型：

$$Y_i = \beta_0 + \beta_1 X_{1i} + \beta_2 X_{2i} + \mu_i$$

用矩阵形式表示为：$\boldsymbol{Y} = \boldsymbol{X}\boldsymbol{\beta} + \boldsymbol{\mu}$

数据矩阵分别为：

$$\boldsymbol{Y} = \begin{bmatrix} 591.9 \\ 654.5 \\ \vdots \\ 706.8 \end{bmatrix}, \boldsymbol{X} = \begin{bmatrix} 1 & 23.56 & 7\ 620 \\ 1 & 24.44 & 9\ 120 \\ \vdots & \vdots & \vdots \\ 1 & 46.68 & 19\ 300 \end{bmatrix}$$

计算得：$\hat{\boldsymbol{\beta}} = (\boldsymbol{X}'\boldsymbol{X})^{-1}\boldsymbol{X}'\boldsymbol{Y} = \begin{bmatrix} 626.5093 \\ -9.7906 \\ 0.02862 \end{bmatrix}$

所估计的样本回归函数为：

$$\hat{Y}_i = 626.5093 - 9.7906 X_{1i} + 0.22862 X_{2i}$$

残差向量：$\boldsymbol{e} = \boldsymbol{Y} - \boldsymbol{X}\hat{\boldsymbol{\beta}}$，由此可得 σ^2 的极大似然估计值为：

$$\hat{\sigma}^2 = \frac{1}{n}(\boldsymbol{Y} - \boldsymbol{X}\hat{\boldsymbol{\beta}})'(\boldsymbol{Y} - \boldsymbol{X}\hat{\boldsymbol{\beta}}) = \frac{1}{n}\boldsymbol{e}'\boldsymbol{e} = 211.6847.$$

三、参数估计量的性质

对于多元线性回归模型的 OLS 估计量,我们完全可以得到与一元模型类似的性质。例如,正规方程(4.11)式:

$$(X'X)\hat{\beta} = X'Y$$

如果把样本模型 $Y = X\hat{\beta} + e$ 代入上式,则有

$$(X'X)\hat{\beta} = X'Y = X'X\beta + X'e$$

所以我们有:$X'e = 0$,即

$$\begin{bmatrix} 1 & 1 & \cdots & 1 \\ X_{11} & X_{12} & \cdots & X_{1n} \\ \vdots & \vdots & & \vdots \\ X_{k1} & X_{k2} & \cdots & X_{kn} \end{bmatrix} \begin{pmatrix} e_1 \\ e_2 \\ \vdots \\ e_n \end{pmatrix} = \begin{pmatrix} \sum e_i \\ \sum X_{1i}e_i \\ \vdots \\ \sum X_{ki}e_i \end{pmatrix} = 0$$

所以有:$\begin{cases} \sum e_i = 0 \\ \sum X_{ji}e_i = 0, j = 1, 2, \cdots, k \end{cases}$ (4.14)

这一结论与一元线性回归模型的结果类似。

与一元线性回归模型类似,在满足经典假设的条件下,多元线性回归模型的 OLS、MM 及 ML 估计量是一致的,且仍然满足高斯—马尔可夫定理,即为最优、线性、无偏估计量。

1.线性

由于 $\hat{\beta} = (X'X)^{-1}X'Y = CY$

其中,$C = (X'X)^{-1}X'$ 仅与固定的 X 有关,所以,参数估计量是被解释变量 Y 的线性函数。进一步,若考虑到

$$Y = X\beta + \mu$$

则

$$\hat{\beta} = (X'X)^{-1}X'Y = (X'X)^{-1}X'(X\beta + \mu) = \beta + (X'X)^{-1}X'\mu \quad (4.15)$$

所以,估计量也是随机扰动项 μ 的线性组合。

2.无偏性

由(4.15)式,无偏性的证明是显然的:

$$E(\hat{\beta}) = \beta + (X'X)^{-1}X'E(\mu) = \beta$$

3.最优性(最小方差性)

最优性是说在参数向量 $\boldsymbol{\beta}$ 的所有线性无偏估计量中 OLS 估计量(4.12)是方差最小的。在此我们仅给出 $\hat{\boldsymbol{\beta}}$ 的协方差矩阵的表达式,至于最小性的证明由于比较繁琐,从略。

按照向量的方差—协方差的定义式我们有:

$$
\begin{aligned}
\mathrm{Cov}(\hat{\boldsymbol{\beta}}) &= \mathrm{E}[(\hat{\boldsymbol{\beta}} - \mathrm{E}(\hat{\boldsymbol{\beta}}))(\hat{\boldsymbol{\beta}} - \mathrm{E}(\hat{\boldsymbol{\beta}}))'] \\
&= \mathrm{E}[(\hat{\boldsymbol{\beta}} - \boldsymbol{\beta})(\hat{\boldsymbol{\beta}} - \boldsymbol{\beta})'] \\
&= \mathrm{E}[(\boldsymbol{X}'\boldsymbol{X})^{-1}\boldsymbol{X}'\boldsymbol{\mu}\boldsymbol{\mu}'\boldsymbol{X}(\boldsymbol{X}'\boldsymbol{X})^{-1}] \\
&= (\boldsymbol{X}'\boldsymbol{X})^{-1}\boldsymbol{X}'\mathrm{E}(\boldsymbol{\mu}\boldsymbol{\mu}')\boldsymbol{X}(\boldsymbol{X}'\boldsymbol{X})^{-1} \\
&= (\boldsymbol{X}'\boldsymbol{X})^{-1}\boldsymbol{X}'\sigma^2\boldsymbol{I}_n\boldsymbol{X}(\boldsymbol{X}'\boldsymbol{X})^{-1} \\
&= \sigma^2(\boldsymbol{X}'\boldsymbol{X})^{-1}
\end{aligned}
\tag{4.16}
$$

其中倒数第二个等式利用了经典假设(A2)和(A3)的矩阵表示。利用上式我们就可以计算估计量的方差了。例如,$\hat{\beta}_i(i = 0, 1, \cdots, k)$ 的方差 $\mathrm{Var}(\hat{\beta}_i)$ 即为 $(k+1)$ 阶方阵 $\sigma^2(\boldsymbol{X}'\boldsymbol{X})^{-1}$ 的对角线上的第 $(i+1)$ 个元素。

四、估计量的分布

由 Gauss-Markov 定理的线性和无偏性知,在随机扰动项 $\mu_i \sim N(0, \sigma^2)$ 的假定下,OLS 估计量 $\hat{\beta}_i (i = 0, 1, \cdots, k)$ 也服从正态分布,即

$$
\hat{\beta}_i \sim N(\beta, \mathrm{Var}(\hat{\beta}_i)), \quad i = 0, 1, \cdots, k
\tag{4.17}
$$

其中,$\mathrm{Var}(\hat{\beta}_i)$ 为 $(k+1)$ 阶方阵 $\sigma^2(\boldsymbol{X}'\boldsymbol{X})^{-1}$ 的对角线上的第 $(i+1)$ 个元素。

注意到在 $\hat{\beta}$ 的协方差矩阵的表达式 $\sigma^2(\boldsymbol{X}'\boldsymbol{X})^{-1}$ 中含有未知的参数 σ^2,因此要对它进行估计。在本节的第二部分极大似然估计中我们曾得到 σ^2 的 ML 估计量为:

$$
\hat{\sigma}^2 = \frac{\sum e_i^2}{n}
$$

但是它为 σ^2 的有偏估计量,即 $\mathrm{E}(\hat{\sigma}^2) \neq \sigma^2$. 可以证明(此处从略)$\sigma^2$ 的无偏估计量为:

$$
\hat{\sigma}^2 = \frac{\sum e_i^2}{n - k - 1} = \frac{\boldsymbol{e}'\boldsymbol{e}}{n - k - 1}
\tag{4.18}
$$

其中,k 为解释变量的个数,也即 $k+1$ 为未知参数的个数;$\boldsymbol{e} = \boldsymbol{Y} - \boldsymbol{X}\hat{\boldsymbol{\beta}}$ 为残差向量。

在以后的章节中我们将用(4.18)式作为未知参数 σ^2 的估计量。

【例 4-2】接着例 4-1,由(4.18)式计算得:

$$\hat{\sigma}^2 = \frac{\sum e_i^2}{n-k-1} = \frac{e'e}{n-k-1} = \frac{2\,116.847}{7} = 302.4068$$

所以 $\hat{\sigma} = 17.39$.

由(4.16)式计算得:

$$\mathrm{Cov}(\hat{\boldsymbol{\beta}}) = \hat{\sigma}^2 (\boldsymbol{X}'\boldsymbol{X})^{-1} = \begin{bmatrix} 1\,610.43 & -109.78 & 0.163 \\ -109.78 & 10.23 & -0.018 \\ 0.163 & -0.018 & 0.000034 \end{bmatrix}$$

对该矩阵的对角线元素开根号即可得 $\hat{\beta}_0, \hat{\beta}_1, \hat{\beta}_2$ 的标准差分别为:40.13, 3.1978, 0.0058.

对例 4-1 中的数据输入 EViews 软件后,直接在命令窗口输入:"ls y c x1 x2",得到如表 4-2 的回归结果。

表 4-2 EViews 软件输出结果

Dependent Variable: Y
Method: Least Squares
Date: 07/02/08 Time: 09:13
Sample: 1 10
Included observations: 10

Variable	Coefficient	Std. Error	t-Statistic	Prob.
C	626.5093	40.13010	15.61195	0.0000
X1	-9.790570	3.197843	-3.061617	0.0183
X2	0.028618	0.005838	4.902030	0.0017

R-squared	0.902218	Mean dependent var	670.3300
Adjusted R-squared	0.874281	S.D. dependent var	49.04504
S.E. of regression	17.38985	Akaike info criterion	8.792975
Sum squared resid	2116.847	Schwarz criterion	8.883751
Log likelihood	-40.96488	F-statistic	32.29408
Durbin-Watson stat	1.650804	Prob(F-statistic)	0.000292

即:

$$\hat{Y}_i = 626.5093 - 9.79257 X_{1i} + 0.02862 X_{2i} \quad R^2 = 0.9022$$

$Se = (40.13) \quad (3.1978) \quad (0.0058)$

$t = (15.612) \quad (-3.062) \quad (4.902)$

显然,EViews 软件的计算结果跟我们前面的计算结果是完全一致的。

第三节 多元线性回归模型的统计检验

在多元线性回归模型的参数估计完成以后,我们需要利用样本回归函数的相关信息对总体模型进行检验。检验内容与一元模型类似,包括拟合优度检验、变量的显著性检验、总体回归方程的显著性检验以及参数的置信区间等内容。

一、拟合优度检验

在一元线性回归模型中,我们用判定系数来度量模型的拟合优度,在多元模型中我们可以做类似的定义。判定系数的定义基于总离差平方和的分解,在多元模型中同样的记 $TSS = \sum(Y_i - \overline{Y})^2$ 为总离差平方和,$ESS = \sum(\hat{Y}_i - \overline{Y})^2$ 为回归平方和,$RSS = \sum(Y_i - \hat{Y}_i)^2 = \sum e_i^2$ 为残差平方和。则

$$TSS = ESS + RSS \tag{4.19}$$

自由度:$(n-1) = k + (n-k-1)$

即总离差平方和可以分解为回归平方和和残差平方和两部分。回归平方和反映了总离差平方和中可由样本回归线解释的部分,它越大,残差的平方和就越小,表明样本回归线与样本观测值的拟合程度越高。

因此,我们可以定义判定系数

$$R^2 = \frac{ESS}{TSS} = 1 - \frac{RSS}{TSS} \tag{4.20}$$

同样有 $0 \leqslant R^2 \leqslant 1$. 判定系数 R^2 作为度量拟合优度的指标,在 $[0,1]$ 范围内,R^2 越大,拟合优度越高,R^2 越小,拟合优度越差。

但是,在多元线性回归模型中我们应用这一指标时,往往会发现这样的问题:如果在模型中增加一个解释变量,这时残差的平方和往往会随着解释变量的增加而减小,从而按照(4.20)式,判定系数就会增加。这就会给我们一种错觉:要想提高模型的拟合优度,只要往模型中增加解释变量即可。同时也会造成这样的困难:当两个模型的解释变量基本相同而解释变量的个数不同时,用(4.20)式定义的判定系数难以比较两个模型的拟合优度的好坏,或者说在一多元模型中,如果再引入一个解释变量,我们不知道这个新的解释变量是否真的会提高模

型的拟合优度。因此,我们必须对(4.20)式进行修正,克服前面提到的问题。

我们用 $\overline{R}^2$ 代表调整以后的判定系数,称之为校正的判定系数(adjusted coefficient of determination)。把它定义为:

$$\overline{R}^2 = 1 - \frac{RSS/(n-k-1)}{TSS/(n-1)} \tag{4.21}$$

由这一表达式可以看出,如果模型中增加一个没有解释能力的解释变量,这时的残差平方和不会有多大的减小,但增加的解释变量使待估参数的个数增加,最终会使校正的判定系数减小。也就是说,当模型中增加一个没有解释能力的变量时,校正的判定系数不但不会增加,反而会减小,可以看作是对前面出现问题的一种"惩罚",只有当模型中引入有解释能力的解释变量时,校正的判定系数才会增加。

校正的判定系数 $\overline{R}^2$ 与判定系数 R^2 有如下关系:

$$\overline{R}^2 = 1 - \frac{n-1}{n-k-1}(1-R^2) \tag{4.22}$$

进一步,

$$\overline{R}^2 = 1 - \frac{RSS/(n-k-1)}{TSS/(n-1)}$$

$$= 1 - \frac{n-1}{n-k-1}(1 - \frac{ESS}{TSS})$$

$$= 1 - \frac{n-1}{n-k-1}(1-R^2)$$

$$= \frac{n-1}{n-k-1}R^2 - \frac{k}{n-k-1}$$

$$= R^2 - \frac{k}{n-k-1}(1-R^2)$$

$$\leqslant R^2$$

这表明:(1)校正的判定系数 $\overline{R}^2$ 小于或等于判定系数 R^2;(2)判定系数 R^2 一定非负,但校正的判定系数 $\overline{R}^2$ 可能小于零。这时,校正的判定系数 $\overline{R}^2$ 没有意义。因此,校正的判定系数适用于相关性较高情形。

例如,由表 4-2 可知,对于例 4-1 中的问题计算得到:
$R^2 = 0.9022, \overline{R}^2 = 0.8743.$

它们是分别按照(4.20)和(4.21)式计算得到的结果,读者可以自己验证。

由以上分析我们可以发现,利用校正的判定系数 $\overline{R}^2$ 可以帮助我们判断是否应该往多元线性回归模型中引入一个新的变量:当引入的新的变量能够使校正的判定系数 $\overline{R}^2$ 增大时,表明该变量能够提高模型的拟合优度,可以考虑引入模型;当引入的新变量使校正的判定系数 $\bar{R}^2$ 减小时,表明该变量不能提高模型的拟合优度,则不应引入该变量。在计量经济学中还有两个指标可以起到同样的作用,它们是赤池信息准则(Akaike information criterion,AIC)和施瓦茨准则(Schwarz criterion,SC),EViews 软件也会提供这两个指标的数值,它们定义分别为

$$\text{AIC} = \ln \frac{e'e}{n} + \frac{2(k+1)}{n}$$

$$\text{SC} = \ln \frac{e'e}{n} + \frac{k}{n} \ln n$$

只不过利用这两个指标时,我们是希望它们越小越好,即只有当在模型中增加的解释变量能够减小 AIC 和 SC 值时,才在原模型中引入该解释变量。

【例 4-3】由表 4-2 可知,对于例 4-1 中的问题计算得到:
AIC=8.793975,SC=8.88375.

在例 4-1 中的问题中,如果仅考虑引入变量 X_1,回归的结果如表 4-3:

表 4-3 回归结果

Variable	Coefficient	Std. Error	t-Statistic	Prob.
C	489.8560	56.85216	8.616312	0.0000
X1	5.337415	1.650580	3.233661	0.0120
R-squared	0.566550	Mean dependent var		670.3300
Adjusted R-squared	0.512369	S.D. dependent var		49.04504
S.E. of regression	34.24845	Akaike info criterion		10.08202
Sum squared resid	9383.649	Schwarz criterion		10.14253
Log likelihood	-48.41008	F-statistic		10.45656
Durbin-Watson stat	2.368452	Prob(F-statistic)		0.011991

此时,
AIC=10.082,SC=10.1425.

显然比同时在模型中引入 X_1 和 X_2 时的值要大,而此时的 $\bar{R}^2$ 只有 0.512.所以在模型中同时引入变量 X_1 和 X_2 是恰当的,它能够大大地提高模型的拟合优度。

二、回归方程的显著性检验(F 检验)

回归方程的显著性检验,旨在对模型中被解释变量与解释变量之间的线性关系在总体上是否显著成立作出推断。多元线性回归模型在形式上要求多个解释变量和因变量之间存在显著的线性关系。事实上是否存在整体上的线性关系呢? 这需要统计学上的显著性检验。

对于多元线性回归模型

$Y = \beta_0 + \beta_1 X_1 + \beta_2 X_2 + \cdots + \beta_k X_k + \mu$

要检验回归模型在整体上是否存在显著的线性关系,所检验的假设形式为:

$H_0 : \beta_1 = \beta_2 = \cdots = \beta_k = 0$

$H_1 : \beta_j (j = 1, 2, \cdots, k)$不全为零

F 检验是建立在类似于(4.19)式的方差分析的基础上的。对于给定的样本数据,总离差平方和 TSS 是确定的,回归平方和 ESS 反映了 k 个解释变量的联合体对因变量 Y 作用的结果,从而说明比值 ESS/RSS 越大,则解释变量的联合体对因变量的解释能力越强,总体上的线性关系也就越强。通常将自由度考虑进去,可得如表 4-4 所示的方差分析表。

表 4-4　方差分析表

方差来源	平方和	自由度	平方和的均值
来自回归	$ESS = \sum (\hat{Y}_i - \overline{Y})^2$	k	ESS/k
来自残差	$RSS = \sum (Y_i - \hat{Y}_i)^2$	$n-k-1$	$RSS/(n-k-1)$
总离差	$TSS = \sum (Y_i - \overline{Y})^2$	$n-1$	

可以证明,在 H_0 成立的条件下,统计量

$$F = \frac{ESS/k}{RSS/(n-k-1)} \sim F(k, n-k-1) \qquad (4.23)$$

即服从自由度为 k 和 $n-k-1$ 的 F 分布。

因此,给定显著水平 α,查自由度为 $(k, n-k-1)$ 的 F 分布表得临界值 $F_\alpha(k, n-k-1)$,将样本数据代入(4.23)式计算 F 统计量的值,不妨记为 F^*,然后将临界值和统计量的值进行比较。若 $F^* > F_\alpha(k, n-k-1)$,则拒绝原假设,说明回归方程整体显著;反之,若 $F^* < F_\alpha(k, n-k-1)$ 则接受原假设,说明回归方程不显著,解释变量的整体对因变量没有解释能力。

例如,对于例 4-1 中的问题,由表 4-2 可知 F 统计量的值为:$F^* = 32.294$. 在 5% 的显著水平下,查自由度分别为 2 和 7 的 F 分布表(见附表 4)得临界值:$F_{0.05}(2,7) = 4.74$. 显然 $F^* > F_{0.05}(2,7)$,所以,拒绝原假设,说明回归方程整体显著。

由 F 检验的过程可以看出,F 统计量的构造是基于方差的分解,而拟合优度检验也是基于总离差平方和的分解,它们之间应该是有联系的。事实上,F 统计量与判定系数 R^2 之间有如下关系:

$$F = \frac{ESS/k}{RSS/(n-k-1)} = \frac{n-k-1}{k} \cdot \frac{R^2}{1-R^2} \tag{4.24}$$

由这一关系可以看出,F 统计量的值与判定系数 R^2 之间是同方向变动的,即随着 R^2 的增加,F 值也是不断增加的。而且,当 $R^2 = 0$ 时,$F = 0$;当 $R^2 = 1$ 时,$F = \infty$. 因此,对 $H_0 : \beta_1 = \beta_2 = \cdots = \beta_k = 0$ 的检验事实上等价于对 $R^2 = 0$ 的检验。

我们接下来考虑 F 检验的一般情形。对于多元线性回归模型

$$Y = \beta_0 + \beta_1 X_1 + \beta_2 X_2 + \cdots + \beta_k X_k + \mu \tag{4.25}$$

也许我们感兴趣的问题并不是所有 k 个解释变量整体上是否与因变量之间存在显著的线性关系,而仅仅是其中的 $q(q < k)$ 个解释变量 X_{k-q+1}, $X_{k-q+2}, \cdots, X_k$ 是否与因变量存在显著的线性关系的问题,这时的原假设变成

$$H_0 : \beta_{k-q+1} = \beta_{k-q+2} = \cdots = \beta_k = 0 \tag{4.26}$$

相当于对模型(4.25)施加了 q 个约束条件。当我们把这一约束(4.26)施加到模型(4.25)式时,便得到了一个受约束模型(restricted model):

$$Y = \beta_0 + \beta_1 X_1 + \beta_2 X_2 + \cdots + \beta_{k-q} X_{k-q} + \mu \tag{4.27}$$

这时,对于满足假设(4.26)式的 F 统计量定义为

$$F = \frac{(RSS_r - RSS_{ur})/q}{RSS_{ur}/(n-k-1)} \sim F(q, n-k-1) \tag{4.28}$$

其中,RSS_r 为受约束模型(4.27)的残差平方和,RSS_{ur} 为未受约束模型(unrestricted model)(4.25)的残差平方和。这里应该注意到 RSS_r 不会小于 RSS_{ur}(为什么?),从而 F 统计量一定是非负的。然后,可以按照类似的步骤检验原假设是否成立。

三、变量的显著性检验(t 检验)

在多元线性回归模型中,我们除了要检验模型整体的显著性以外,还需要检验单个的解释变量与因变量之间是否存在显著的线性关系。因为模型整体的显著性并不能保证每个解释变量都是显著的。与一元模型类似,对于单个解释变量

显著性的检验要用到 t 检验。接下来我们考虑 t 检验统计量的构造问题。

我们在(4.16)式得到了 OLS 估计量方差的表达式,其中 $\hat{\beta}_i(i=0,1,\cdots,k)$ 的方差 $\mathrm{Var}(\hat{\beta}_i)$ 即为 $(k+1)$ 阶方阵 $\sigma^2(\boldsymbol{X}'\boldsymbol{X})^{-1}$ 的对角线上的第 $(i+1)$ 个元素。由(4.17)式知:

$$\hat{\beta}_i \sim N(\beta_i, \mathrm{Var}(\hat{\beta}_i)), i=0,1,\cdots,k$$

注意到在 $\hat{\boldsymbol{\beta}}$ 的协方差矩阵的表达式 $\sigma^2(\boldsymbol{X}'\boldsymbol{X})^{-1}$ 中含有未知的参数 σ^2,可以用 σ^2 的无偏估计

$$\hat{\sigma}^2 = \frac{\sum e_i^2}{n-k-1} = \frac{\boldsymbol{e}'\boldsymbol{e}}{n-k-1}$$

来代替。如果用 $c_{ii}(i=0,1,\cdots,k)$ 表示矩阵 $(\boldsymbol{X}'\boldsymbol{X})^{-1}$ 主对角线上的第 $(i+1)$ 个元素,则 $\hat{\beta}_i(i=0,1,\cdots,k)$ 的标准差可以表示为

$$Se(\hat{\beta}_i) = \hat{\sigma}\sqrt{c_{ii}} = \sqrt{c_{ii}\frac{\boldsymbol{e}'\boldsymbol{e}}{n-k-1}}, i=0,1,\cdots,k \tag{4.29}$$

因此,可以构造如下的 t 统计量

$$t = \frac{\hat{\beta}_i - \beta_i}{Se(\hat{\beta}_i)} \sim t(n-k-1) \tag{4.30}$$

从而,要检验解释变量 X_i 的显著性,我们可以按照如下步骤进行 t 检验:

(1)提出假设:$\mathrm{H}_0:\beta_i=0$;$\mathrm{H}_1:\beta_i\neq0$

(2)计算检验统计量的值:在原假设成立的条件下($\beta_i=0$),按照统计量的表达式利用样本数据计算相应的 t 值,记为 t^*,即

$$t^* = \frac{\hat{\beta}_i}{Se(\hat{\beta}_i)}$$

(3)给定显著水平 α,查自由度为 $(n-k-1)$ 的 t 分布表,确定临界值 $t_{\alpha/2}(n-k-1)$.

(4)检验结果判断:如果 $|t^*| > t_{\alpha/2}(n-k-1)$,则拒绝原假设,表明因变量 Y 和解释变量 X_i 之间存在显著的线性关系;反之,如果 $|t^*| < t_{\alpha/2}(n-k-1)$,则接受原假设,表明因变量 Y 和解释变量 X_i 之间不存在显著的线性关系。

类似于一元线性回归模型,对于多元线性回归模型我们同样可以进行单边检验,也同样可以对于每个解释变量利用 p 值进行显著性检验,在此不再一一赘述。

例如,由表 4-2 可以看出 X_1 和 X_2 对应估计量的 p 值都小于 5%,因此 X_1 和 X_2 都分别和因变量 Y 之间存在显著的线性关系。对于相应的 t 检验建议读者自己进行练习。

第四节 回归模型的函数形式与结构分析

在多元线性回归模型中,我们完全可以像一元线性回归模型那样考虑预测问题,即给定样本数据以外的解释变量的值,我们可以预测因变量的值。但是在实际问题中我们发现这往往是困难,因为我们要同时知道多个解释变量的取值,才能够进行预测。事实上回归模型的重要的作用并不是预测,而是进行经济变量间的定量的结构分析,比如弹性分析、边际分析等。本节我们将重点考虑结构分析的问题。结构分析往往与回归模型的函数形式有密切的关系,这些函数形式既包括线性模型也包括一些非线性模型。

在计量经济学中,"线性"这一概念是相对于参数而言的,如:$Y = \beta_0 + \beta_1 \dfrac{1}{X} + \mu$,$Y = \beta_0 + \beta_1 X + \beta_2 X^2 + \mu$,$Y = \beta_0 + \beta_1 \ln X + \mu$,这些模型虽然相对于变量而言是非线性的,但相对于参数而言却是线性的。在计量经济学中我们仍然把这些模型看作是线性模型。

如果模型形如(4.2)式,无论对于变量还是对于参数而言都是线性的,我们称之为标准线性模型。如果模型的因变量虽然相对于变量而言是非线性的,但相对于参数而言却是线性的,这种模型我们称之为非标准线性模型,非标准线性模型一般可以通过变量的变换变成标准线性回归模型。如果模型对于参数而言是非线性的,那么这样的模型称为非线性模型。

1. 标准多元线性回归方程参数的含义

对于多元线性回归函数

$$\hat{Y} = \hat{\beta}_0 + \hat{\beta}_1 X_1 + \hat{\beta}_2 X_2 + \cdots + \hat{\beta}_k X_k \tag{4.31}$$

截距项 $\hat{\beta}_0$ 度量了当 $X_1 = X_2 = \cdots = X_k = 0$ 时的因变量 Y 的预测值。对于上式我们可以写成增量的形式:

$$\Delta \hat{Y} = \hat{\beta}_1 \Delta X_1 + \hat{\beta}_2 \Delta X_2 + \cdots + \hat{\beta}_k \Delta X_k$$

回归系数 $\hat{\beta}_1$ 度量了当其他变量保持不变($\Delta X_2 = \Delta X_3 = \cdots = \Delta X_k$)时,$X_1$ 变动一个单位时,$\hat{Y}$ 的改变量,即当我们固定 $X_2, X_3, \cdots, X_k$ 不动时,有

$$\Delta Y = \hat{\beta}_1 \Delta X_1$$

因此,当我们由(4.31)式估计 X_1 对 Y 的边际效应(partial effect)$\hat{\beta}_1$ 时,事实上我们已经控制变量 $X_2, X_3, \cdots, X_k$ 保持不变。其他的回归系数也有类似的含义。

2. 弹性的度量:双对数线性模型

把函数形式为

$$\ln Y = \beta_0 + \beta_1 \ln X + \mu \qquad (4.32)$$

的模型称为双对数模型,如果令 $Y^* = \ln Y, X^* = \ln X$,则上式就变成标准的线性模型:

$$Y^* = \beta_0 + \beta_1 X^* + \mu$$

此时,

$$\beta_1 = \frac{\mathrm{d}Y^*}{\mathrm{d}X^*} = \frac{\mathrm{d}\ln Y}{\mathrm{d}\ln X} = \frac{\mathrm{d}Y/Y}{\mathrm{d}X/X} \qquad (4.33)$$

该式正好为弹性的数学计算公式。所以 β_1 度量了 Y 关于 X 的弹性 (elasticity),即度量了当 X 每变动 1% 时,因变量 Y 变动百分之多少。这也是人们较多应用双对数模型的一个重要原因。

例如,著名的 Cobb-Douglas 生产函数将产出量 Q 与投入要素劳动力 L 和资本 K 之间的关系描述为幂函数的形式:

$$Q = AK^\alpha L^\beta e^\mu$$

方程两边取对数以后,即可变成一对数模型的形式:

$$\ln Q = \ln A + \alpha \ln K + \beta \ln L + \mu$$

所以参数 α, β 分别为产出 Q 的资本弹性和劳动力弹性。

3. 半对数模型

形式为

$$\ln Y = \beta_0 + \beta_1 X + \mu \qquad (4.34)$$

$$Y = \beta_0 + \beta_1 \ln X + \mu \qquad (4.35)$$

的模型称为半对数模型。由(4.34)式得:

$$\beta_1 = \frac{\mathrm{d}\ln Y}{\mathrm{d}X} = \frac{\mathrm{d}Y/Y}{\mathrm{d}X}$$

即 β_1 度量了 Y 关于 X 的变化率,即度量了当 X 每变动 1 个单位时,因变量 Y 变动百分之多少。特别的,当(4.34)式中的解释变量 X 为时间变量 t 时,该模型又称为增长率模型,它度量了当时间每变动一个单位(一年、一个月等)时,因变量的增长率。

类似的,由(4.35)式得:

$$\beta_1 = \frac{\mathrm{d}Y}{\mathrm{d}\ln X} = \frac{\mathrm{d}Y}{\mathrm{d}X/X}$$

它度量了每当解释变量 X 变动 1% 时,所引起的因变量 Y 的绝对改变量。

4. 多项式模型

形如:

$$Y = \beta_0 + \beta_1 X + \beta_2 X^2 + \cdots + \beta_k X^k + \mu \qquad (4.36)$$

的模型称为多项式模型。如果令 $X_1 = X, X_2 = X^2, \cdots, X_k = X^k$，则上式即可化为标准线性回归模型的形式。特别的，当只包含一次项和平方项时，即

$$Y = \beta_0 + \beta_1 X + \beta_2 X^2 + \mu \qquad (4.37)$$

此时，Y 关于 X 的边际效应，即：

$$\frac{\mathrm{d}Y}{\mathrm{d}X} = \beta_1 + 2\beta_2 X$$

表明，当 β_2 显著大于零时，边际效应递增；当 β_2 显著小于零时，边际效应递减；当 β_2 显著等于零时，边际效应为常数。因此我们可以用如（4.37）式的模型进行变量的边际分析。

例如，当我们从某行业选取 30 家企业的总产量 X（吨）和总成本 Y（万元）的有关资料，考虑建立该行业的总成本函数和边际成本函数时。根据边际成本的 U 形曲线理论，知边际成本可以近似为总产量 X 的二次函数，从而总成本函数可以用产量的三次多项式近似表示，即对于总成本 Y 和总产量 X 的关系模型应该近似为

$$Y = \beta_0 + \beta_1 X + \beta_2 X^2 + \beta_3 X^3 + \mu$$

5.倒数模型（双曲线模型）

形如：

$$Y = \beta_0 + \beta_1 \frac{1}{X} + \mu \qquad (4.38)$$

的模型称为倒数模型或双曲线模型。对该模型进行简单的变量变换就可以化为标准的线性回归模型。如宏观经济学中的菲利普斯曲线就是一条反比例函数曲线。

需要注意到，上面的这些模型经过适当的变量替换就可以化成标准的线性回归模型。因此可以再用 OLS 估计相关的回归系数。变量的变换对应着数据的变换，这一点在 EViews 软件中很容易实现。例如在 EViews 软件的命令窗口直接输入命令：

Genr　YY=log(Y)　表示把序列(series)Y 取对数后赋值给变量 YY

Genr　X2=X^2　表示把序列 X 取平方后赋值给变量 $X2$

Genr　XX=1/X　表示把序列 X 取倒数后赋值给变量 XX

ls log(Y) c log(X)　表示直接对分别取对数后的 Y 序列和 X 序列进行回归

【例 4-4】根据表 4-5 给出的 1980—2002 年间总产出（用 GDP 度量，单位：亿元）、劳动投入 L（用从业人员度量，单位:万人），以及资本投入 K（用固定资本投资度量，单位:亿元）。

表 4-5　1980—2002 年间的 GDP、劳动投入 L 和资本投入 K 的数据

单位：亿元

年份	GDP	L	K	年份	GDP	L	K
1980	4 517.8	42 361	910.9	1992	26 638.1	65 554	8 080.1
1981	4 862.4	43 725	961	1993	34 634.4	66 373	13 072.3
1982	5 294.7	45 295	1 230.4	1994	46 759.4	67 199	17 042.1
1983	5 934.5	46 436	1 430.1	1995	58 478.1	67 947	20 019.3
1984	7 171	48 197	1 832.9	1996	67 884.6	68 850	22 913.5
1985	8 964.4	49 873	2 543.2	1997	74 462.6	69 600	24 941.1
1986	10 202.2	51 282	3 120.6	1998	78 345.2	69 957	28 406.2
1987	11 962.5	52 783	3 791.7	1999	82 067.5	71 394	29 854.7
1988	14 928.3	54 334	4 753.8	2000	89 442.2	72 085	32 917.7
1989	16 909.2	55 329	4 410.4	2001	95 933.3	73 025	37 213.5
1990	18 547.9	63 909	4 517	2002	102 398	73 740	43 202
1991	21 617.8	64 799	5 594.5				

建立柯布—道格拉斯生产函数模型：

$$Q = AL^{\alpha}K^{\beta}e^{\mu}$$

两边取对数得：$\ln Q = \ln A + \alpha \ln L + \beta \ln K + \mu.$

在 EViews 软件命令窗口直接输入：ls log(gdp) c log(l) log(k)，得如表 4-6 所示输出结果：

表 4-6　回归结果

Dependent Variable: LOG(GDP)
Method: Least Squares
Date: 07/02/08　Time: 10:30
Sample: 1980 2002
Included observations: 23

Variable	Coefficient	Std. Error	t-Statistic	Prob.
C	-4.403778	3.539284	-1.244257	0.2278
LOG(L)	0.713650	0.363194	1.964930	0.0635
LOG(K)	0.747590	0.053038	14.09537	0.0000

R-squared	0.994632	Mean dependent var	10.07095
Adjusted R-squared	0.994095	S.D. dependent var	1.088235
S.E. of regression	0.083623	Akaike info criterion	-2.003879
Sum squared resid	0.139857	Schwarz criterion	-1.855771
Log likelihood	26.04461	F-statistic	1852.869
Durbin-Watson stat	0.669052	Prob(F-statistic)	0.000000

由此建立的生产函数的回归结果为：

$$\ln GDP = -4.403778 + 0.71365 \ln L + 0.74759 \ln K$$

$$Se = (3.5393) \quad (0.3632) \quad (0.0530)$$

$$t = (-1.2443) \quad (1.9649) \quad (14.0954)$$

$R^2 = 0.9946, \overline{R}^2 = 0.9941, F = 1\ 852.869, d.f. = 20, \hat{\sigma} = 0.083623$

偏回归系数 0.71365 表示产出对劳动投入的弹性，也就是说，在资本投入保持不变的条件下，劳动力投入每增加 1 个百分点，将拉动 GDP 增加 0.71365%. 产出对资本投入的弹性系数 0.74759 具有类似的含义。两者之和：$0.71365 + 0.74759 = 1.46 > 1$，表明中国经济的特征是规模报酬递增的。

在双对数模型中的回归系数具有弹性的含义，而对于弹性我们通常关心它是否会显著地等于 1 的问题，也就是要检验 $H_0 : \alpha = 1$ 或 $H_0 : \beta = 1$ 的问题，这一问题留给读者作为练习来思考如何检验。

【本章小结】

1. 总体模型、总体函数、样本模型、样本函数、偏回归系数。
2. 多元线性回归模型的经典假设。
3. OLS 估计、矩估计和极大似然估计。
4. 拟合优度检验、变量的显著性检验和 F 检验。
5. 非线性模型、结构分析、弹性分析。

【思考与练习】

4.1 什么是偏回归系数，它与一元线性回归模型的回归系数有什么不同？

4.2 多元线性回归模型的经典假设是什么？如何从矩阵的角度理解这些假设？这些假设在具体的参数估计时是如何被用到的？

4.3 在多元线性回归中为什么要对判定系数加以修正，修正后的判定系数跟原来的判定系数有什么联系和区别？

4.4 在多元线性回归中，F 检验和 t 检验有何不同？在一元线性回归中两者是否有等价的作用？

4.5 下表给出含两个解释变量 (X_1, X_2) 的模型的回归结果：

方差来源	平方和(SS)	自由度(d.f.)	平方和的均值(MSS)	F 统计量的值
来自回归(ESS)	65.965	(　　)	(　　)	(　　)
来自残差(RSS)	(　　)	(　　)	(　　)	
总离差(TSS)	66.042	14		

(1)在上表中的括号内填上正确的数字。

(2)求样本容量 n,判定系数 R^2 和校正的判定系数 $\bar{R}^2$.

(3)若要检验 X_1 和 X_2 整体上对 Y 有无影响,应采用什么检验? 如何进行?

(4)根据以上信息,你能否确定 X_1 和 X_2 各自对 Y 的影响? 为什么?

4.6　根据美国 1965—1988 年的数据($n=24$),James 和 Esmael 得到下面含两个解释变量的回归方程,用以解释美国的个人消费支出。

$$\hat{Y}_t = -10.96 + 0.93X_{1t} - 2.09X_{2t} \quad R^2 = 0.98 \quad F = 93.75$$

$$t = (-3.33) \quad (249.06) \quad (-3.09)$$

式中:Y 为个人消费支出(亿美元);X_1 为可支配(税后)收入(亿美元);X_2 为银行利率(%)。

(1)求边际消费倾向(MPC)。

(2)MPC 显著不为 1 吗? 给出你的检验过程。

(3)变量 X_2 的回归参数 β_2 显著不为零吗?

(4)检验假设 $R^2 = 0$.

(5)计算每个回归系数的标准差。

4.7　为了分析某行业的生产成本状况,从该行业选取 10 家企业的总产量 X(吨)和总成本 Y(万元)的有关资料,如下表所示。

X	19.3	22.6	24.0	24.4	25.7	26.0	27.4	29.7	35.0	42.0
Y	10	20	30	40	50	60	70	80	90	100

(1)由边际成本的 U 形曲线理论,总成本函数可以用产量的三次多项式近似表示。建立该行业的总成本函数和边际成本函数,给出相应的计量经济模型的具体形式。

(2)利用上面的样本数据和 EViews 软件,估计你的模型并给出解释。

4.8　考虑以下"期望扩充菲利普斯曲线"模型:

$$Y_t = \beta_0 + \beta_1 X_{1t} + \beta_2 X_{2t} + \mu_t$$

其中,Y 为实际通货膨胀率(%),X_1 为失业率(%),X_2 为预期的通货膨胀率(%)。

相关数据如下：

年份	实际通货膨胀率 Y	失业率 X_1	预期通货膨胀率 X_2
1970	5.92	4.9	4.78
1971	4.3	5.9	3.84
1972	3.3	5.6	3.31
1973	6.23	4.9	3.44
1974	10.97	5.6	6.84
1975	9.14	8.5	9.47
1976	5.77	7.7	6.51
1977	6.45	7.1	5.92
1978	7.6	6.1	6.08
1979	11.47	5.8	8.09
1980	13.46	7.1	10.01
1981	10.24	7.6	10.81
1982	5.99	9.7	8.00

（1）对此模型做估计，并给出经济学和计量经济学的解释。

（2）根据此模型所估计结果做统计检验。

第5章 多重共线性

学习内容与要求：

本章主要介绍当解释变量无多重共线性的 OLS 法假设条件不满足时出现的情况及其克服方法。要求掌握多重共线性的定义、来源、后果、检验及修正方法，理解 EViews 关于多重共线性的相关操作。

第一节 多重共线性的含义

在多元回归中的假定中有这样一条：解释变量 $X_1, X_2, \cdots, X_k$ 之间不存在线性相关，即解释变量的样本观察值矩阵 X 是满秩矩阵：$\text{rank}(X) = k+1$. 那么现在我们放松这一假定，假设多元回归中其他条件都满足，在这种情况下会出现什么问题？这种问题也是我们日常的计量应用中经常遇到的。

考虑被解释变量 Y 的 k 元线性回归：

$$Y_i = \beta_0 + \beta_1 X_{1i} + \beta_2 X_{2i} + \cdots + \beta_k X_{ki} + \mu_i, (i=1,2,\cdots,n)$$

其矩阵表达式为 $Y = X\beta + \mu$

其中 $Y = \begin{pmatrix} Y_1 \\ Y_2 \\ \vdots \\ Y_n \end{pmatrix}, \beta = \begin{pmatrix} \beta_0 \\ \beta_1 \\ \vdots \\ \beta_k \end{pmatrix}, \mu = \begin{pmatrix} \mu_1 \\ \mu_2 \\ \vdots \\ \mu_n \end{pmatrix}, X = \begin{pmatrix} 1 & X_{11} & X_{21} & \cdots & X_{k1} \\ 1 & X_{12} & X_{22} & \cdots & X_{k2} \\ \vdots & \vdots & \vdots & & \vdots \\ 1 & X_{1n} & X_{2n} & \cdots & X_{kn} \end{pmatrix}$

参数向量 β 的最小二乘估计量为 $\hat{\beta} = (X'X)^{-1}X'Y$，这一结果成立的前提是 $X_1, X_2, \cdots, X_k$ 之间不存在线性相关，即完全无多重共线性。

当上述条件不成立时，即存在不全为零的常数 $\lambda_0, \lambda_1, \lambda_2, \cdots, \lambda_k$，使得

$$\lambda_0 + \lambda_1 X_1 + \lambda_2 X_2 + \cdots + \lambda_k X_k = 0$$

这种情况称为完全多重共线性。

在现实应用中我们常常遇到的情况是介于完全多重共线性和完全无多重共线性之间，如果存在不全为零的常数 $\lambda_0, \lambda_1, \lambda_2, \cdots, \lambda_k$，使得 $\lambda_0 + \lambda_1 X_1 + \lambda_2 X_2 + \cdots + \lambda_k X_k \approx 0$，也即 $X_1, X_2, \cdots, X_k$ 之间存在近似线性相关，这种情况称为近似的多重共线性。

完全的多重共线性和近似多重共线性统称为多重共线性。这里需要注意的是，当解释变量之间不存在多重共线性时，只是说明它们之间不存在线性关系，但不排除存在其他某种非线性关系。

第二节 产生多重共线性的原因

多重共线性是多元回归模型中普遍存在的现象。计量经济分析依据两个原则，一是相关性原则，即认为经济变量之间存在相互依存关系，甚至存在因果关系，这是回归分析的基础；二是连贯性原则，即认为经济变量自身存在惯性，即前后期是相关的，这是时间序列分析的基础。在多元回归模型中，这两种情况均可能导致多重共线性。一般说来，产生多重共线性的原因有以下几种：

（1）经济变量之间往往存在同方向的变动趋势。在实际经济生活中，许多变量会受相同因素的影响而出现同时上升或下降的变化趋势，这使得它们之间容易产生多重共线性。例如，在经济繁荣时期，收入、消费、储蓄、投资、就业等都趋向于增长；在经济衰退时期，这些变量又都趋向于下降。当这些变量中的两个或两个以上被当作解释变量引入模型时，就可能引起多重共线性。

（2）经济变量之间存在密切的关联度。例如，用截面数据建立生产函数，从投入角度看，资本、劳动力和技术等都与企业的生产规模有密切关系，即大企业这几项投入相对较大，小企业则相反。在这种情况下，模型有可能会产生多重共线性。

（3）把一些解释变量的滞后期值作为解释变量。根据连贯性原则，这也有可能引起多重共线性。例如在消费函数中，解释变量除了包括现期收入外，通常还包括前期收入，而两期的收入是相关的，这种情况下，几乎可以肯定会引起多重共线性。

（4）样本数据自身的原因。由于完全符合理论模型所要求的样本数据较难收集，在现有数据条件下特定样本可能存在某种程度的多重共线性。例如，抽样仅仅限于总体中解释变量取值的一个范围,使得变量变异不大,这时可能出现多重共线性。

以上是对多重共线性出现的原因的总结。一般来讲,在建模过程中解释变量之间存在多重共线性是难以避免的,所以我们在多元线性回归中关心的不是多重共线性的有无,而是多重共线性的程度,我们要尽量地将多重共线性减弱,因为多重共线性较为严重时将会带来一系列问题。

第三节　多重共线性的后果

如果解释变量之间不存在完全多重共线性且解释变量之间的相关程度不高,一般不会对参数估计、检验和预测造成严重影响。

如果模型存在完全多重共线性,这时,$X_1, X_2, \cdots, X_k$ 之间线性相关,则矩阵 $\boldsymbol{X}$ 不是满秩矩阵,$\mathrm{rank}(\boldsymbol{X}) < k+1$,也即 $|\boldsymbol{X}'\boldsymbol{X}| = 0$,而这时 $(\boldsymbol{X}'\boldsymbol{X})^{-1} = \dfrac{(\boldsymbol{X}'\boldsymbol{X})^*}{|\boldsymbol{X}'\boldsymbol{X}|}$ 不存在,$(\boldsymbol{X}'\boldsymbol{X})^*$ 为伴随矩阵。那么,$\hat{\boldsymbol{\beta}} = (\boldsymbol{X}'\boldsymbol{X})^{-1}\boldsymbol{X}'\boldsymbol{Y}$ 无法估计。

如果 $|\boldsymbol{X}'\boldsymbol{X}| \approx 0$,即存在近似的多重共线性,会产生如下的后果:

(1)参数估计值仍是无偏的,但是其方差变大。

$$\mathrm{E}(\hat{\boldsymbol{\beta}}) = \mathrm{E}[(\boldsymbol{X}'\boldsymbol{X})^{-1}\boldsymbol{X}'\boldsymbol{Y}] = \mathrm{E}[(\boldsymbol{X}'\boldsymbol{X})^{-1}\boldsymbol{X}'(\boldsymbol{X}\boldsymbol{\beta}+\boldsymbol{\mu})] = \boldsymbol{\beta} + (\boldsymbol{X}'\boldsymbol{X})^{-1}\boldsymbol{X}'\mathrm{E}(\boldsymbol{\mu}) = \boldsymbol{\beta}$$

由上式可以看出,只要模型满足误差项零均值($\mathrm{E}(\boldsymbol{\mu}) = 0$)和解释变量的非随机性,多重共线性的存在并不影响估计值的无偏性。

$\hat{\boldsymbol{\beta}}$ 的方差 $\mathrm{Var}(\hat{\boldsymbol{\beta}}) = \sigma^2(\boldsymbol{X}'\boldsymbol{X})^{-1}$ 变得很大,不能对总体参数做出准确推断。

(2)参数估计量的标准差(或方差)变大,使参数的显著性 $\mathrm{t}(t = \dfrac{\hat{\beta}}{S(\hat{\beta})})$ 检验增加了接受原假设的可能性,从而舍弃对被解释变量有显著影响的解释变量。

(3)参数估计值不精确,也不稳定,样本稍有变动,增加或减少解释变量等都会使参数估计值发生较大变化,甚至会出现符号错误,从而不能反映解释变量对被解释变量的影响。

第四节　多重共线性的检验

在多元回归模型中,多重共线性是普遍存在的,下面给出了几种检验多重共线性是否严重的几种方法。

一、参数估计值的统计检验

如果多元线性回归模型的拟合优度 R^2 较大且 F 值远大于给定显著性水平下的临界值,但大部分或所有回归系数的 t 值过小或不显著,说明模型可能存在多重共线性。

二、参数估计值的经济意义检验

如果回归参数的大小或符号不符合经济理论或实际情况,说明模型可能存在多重共线性。例如我们考察 C-D 生产函数时发现资本投入或劳动投入的回归系数符号为负,明显不符合经济理论或实际情况,那么我们可以认为有可能是模型存在多重共线性造成的。

三、参数估计值的稳定性检验

如果增加或减少解释变量或变动样本观测值,参数估计值发生了明显的变化,说明模型可能存在多重共线性。

四、相关系数检验法

可以计算解释变量两两之间的相关系数,如果其绝对值较大,比如大于 0.8 或 0.9,就可以认为两个变量之间高度相关,进而模型存在多重共线性。特别的,若有某个 $|\rho_{x_i x_j}| > R^2$,则 x_i, x_j 间的多重共线性是有害的。

这里需要说明的是,这个判断方法是模型是否存在多重共线性的充分条件而不是必要条件,因此如果两个变量之间的相关系数较小,不能说明它们之间没有多重共线性。另外,这种方法适用于两个解释变量之间存在线性相关的检验,对于三个或更多个解释变量之间存在线性相关的情况,这种检验方法不再适用。

> EViews 可以给出相关系数矩阵,非对角线上的数值就是某两个解释变量的相关系数。
>
> 1.命令方式:cor ＋解释变量名,如 cor x1 x2 x3.
>
> 2.菜单方式:将所有解释变量以数组形式打开,并在数组窗口单击 view →correlations.

五、多个解释变量的相关性检验

解释变量之间存在多重共线性可以看作是一个解释变量近似地由其他解释变量线性表示。因此我们可以做辅助回归,将每个解释变量对其他解释变量进行回归就可以找出这种线性关系表达式:

$$x_1 = f(x_2, x_3, \cdots, x_k)$$
$$x_2 = f(x_1, x_3, \cdots, x_k)$$
$$\vdots$$
$$x_k = f(x_1, x_2, \cdots, x_{k-1})$$

分别求出其拟合优度 $R_1^2, R_2^2, \cdots, R_k^2$ 及统计量 $F_1, F_2, \cdots, F_k$,如果其中最大的一个 R_i^2 接近 1,且 F_i 显著地大于临界值,则 x_i 与其余解释变量存在多重共线性,所对应的变量可以近似地由其他解释变量线性表示。

这里所做的辅助回归不仅能检验多元回归模型的多重共线性,而且可以得到多重共线性的具体形式,这有助于分析如何消除多重共线性的影响。

六、方差膨胀因子的检验

对于多元线性回归模型,参数估计值 $\hat{\beta}_i$ 的方差可以表示成:

$$\text{Var}(\hat{\beta}_i) = \frac{\sigma^2}{\sum (X_{it} - \overline{X}_i)^2} \cdot \frac{1}{1 - R_i^2} = \frac{\sigma^2}{\sum (X_{it} - \overline{X}_i)^2} \cdot VIF_i$$

其中 $VIF_i = \frac{1}{1 - R_i^2}$ 为方差膨胀因子,R_i^2 表示第 i 个解释变量与模型中其他解释变量辅助回归模型的拟合优度。随着多重共线性程度的增强,VIF 以及参数估计值的方差都在增大,因此可以用 VIF 作为衡量多重共线性的一个指标。一般当 $VIF > 5$ 或 $VIF > 10$ 时，认为模型存在较严重的多重共线性。

第五节　多重共线性的修正

如果多重共线性不严重或对模型没有严重的影响，可以不进行修正。如果多重共线性的存在严重影响了模型的应用，那么我们有必要对多重共线性进行修正。目前，常用的修正方法有以下几种：

一、增加样本容量

由于多重共线性是一个样本特性，所以可能在同样变量的另一样本中共线性就没有那么严重。在这种情况下，可以通过增大样本容量来减轻共线性。但是当解释变量的总体存在多重共线性时，增加样本容量不能降低解释变量之间的线性关系。

二、略去不重要的解释变量

如果建立模型的目的是进行比较准确的数值预测，只要模型的拟合优度高，并且解释变量的相关类型在预测期内保持不变，则可以忽略多重共线性问题。但是如果是应用模型进行结构分析、比较各个解释变量的单独影响，则需要消除多重共线性的影响。

如果多重共线性是由不重要的解释变量引起的，则可以从模型中略去这些解释变量，来减弱多重共线性。但它们对被解释变量的影响归入随机项中，可能引起随机项不满足零均值的假设，因此保留在模型中的解释变量对应参数的估计量可能是有偏的。

三、利用先验信息改变参数的约束形式

根据经济理论或其他信息，找出参数间的某种关系，并将这种关系作为约束条件与样本信息结合起来进行有约束的估计。

【例 5-1】在 C-D 生产函数中：$Y_t = AL_t^\alpha K_t^\beta e^{\mu_t}$

其中 Y_t 表示产出量，L_t 表示劳动力投入量，K_t 表示资本投入量。两侧取自然对数后：

$$\ln Y_t = \ln A + \alpha \ln L_t + \beta \ln K_t + \mu_t$$

因为劳动力（L_t）与资本（K_t）常常是高度相关的，所以 $\ln L_t$ 与 $\ln K_t$ 也高度相关，致使无法求出 α,β 的精确估计值。假如已知所研究的对象属于规模报酬不变型，即得到一个约束条件 $\alpha+\beta=1$，利用这一关系把模型变为

$$\ln Y_t = \ln K_t + \alpha \ln L_t + (1-\alpha) \ln K_t + \mu_t$$

整理后为：

$$\ln(Y_t/K_t) = \ln K_t + \alpha \ln(L_t/K_t) + \mu_t$$

变成了 $\ln(Y_t/K_t)$ 对 $\ln(L_t/K_t)$ 的一元线性回归模型，自然消除了多重共线性。估计出 α 后，再利用关系式 $\alpha+\beta=1$，估计 β.

四、综合使用截面数据与时间序列数据

在模型的参数估计中，如果模型利用的变量是时间序列且存在多重共线性，这时可考虑用时间序列数据与截面数据相结合的办法来修正多重共线性对模型的影响。

这种方法的基本思想是，先由截面数据求出一个或多个回归系数的估计值，再把它们代入原模型中，通过变量的合并，并利用时间序列样本估计其他的回归系数。下面通过一个例子具体介绍合并数据法。

【例 5-2】设有某种商品的销售量模型如下：

$$\ln Y_t = \beta_0 + \beta_1 \ln P_t + \beta_2 \ln I_t + \mu_t$$

其中，Y_t 表示销售量，P_t 表示平均价格，I_t 表示消费者收入，下标 t 表示时间。

在时间序列数据中，价格 P_t 与收入 I_t 一般高度相关，所以当用普通最小二乘法估计模型的回归系数时，会遇到多重共线性问题。

我们可以首先利用截面数据估计收入弹性系数 β_2，因为在截面数据中，平均价格是一个常量，所以不存在对 β_1 的估计问题。把用截面数据得到的收入弹性系数估计值 $\hat\beta_2$ 代入原模型得

$$\ln Y_t = \beta_0 + \beta_1 \ln P_t + \hat\beta_2 \ln I_t + \mu_t$$

移项整理

$$\ln Y_t - \hat\beta_2 \ln I_t = \beta_0 + \beta_1 \ln P_t + \mu_t$$

变换后的因变量$(\ln Y_t - \hat{\beta}_2 \ln I_t)$用 Z_t 表示,则

$$Z_t = \beta_0 + \beta_1 \ln P_t + \mu_t$$

这时已排除收入变量的影响。模型已变换为一元线性回归模型。利用时间序列数据对模型作普通最小二乘估计,求出 $\hat{\beta}_0, \hat{\beta}_1$. 这样便求到原模型的估计式:

$$\ln \hat{Y}_t = \hat{\beta}_0 + \hat{\beta}_1 \ln P_t + \hat{\beta}_2 \ln I_t$$

其中,$\hat{\beta}_2$ 是用截面数据估计的,$\hat{\beta}_0, \hat{\beta}_1$ 是用时间序列数据估计的。

值得注意的是,这种估计方法默认了一种假设,即相对于时间序列数据各个时期截面数据所对应的收入弹性系数估计值都与第一步求到的 $\hat{\beta}_2$ 相同。当这种假设不成立时,这种方法会带来估计误差。

五、变换模型的形式

对模型进行适当的变换,也可以消除或削弱模型中解释变量之间的相关关系。因为模型设定错误也有可能引起多重共线性问题。如将线性模型转换成对数模型、半对数模型和多项式模型等。

六、变换模型的变量形式

1. 引入差分变量,因为差分可以去除时间趋势,而时间趋势有可能就是多重共线性的根源。

2. 引入相对数变量等,如果原来的是总量指标,可计算人均指标或结构相对数(比重)指标等,有时也可降低共线性。

3. 将名义数据转换成实际数据。将名义数据剔除价格影响后反映的信息在统计上常常是指纯粹的物量的变化,而名义变量之间由于价格的关系可能会出现多重共线性问题。

4. 合并变量,是指将小类指标合并成大类指标。比如在模型的解释变量中农业产值和工业产值存在共线性,那么我们可以将农业产值和工业产值合并成工农业产值,以此来降低共线性的影响。

5. 改变变量的统计指标,如将生产过程中的资金投入量取成固定资金、流动资金或者两者之和,劳动投入量取成职工人数或工资总额等。

七、逐步回归法

逐步回归法在选择变量时是一个"由少到多"的过程,设有 k 个解释变量:

1.用被解释变量对每一个所考虑的解释变量做简单回归,并找出拟合优度最大的一个回归式。

2.以拟合优度最大的一个回归式为基础,分别试着引入第二个解释变量,要建立 $(k-1)$ 个二元回归模型,从这些模型中再选取一个较优的模型,选择标准是,引入新的变量后可以提高原模型的拟合优度,对原来的变量系数影响不大,新变量自身通过显著性检验和经济意义检验。

3.在选取的二元回归模型中以同样的方式引入第三个变量,如此下去,直到无法引入新的变量为止。

在这个过程中会出现三种情形:

①新变量的引入改进了 R^2,且回归参数的 t 检验在统计上也是显著的且符号正确,则该变量在模型中予以保留。

②新变量的引入未能改进 R^2,且对其他回归参数估计值的 t 检验也未带来什么影响,则认为该变量是多余的,应该舍弃。

③新变量的引入未能改进 R^2,且显著地影响了其他回归参数估计值的符号与数值,同时本身的回归参数也通不过 t 检验,这说明出现了严重的多重共线性。应该舍弃该变量。

八、其他方法

除以上介绍的方法外,还有诸如主成分分析法,岭回归等方法,这些都比较复杂,在此就不介绍了,有兴趣的读者可以参阅其他参考书。

第六节　案例分析

根据理论和经验分析,影响粮食产量 (Y) 的主要因素有农业化肥施用量 (X_1)、粮食播种面积 (X_2)、农业机械总动力 (X_3) 和农业劳动力 (X_4)。一般地,粮食产量与这些主要因素变量之间应为正相关关系。表 5-1 给出了 1983—1999 年的相关数据,下面我们来建立中国粮食生产函数。

表 5-1 粮食生产的相关数据

年份	粮食产量 Y(万吨)	农业化肥施用量 X_1(万千克)	粮食播种面积 X_2(千公顷)	农业机械总动力 X_3(万千瓦)	农业劳动力 X_4(万人)
1983	38 728	1 659.8	114 047	18 022	31 645.1
1984	40 731	1 739.8	112 884	19 497	31 685.0
1985	37 911	1 775.8	108 845	20 913	30 351.5
1986	39 151	1 930.6	110 933	22 950	30 467.0
1987	40 208	1 999.3	111 268	24 836	30 870.0
1988	39 408	2 141.5	110 123	26 575	31 455.7
1989	40 755	2 357.1	112 205	28 067	32 440.5
1990	44 624	2 590.3	113 466	28 708	33 336.4
1991	43 529	2 806.1	112 314	29 389	34 186.3
1992	44 264	2 930.2	110 560	30 308	34 037.0
1993	45 649	3 151.9	110 509	31 817	33 258.2
1994	44 510	3 317.9	109 544	33 802	32 690.3
1995	46 662	3 593.7	110 060	36 118	32 334.5
1996	50 454	3 827.9	112 548	38 547	32 260.4
1997	49 417	3 980.7	112 912	42 016	32 434.6
1998	51 230	4 083.7	113 787	45 208	32 626.4
1999	50 839	4 124.3	113 161	48 996	32 911.8

数据来源:《中国统计年鉴》(1995,2000)

设粮食生产函数为

$$Y = \beta_0 + \beta_1 X_1 + \beta_2 X_2 + \beta_3 X_3 + \beta_4 X_4 + \mu$$

一、用 OLS 法估计模型

使用 EViews 软件,键入命令:"ls Y c X1 X2 X3 X4",得到如表 5-2 所示的回归结果。

表 5-2　模型的 OLS 法估计结果

Dependent Variable: Y
Method: Least Squares
Date: 07/04/08　Time: 07:36
Sample: 1983 1999
Included observations: 17

Variable	Coefficient	Std. Error	t-Statistic	Prob.
C	-28593.87	15699.86	-1.821281	0.0936
X1	5.722657	1.174295	4.873269	0.0004
X2	0.564648	0.144973	3.894849	0.0021
X3	-0.088918	0.110537	-0.804422	0.4368
X4	-0.120569	0.248799	-0.484604	0.6367

R-squared	0.973369	Mean dependent var		44004.12
Adjusted R-squared	0.964492	S.D. dependent var		4512.855
S.E. of regression	850.3814	Akaike info criterion		16.56918
Sum squared resid	8677782.	Schwarz criterion		16.81424
Log likelihood	-135.8380	F-statistic		109.6511
Durbin-Watson stat	2.733121	Prob(F-statistic)		0.000000

根据回归结果,写出回归方程:

$$\hat{Y} = -28\ 593.87 + 5.72X_1 + 0.56X_2 - 0.089X_3 - 0.12X_4$$
$$(-1.82)\quad (4.87)\quad (3.89)\quad (-0.80)\quad (-0.48)$$
$$R^2 = 0.9734\quad \overline{R}^2 = 0.9645\quad F = 109.65\quad DW = 2.73$$

通过观察我们可以发现,模型的拟合优度非常高,F 值也远大于临界值,可以认为粮食生产与上述四个解释变量间总体线性关系显著。但是由于 X_3,X_4 系数不显著且符号均为负,与经济意义不符,因此我们可以认为解释变量间存在多重共线性。

二、多重共线性的检验

1. 相关系数检验法

图 5-1 是 EViews 输出所有变量的相关系数矩阵,可以发现 Y 与所有解释变量都是正相关的关系,所以进一步确定了上面的回归存在共线性问题。另外,我们可以发现 X_1 与 X_3 的相关系数很高,两变量很可能存在共线性。

Correlation Matrix					
	Y	X1	X2	X3	X4
Y	1.000000	0.968888	0.366851	0.943458	0.547603
X1	0.968888	1.000000	0.194436	0.971324	0.543770
X2	0.366851	0.194436	1.000000	0.241112	0.259256
X3	0.943458	0.971324	0.241112	1.000000	0.465249
X4	0.547603	0.543770	0.259256	0.465249	1.000000

图 5-1 变量的相关系数矩阵

2. 多个解释变量的相关性检验

由上面分析可知，X_1 与 X_3 有很高的相关性，那么我们这里就用 X_1 做被解释变量，X_3 和 X_4 做解释变量，可得回归模型如表 5-3。

表 5-3 多个变量相关性检验

Dependent Variable: X1
Method: Least Squares
Date: 07/04/08   Time: 14:17
Sample: 1983 1999
Included observations: 17

Variable	Coefficient	Std. Error	t-Statistic	Prob.
C	-2955.947	1564.501	-1.889386	0.0797
X3	0.090309	0.006362	14.19438	0.0000
X4	0.092497	0.050956	1.815225	0.0910

R-squared	0.954240	Mean dependent var		2824.153
Adjusted R-squared	0.947703	S.D. dependent var		881.2339
S.E. of regression	201.5257	Akaike info criterion		13.60850
Sum squared resid	568576.5	Schwarz criterion		13.75553
Log likelihood	-112.6722	F-statistic		145.9719
Durbin-Watson stat	0.464131	Prob(F-statistic)		0.000000

$$\hat{X}_1 = -2\,955.95 + 0.09X_3 + 0.09X_4$$
$$(-1.89) \quad (14.19) \quad (1.82)$$
$$R^2 = 0.9542 \quad \overline{R}^2 = 0.9477 \quad F = 145.97 \quad DW = 0.46$$

可以看到，回归模型的拟合优度非常高，F 值也远大于临界值，如果我们将显著水平扩大到 $\alpha = 10\%$ 的话，所有参数都显著，因此我们可以认为几个解释变量的线性组合 $X_1 + 2\,955.95 - 0.09X_3 - 0.09X_4 \approx 0$，因此存在多重共线

101

性。另外,也可以尝试其他形式的回归模型,但是都没有上面的模型效果好。

3.方差膨胀因子的检验

由 2 中的模型可以计算:

$$VIF_1 = \frac{1}{1-R_1^2} = \frac{1}{1-0.9542} = 21.83 > 10$$

可以认为解释变量间存在严重的共线性问题。

三、模型的建立

这里我们用逐步回归法得到中国的粮食生产模型。

1.分别用四个解释变量对 Y 进行回归,结果如表 5-4(EViews 输出结果省略)。

表 5-4 Y 对四个变量分别回归结果

变量	X_1	X_2	X_3	X_4
参数估计值	4.96	1.04	0.48	2.21
t 统计量	15.16	1.53	11.02	2.53
R^2	0.9387	0.1346	0.8901	0.2997
$\bar{R}^2$	0.9347	0.0769	0.8828	0.2532

由表 5-4 可以看出,Y 与 X_1 的拟合优度 R^2 最大(如果只是线性回归,我们也可以观察相关系数矩阵得到同样的结果),我们就把这个方程作为基本方程,然后往里加入其他变量。

2.引入第二个变量

三个回归模型结果如表 5-5,括号中是 t 值。

表 5-5 引入第二个变量回归结果

变量	X_1	X_2	X_3	X_4	R^2	$\bar{R}^2$
X_1, X_2	4.77 (20.40)	0.52 (4.06)			0.9718	0.9678
X_1, X_3	4.75 (3.34)		0.02 (0.15)		0.9388	0.9301
X_1, X_4	4.88 (12.15)			0.12 (0.38)	0.9394	0.9307

由表 5-6 可以看出基本方程中加入 X_2 后 R^2 和 $\overline{R}^2$ 都有显著提高,而且 X_1 系数变化不大,X_2 系数通过显著性检验。而分别引入 X_3 和 X_4 后的模型,R^2 和 $\overline{R}^2$ 都没有显著提高,而且 X_3 和 X_4 系数通不过显著性检验。所以我们第二个变量引入的是 X_2.

3. 引入第三个变量

两个回归模型结果如表 5-6,括号中是 t 值。

表 5-6 引入第三个变量回归结果

变量	X_1	X_2	X_3	X_4	R^2	$\overline{R}^2$
X_1,X_2,X_3	5.45 (5.45)	0.55 (4.04)	−0.07 (−0.69)		0.9728	0.9666
X_1,X_2,X_4	4.81 (16.92)	0.53 (3.88)		−0.05 (−0.20)	0.9719	0.9655

由表 5-6 可以看出分别引入 X_3 和 X_4 后的模型,R^2 和 $\overline{R}^2$ 都没有显著提高,X_3 和 X_4 系数通不过显著性检验且符号不对。所以我们模型中不引入第三个变量,只保留 X_1 和 X_2,模型 EViews 输出结果如表 5-7。

表 5-7 模型最终输出结果

Dependent Variable: Y
Method: Least Squares
Date: 07/04/08   Time: 07:39
Sample: 1983 1999
Included observations: 17

Variable	Coefficient	Std. Error	t-Statistic	Prob.
C	-28041.87	14320.43	-1.958173	0.0704
X1	4.777056	0.234121	20.40421	0.0000
X2	0.524142	0.129194	4.057027	0.0012

R-squared	0.971845	Mean dependent var	44004.12
Adjusted R-squared	0.967823	S.D. dependent var	4512.855
S.E. of regression	809.5120	Akaike info criterion	16.38953
Sum squared resid	9174336.	Schwarz criterion	16.53656
Log likelihood	-136.3110	F-statistic	241.6258
Durbin-Watson stat	2.680663	Prob(F-statistic)	0.000000

模型最终结果为

$$\hat{Y} = -28\,041.87 + 4.78X_1 + 0.52X_2$$

$$(-1.96) \quad (20.40) \quad (4.06)$$

$$R^2 = 0.9718 \quad \overline{R}^2 = 0.9678 \quad F = 241.63 \quad DW = 2.68$$

【本章小结】

1. 完全的多重共线性和近似多重共线性统称为多重共线性。

2. 多重共线性的原因通常有：经济变量之间往往存在同方向的变动趋势；经济变量之间存在密切的关联度；把一些解释变量的滞后期值作为解释变量；样本数据自身的原因。

3. 通常情况下发生的近似的多重共线性会产生如下的后果：参数估计值仍是无偏的，但是其方差变大；参数估计量的标准差（或方差）变大；参数估计值不精确，也不稳定。

4. 多重共线性的检验方法主要有：参数估计值的统计检验，经济意义检验，稳定性检验；解释变量间的相关系数检验；多个解释变量的相关性检验；方差膨胀因子的检验。

5. 多重共线性的修正方法主要有：增加样本容量，略去不重要的解释变量，利用先验信息改变参数的约束形式，综合使用截面数据与时间序列数据，变换模型的形式，变换模型的变量形式，逐步回归法等。

【思考与练习】

5.1 什么是非共线性、完全共线性和多重共线性？

5.2 多重共线性产生的原因是什么？

5.3 多重共线性的检验方法有哪些？

5.4 怎样克服不同情况下产生的多重共线性？

5.5 是不是所有多重共线性都是有害的、必须克服的？

5.6 逐步回归法的具体步骤是什么？理论上需要建立多少个回归模型才能找到合适的模型形式？

5.7 如果一个辅助回归的拟合优度为0.85，那么相对应的方差膨胀因子为多大？能说明什么问题？

5.8 观察下面的输出结果，你能发现这个回归模型存在什么问题？设计一个方案克服它。

```
Dependent Variable: Y
Method: Least Squares
Date: 07/03/08   Time: 12:50
Sample: 1971 1986
Included observations: 16
```

Variable	Coefficient	Std. Error	t-Statistic	Prob.
X5	0.121168	0.122825	0.986506	0.3472
X4	-103.8524	151.7820	-0.684221	0.5094
X3	6.106471	3.693399	1.653347	0.1293
X2	-104.5258	50.76781	-2.058899	0.0665
X1	53.12162	70.07984	0.758016	0.4659
C	2990.045	8154.445	0.366677	0.7215

R-squared	0.755639	Mean dependent var	10005.13
Adjusted R-squared	0.633459	S.D. dependent var	1163.645
S.E. of regression	704.5011	Akaike info criterion	16.23285
Sum squared resid	4963218.	Schwarz criterion	16.52257
Log likelihood	-123.8628	F-statistic	6.184622
Durbin-Watson stat	1.593387	Prob(F-statistic)	0.007268

5.9 理论上认为影响能源消费需求总量的因素有经济发展水平、收入水平、产业发展、人民生活水平提高、能源转换技术等因素。为此,收集了能源消费标准煤总量 Y(万吨)、国民生产总值 X_1(亿元)、GDP X_2(亿元)、工业增加值 X_3(亿元)、建筑业增加值 X_4(亿元)、交通运输业增加值 X_5(亿元)、人均生活电力消费 X_6/(kw/h)、能源加工转化效率 X_7(%)等数据。下表给出了 1985—2002 年的相关数据:

年份	能源消费标准煤总量 Y(万吨)	国民生产总值 X_1(亿元)	GDP X_2(亿元)	工业增加值 X_3(亿元)	建筑业增加值 X_4(亿元)	交通运输业增加值 X_5(亿元)	人均生活电力消费 X_6/(kw/h)	能源加工转化效率 X_7(%)
1985	76 682	9 040.7	9 016.0	3 448.7	417.9	406.9	21.3	68.29
1986	80 850	10 274.4	10 275.2	3 967.0	525.7	475.6	23.2	68.32
1987	86 632	12 050.6	12 058.6	4 585.8	665.8	544.9	26.4	67.48
1988	92 997	15 036.8	15 042.8	5 777.2	810.0	661.0	31.2	66.54
1989	96 934	17 000.9	16 992.3	6 484.0	794.0	786.0	35.3	66.51

续表

年份	能源消费标准煤总量 Y(万吨)	国民生产总值 X_1 (亿元)	GDP X_2 (亿元)	工业增加值 X_3 (亿元)	建筑业增加值 X_4 (亿元)	交通运输业增加值 X_5(亿元)	人均生活电力消费 X_6/(kw/h)	能源加工转化效率 X_7(%)
1990	98 703	18 718.3	18 667.8	6 858.0	859.4	1 147.5	42.4	67.2
1991	103 783	21 826.2	21 781.5	8 087.1	1 015.1	1 409.7	46.9	65.9
1992	109 170	26 937.3	26 923.5	10 284.5	1 415.0	1 681.8	54.6	66
1993	115 993	35 260.0	35 333.9	14 188.0	2 266.5	2 123.2	61.2	67.32
1994	122 737	48 108.5	48 197.9	19 480.7	2 964.7	2 685.9	72.7	65.2
1995	131 176	59 810.5	60 793.7	24 950.6	3 728.8	3 054.7	83.5	71.05
1996	138 948	70 142.5	71 176.6	29 447.6	4 387.4	3 494.0	93.1	71.5
1997	137 798	78 060.8	78 973.0	32 921.4	4 621.6	3 797.2	101.8	69.23
1998	132 214	83 024.3	84 402.3	34 018.4	4 985.8	4 121.3	106.6	69.44
1999	133 830.97	88 479.2	89 677.1	35 861.5	5 172.1	4 460.3	118.1	70.45
2000	138 552.58	98 000.5	99 214.6	40 033.6	5 522.3	5 408.6	132.4	70.96
2001	143 199.21	108 068.2	109 655.2	43 580.6	5 931.7	5 968.3	144.6	70.41
2002	151 797.25	119 095.7	120 332.7	47 431.3	6 465.5	6 420.3	156.3	68.79

要求:(1)建立对数多元回归模型。(2)如果用表中所有的 X 做解释变量,会不会有共线性问题? 如果有,怎样解决?

第6章 异方差

学习内容与要求：

　　本章主要介绍误差项有同方差的 OLS 法假设条件不满足时出现的情况及其克服方法。要求掌握异方差的定义、来源、后果、检验及修正方法,理解 EViews 关于异方差的相关操作。

第一节　异方差的含义

　　应用普通最小二乘法估计计量模型

$$Y_i = \beta_0 + \beta_1 X_{1i} + \beta_2 X_{2i} + \cdots + \beta_n X_{ki} + \mu_i, (i=1,2,\cdots,n)$$

　　有这样一个假设：$\text{Var}(\mu_i) = \sigma^2 =$ 常数,即同方差假设。但是在现实经济问题中,这个假定也常常得不到满足,即 $\text{Var}(\mu_i) = \sigma_i^2 \neq$ 常数或 $\text{Var}(\mu_i) \neq \text{Var}(\mu_j)(i \neq j)$。此时,我们称 μ_i 具有异方差性。异方差在散点图上反映出来就是随机误差项随解释变量的变化而变化,图 6-1 表示误差项随解释变量变化的四种不同的变化趋势。

　　其中图 A 表示当解释变量 X 变化时,随机误差项 μ_i 在回归直线固定的距离之内,并不随 X 的变化而变化,此时 μ_i 是同方差的;图 B 表示当解释变量 X 变化时,随机误差项 μ_i 随 X 的增加而增加,μ_i 的方差也随之增大,也就是递增型的异方差;图 C 表示当解释变量 X 变化时,随机误差项 μ_i 随 X 的增加而减小,μ_i 的方差也随之减小,也就是递减型的异方差;图 D 表示异方差更复杂的形式,当解释变量 X 变化时,随机误差项 μ_i 随 X 变化而变化,但 μ_i 的方差没有一定的变动规律。

　　总的说来,异方差的含义是指误差项的方差随着解释变量的变化而变化,不再是一个常数。异方差的形式可以大体分为三类,即递增型、递减型和复杂型。

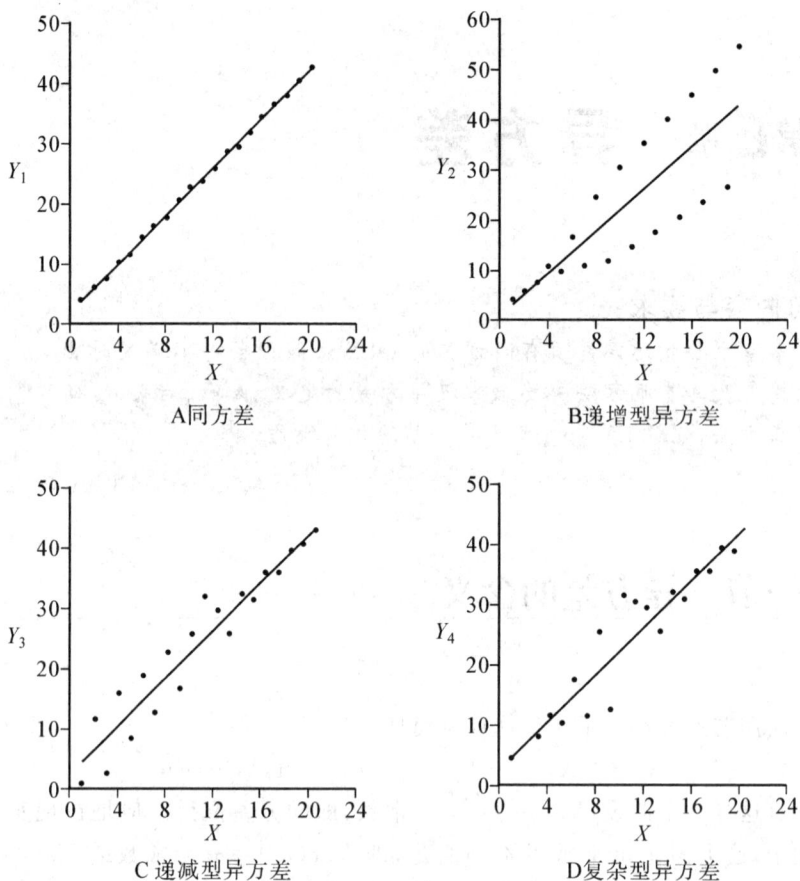

A同方差

B递增型异方差

C 递减型异方差

D复杂型异方差

图 6-1　异方差表现形式

第二节　异方差的来源

　　由于经济活动的错综复杂性,现实问题经常与同方差性的假定相悖。在计量经济研究中,异方差的来源主要有以下几种。

一、模型中遗漏了重要解释变量

异方差表现在随机误差上，但它的产生却与解释变量的变化有着密切的联系。模型遗漏了重要解释变量，那么这些变量的影响将归入随机误差中，如果这些解释变量的变化具有异方差性，这种情况下随机误差会表现出和那些被遗漏的解释变量相同的变化趋势，呈现异方差性。

例如，用横截面数据研究某一时点上不同的某类企业的生产函数，其模型为

$$Y = AL_t^a K_t^\beta e^{\mu_t}$$

μ_t 为随机误差项，它包含了除资本 K 和劳动力 L 之外的其他因素对产出的影响，比如不同企业在设计上、生产工艺上的区别，技术熟练程度或管理上的区别以及其他因素，这些因素在小企业之间差别不大，而在大企业之间相差很远，随机误差项随 K、L 增大而增大。由于不同的企业中这些因素对产出的影响出现差异，使得模型中的 μ_t 具有异方差性，并且这种异方差性的表现是随着资本和劳动力的增加而有规律变化的。

在上章我们讨论过，可以通过剔除变量的方法避免多重共线性的影响，但是如果删除了重要的解释变量又有可能引起异方差性，这是在建模中需要注意的地方。

二、模型函数形式的设定误差

很多情况下，解释变量与被解释变量之间的关系是比较复杂的非线性关系。如果在构造模型时用线性模型表达非线性关系，或者用简单的非线性模型表达复杂的非线性关系，就会造成函数形式的设定误差，进而出现异方差。如将指数曲线模型误设成线性模型，则误差有增大的趋势，如图 6-2。

三、样本数据的测量误差

测量误差是随机误差项的一个重要组成部分，由于各个样本观测值的测量误差各不相同，当这些测量误差出现很明显的差异时，误差项必然出现异方差。样本数据的测量误差可能随研究范围的扩大而增加或随时间的推移而逐步积累，也可能随着观测技术的提高而逐步减小。所以在时间序列资料中，由于不同时期观测值误差大小不同，从而随机项也可能出现异方差。

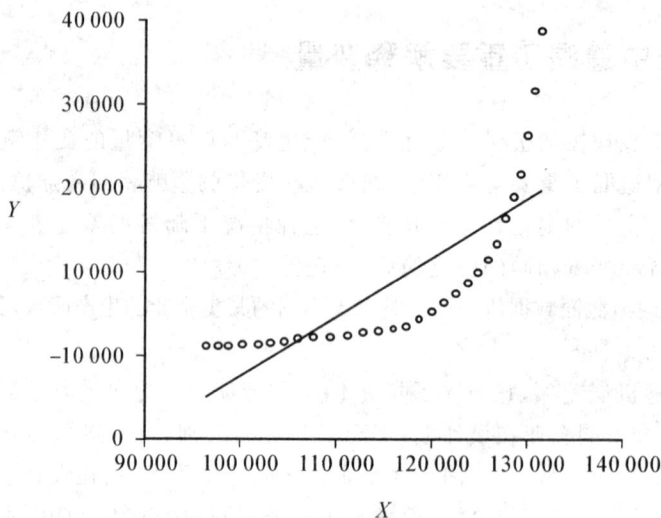

图 6-2　模型函数形式的设定不当

四、截面数据中总体各单位的差异

例如运用截面数据研究消费和收入的关系时,低收入的家庭用于购买生活必需品的比例较大,消费的分散程度不大。而高收入的家庭有更多自由支配的收入,家庭消费有更广泛的选择范围,由于偏好等方面的不同,消费的分散度较大。这种不同收入家庭的消费分散度的差异反映到模型中就表现为误差项方差的变化,也即出现异方差。

通常认为,截面数据较时间序列数据更容易产生异方差,这是因为同一时点不同对象的差异一般会大于同一对象不同时间的差异。不过,在时间序列数据发生较大变化的情况下,也可能出现比截面数据更严重的异方差。

第三节　异方差的后果

如果模型中存在异方差但仍然采用 OLS 法估计模型参数,则会对模型产生以下后果:

一、参数估计值仍是无偏的,但是不再具有有效性

$$E(\hat{\boldsymbol{\beta}})=E[(\boldsymbol{X'X})^{-1}\boldsymbol{X'Y}]=E[(\boldsymbol{X'X})^{-1}\boldsymbol{X'}(\boldsymbol{X\beta}+\boldsymbol{\mu})]=\boldsymbol{\beta}+(\boldsymbol{X'X})^{-1}\boldsymbol{X'}E(\boldsymbol{\mu})=\boldsymbol{\beta}$$

由上式可以看出,只要模型满足误差项零均值($E(\boldsymbol{\mu})=0$)和解释变量的非随机性,异方差的存在并不影响估计值的无偏性。

从 OLS 估计值的有效性证明可以看出,参数估计值具有有效性的前提之一就是随机误差的同方差性,如果存在异方差,将不能保证 OLS 估计值的方差最小。

二、参数显著性检验失去意义

在参数显著性的 t 检验中,t 统计量是建立在随机误差项同方差从而正确估计了参数方差 $S_{\hat{\beta}_j}$ 的基础上的,如果出现异方差,估计值 $S_{\hat{\beta}_j}$ 出现偏误(偏大或偏小),t 检验就失去了意义。其他检验也是如此。

三、对估计式应用的影响

根据以上分析可知,由于异方差的存在,使模型参数估计值不再具有最小方差性,参数估计值与真实值的差异变大,由此得到的回归模型的估计式对真实总体关系式的代表性也相应降低。将参数方差较大的估计式用于经济分析、经济预测等必然造成失准。由于异方差的存在,可能使得参数估计值的方差低估了真实方差,造成参数估计的区间估计失真,进而影响被解释变量的预测区间,降低预测精度。

第四节 异方差的检验

在计量经济分析中,检验异方差的方法有很多种,这里我们只介绍几种常用的。

一、图示法

图示法是检验异方差最原始的方法。以一元回归为例,设 $Y_i = \beta_0 + \beta_1 X_i + \mu_i$,用样本资料采用 OLS 方法进行估计,得 $\hat{Y}_i = \hat{\beta}_0 + \hat{\beta}_1 X_i$,由此得到残差 e_i,我们可以绘制 e_i^2 和 X 的散点图,观察其趋势关系,如图 6-3 所示。如果 e_i^2 不随 X 变化而变化(在某个固定范围内波动),则表明 μ_i 不存在异方差,如图(a);反之则存在异方差,如图(b)、(c)、(d)、(e)。

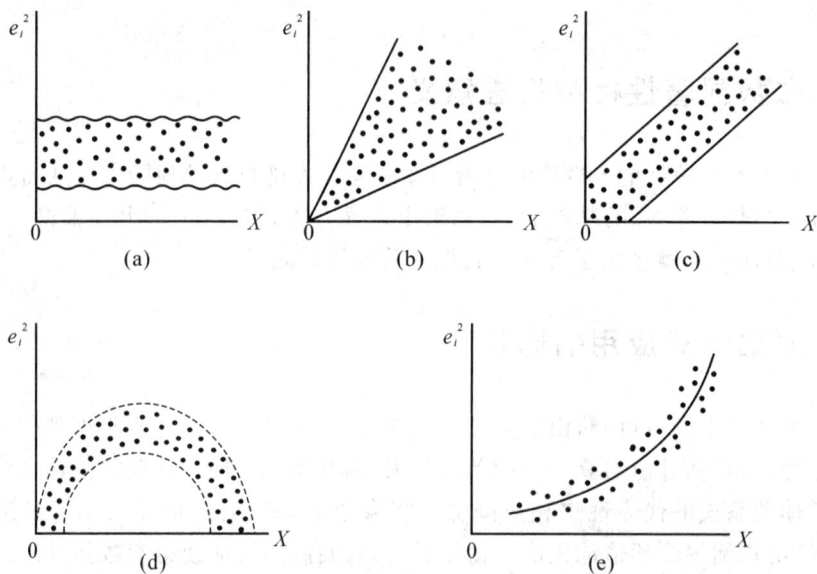

图 6-3 图示法检查异方差

图示法的特点是简单易操作,不足之处是对异方差的判断比较粗糙,由于引起异方差的原因错综复杂,仅靠图示法有时很难准确判断,还需采用其他统计检验方法。

二、戈德菲尔德—匡特(Goldfeld-Quandt)检验

G-Q 检验方法是戈德菲尔德和匡特在 1965 年提出的,可用于检验递增型或递减型异方差。此方法的基本思想是将样本分为两部分,然后分别对两个样本进行回归,并计算两个回归的残差平方和,然后通过比较这两个残差平

方和是否有明显差异来判断是否存在异方差。这个方法适用的前提是样本比较大且除了同方差假定外其他假定都成立。

下面以检验递增型异方差为例介绍 G-Q 方法的具体步骤。

提出假设：$H_0:\sigma_1^2=\sigma_2^2=\cdots=\sigma_n^2$，$H_1:\sigma_1^2\leqslant\sigma_2^2\leqslant\cdots\leqslant\sigma_n^2$

1.将观测值按解释变量 X_i 的大小排序。

2.设样本容量为 n，去掉中间 $c(c\approx n/4)$ 个样本，再将剩余样本平分为两组，每组容量为 $(n-c)/2$.

3.利用两组样本进行回归，并计算两个残差平方和 $RSS_1=\sum e_{i1}^2$，$RSS_2=\sum e_{i2}^2$，则 $RSS_1\sim\chi^2[(n-c)/2-k-1]$，$RSS_2\sim\chi^2[(n-c)/2-k-1]$，其中 k 为解释变量个数。

4.构造 F 统计量：$F^*=\dfrac{RSS_2/[(n-c)/2-k-1]}{RSS_1/[(n-c)/2-k-1]}=\dfrac{RSS_2}{RSS_1}$

在 H_0 成立条件下，$F^*\sim F[(n-c)/2-k-1,(n-c)/2-k-1]$。如果模型不存在异方差，则 RSS_1 和 RSS_2 应大致相等，也就是 F^* 值应该接近于 1。如果模型存在异方差，F^* 值应远远大于 1.

5.给定显著性水平 α，比较 F^* 值和临界值 $F_\alpha[(n-c)/2-k-1,(n-c)/2-k-1]$，若 $F^*>F_\alpha[(n-c)/2-k-1,(n-c)/2-k-1]$，则备择假设 H_1 成立，即存在异方差，否则模型不存在异方差。

G-Q 检验的功效取决于对观测值的排序是否正确和去掉样本个数 c 是否合理。经验认为，当 $n=30$ 时，$c=4$，当 $n=60$ 时，$c=10$ 效果较好。

三、怀特（White）检验

White 检验由 H. White 于 1980 年提出，是在实际中很常用的一种方法。White 检验不依赖于随机误差项服从正态分布的假定，它是通过一个辅助回归式构造 χ^2 统计量进行异方差检验。White 检验的具体步骤如下。以二元回归模型为例：

$$Y_t=\beta_0+\beta_1 X_{1t}+\beta_2 X_{2t}+\mu_t$$

1.首先对上式进行 OLS 估计，求残差 e_i.

2.做如下辅助回归式，

$$e_i^2=\alpha_0+\alpha_1 X_{1i}+\alpha_2 X_{2i}+\alpha_3 X_{1i}^2+\alpha_4 X_{2i}^2+\alpha_5 X_{1i}X_{2i}+\nu_i$$

即用 e_i^2 对原回归式中的各解释变量、解释变量的平方项、交叉积项进行

OLS 回归。注意,上式中要保留常数项。求辅助回归式的判定系数 R^2.

3. White 检验的零假设和备择假设是

H_0:模型不存在异方差;

H_1:模型存在异方差。

在不存在异方差假设条件下,统计量

$$n \cdot R^2 \sim \chi^2(5)$$

其中 n 表示样本容量,R^2 是辅助回归式的 OLS 估计式的判定系数。自由度 5 表示辅助回归式中解释变量项数(注意,不计算常数项)。

4. 给定显著性水平 α

若 $n \cdot R^2 \leqslant \chi_\alpha^2(5)$,接受 H_0(μ_t 具有同方差);

若 $n \cdot R^2 > \chi_\alpha^2(5)$,拒绝 H_0(μ_t 具有异方差)。

四、戈里瑟(Gleiser)检验

戈里瑟检验是由戈里瑟于 1969 年提出的,其基本思想是先由 OLS 法得到残差 e_i,然后用残差的绝对值 $|e_i|$ 对解释变量回归,根据回归模型的显著性和拟合优度来判断是否存在异方差。具体步骤如下:

1. 根据样本数据建立回归模型,求残差序列 e_i 并取绝对值得 e_i.

2. 用 $|e_i|$ 与解释变量 X_i 的不同幂次进行回归模拟,例如:

$$|e_i| = \beta_0 + \beta_1 X_i + \nu_i$$

$$|e_i| = \beta_0 + \beta_1 X_i^2 + \nu_i$$

$$|e_i| = \beta_0 + \beta_1 \sqrt{X_i} + \nu_i$$

$$|e_i| = \beta_0 + \beta_1 / X_i + \nu_i$$

$$|e_i| = \beta_0 + \beta_1 / \sqrt{X_i} + \nu_i$$

$$\vdots$$

$$|e_i| = \beta_0 + \beta_1 X_i^p + \nu_i$$

其中 ν_i 是误差项,p 为常数,是可以确定的 X 的幂次。若以上模型有通过检验的,则说明原模型存在该种形式的异方差。

3. 不仅可以用 $|e_i|$ 与和异方差有关的一个解释变量的不同幂次进行回归模拟,另外还可以用 $|e_i|$ 与多个解释变量回归模拟,如 $|e_i| = \beta_0 + \beta_1 X_{1i} + \beta_2 X_{2i} + \beta_3 X_{3i} + \nu_i$ 等,用拟合优度、t 统计量、F 统计量检验回归式是否显著,如果显著说明随机误差项存在异方差。

戈里瑟检验的优点是,不仅检验了异方差是否存在,同时也给出了异方差存在的具体形式,为克服异方差提供了方便。但是,由于所有回归都是试探性的,所以如果模型选得不好就检验不出异方差。

第五节 异方差的修正

如果模型经过检验后发现存在异方差,那么就需要采取措施进行修正。首先应该分析模型是否遗漏了重要解释变量,或者模型的函数形式设置是否正确,然后再考虑运用必要的估计方法,消除或减弱异方差对模型的影响。其基本思想是变异方差为同方差,或者是降低异方差的影响程度。以下是几种常用的修正方法。

一、模型的对数变换

如果在模型 $Y_i = \beta_0 + \beta_1 X_i + \mu_i$ 中,用变量的自然对数 $\ln Y_i$,$\ln X_i$ 代替 Y_i,X_i,即对 $\ln Y_i = \beta_0 + \beta_1 \ln X_i + \mu_i$ 回归,通常可以降低异方差的影响。原因是:第一,对数变换能使测定变量的尺度缩小,它可以将两个数值之间原来十倍的差异缩小到两倍的差异,比如 100 是 10 的十倍,但是 $\ln 100$ 只是 $\ln 10$ 的两倍;第二,对数变换后的线性模型,其残差 e_i 表示为相对误差,而相对误差往往有较小的差异。

但是,这里特别要注意的是,对变量取对数虽然能减少异方差对模型的影响,但应考虑取对数后变量的经济意义。如果变量之间在经济意义上并非呈对数线性关系,则不能简单地对变量取对数,这时只能用其他方法对异方差进行修正。

二、加权最小二乘估计

例如,我们假设线性回归模型为
$$Y_i = \beta_0 + \beta_1 X_{1i} + \beta_2 X_{2i} + \cdots + \beta_k X_{ki} + \mu_i$$
假设误差项 μ_i 存在异方差,其形式为:
$$\mathrm{Var}(\mu_i) = \sigma_i^2 = f(X_{ji})\sigma^2$$

其中 $f(\cdot)$ 为单调增函数。

那么我们可以用 $\sqrt{f(X_{ji})}$ 去除模型的各项,得到

$$\frac{Y_i}{\sqrt{f(X_{ji})}} = \beta_0 \frac{1}{\sqrt{f(X_{ji})}} + \beta_1 \frac{X_{1i}}{\sqrt{f(X_{ji})}} + \cdots + \beta_k \frac{X_{ki}}{\sqrt{f(X_{ji})}} + \frac{\mu_i}{\sqrt{f(X_{ji})}}$$

通过变量变换可得到一个新的线性回归方程,新模型中的 $k+1$ 个参数与原模型的参数完全相同。但是新模型误差项的方差变为

$$\mathrm{Var}\left(\frac{\mu_i}{\sqrt{f(X_{ji})}}\right) = \left[\frac{1}{\sqrt{f(X_{ji})}}\right]^2 \mathrm{Var}(\mu_i) = \frac{1}{f(X_{ji})}\sigma_i^2 = \frac{1}{f(X_{ji})}f(X_{ji})\sigma^2 = \sigma^2$$

显然已经不存在异方差问题。用这个模型进行线性回归分析,可以克服原模型的异方差问题,同样可以得到原模型所有参数的无偏的、有效的估计。

同方差下的一般 OLS 估计是将所有的残差平方和的权重视为相等。而我们观察上述新模型 OLS 的残差平方和,即

$$ESS = \sum \left[\frac{1}{\sqrt{f(X_{ji})}} \cdot (Y_i - \beta_0 - \beta_1 X_{1i} - \beta_2 X_{2i} - \cdots - \beta_k X_{ki})\right]^2$$

可以发现,该残差平方和相当于原模型 OLS 估计的残差平方和的每一项都乘以一个权重的加权平方和,其中权重就是 $W_i = \dfrac{1}{\sqrt{f(X_{ji})}}$,也即当原模型中 e_i^2 较小时,$f(X_{ji})$ 较小,则被赋予的权重 W_i 较大,相反当原模型中 e_i^2 较大时,$f(X_{ji})$ 较大,则被赋予的权重 W_i 较小。这样加权是合理的,因为 e_i^2 较小的样本值比较可靠,应加权较重,而 e_i^2 较大的样本值较不可靠,应加权较轻。所以我们称上述方法为加权最小二乘法(WLS)。

因为在实际中,σ_i^2 通常是未知的,那么我们的 $f(X_{ji})$ 也就无法求得。在实际处理中,我们可以参考戈里瑟检验或怀特检验中得到的解析式,确定 $f(X_{ji})$ 的形式,一般情况下有 $f(X_{ji}) = X_{ji}$,$f(X_{ji}) = X_{ji}^2$ 等常用形式。

第六节　案例分析

我们来研究中国居民人均住房支出 Y 和人均可支配收入 X_1 的关系。为了考察人均可支配收入对人均住房支出的影响,我们建立如下模型:

$$Y_i = \beta_0 + \beta_1 X_{1i} + \mu_i$$

数据参见表 6-1。

表 6-1　2006 年全国各地区的人均住房支出和人均可支配收入的数据

单位:元

地区	人均可支配收入	住房支出
北　京	19 977.52	575.68
天　津	14 283.09	524.64
河　北	10 304.56	205.52
山　西	10 027.70	325.80
内蒙古	10 357.99	203.92
辽　宁	10 369.61	257.29
吉　林	9 775.07	227.36
黑龙江	9 182.31	179.29
上　海	20 667.91	682.98
江　苏	14 084.26	490.10
浙　江	18 265.10	478.42
安　徽	9 771.05	214.60
福　建	13 753.28	480.84
江　西	9 551.12	253.93
山　东	12 192.24	217.71
河　南	9 810.26	173.09
湖　北	9 802.65	186.67
湖　南	10 504.67	278.28
广　东	16 015.58	307.48
广　西	9 898.75	276.86
海　南	9 395.13	218.92
重　庆	11 569.74	302.46
四　川	9 350.11	200.47
贵　州	9 116.61	118.06
云　南	10 069.89	155.97
西　藏	8 941.08	64.94
陕　西	9 267.70	231.68
甘　肃	8 920.59	222.18
青　海	9 000.35	198.57
宁　夏	9 177.26	309.59
新　疆	8 871.27	194.32

数据来源:《中国统计年鉴》(2007)

一、参数估计

EViews 输出结果如表 6-2。

表 6-2　模型的 EViews 输出结果

```
Dependent Variable: Y
Method: Least Squares
Date: 07/05/08   Time: 07:39
Sample: 1 31
Included observations: 31
```

Variable	Coefficient	Std. Error	t-Statistic	Prob.
C	-147.1603	46.04737	-3.195847	0.0034
X1	0.037810	0.003897	9.702977	0.0000

R-squared	0.764511	Mean dependent var		282.5039
Adjusted R-squared	0.756390	S.D. dependent var		142.4634
S.E. of regression	70.31546	Akaike info criterion		11.40620
Sum squared resid	143383.6	Schwarz criterion		11.49872
Log likelihood	-174.7961	F-statistic		94.14777
Durbin-Watson stat	2.129586	Prob(F-statistic)		0.000000

估计结果为

$$\hat{Y} = -147.16 + 0.038X_{1i}$$

$$(-3.20)\quad(9.70)$$

$$R^2 = 0.7645 \quad \overline{R}^2 = 0.7564 \quad F = 94.15$$

其中括号内为 t 值。

二、异方差的检验

由于不同地区之间存在城乡人口比例结构、地理环境、生活习惯、思想意识等差异,而这些差异可能会使模型产生异方差,进而会影响模型的估计和运用。因此我们要检验模型是否存在异方差。

(一)图示法

用图 6-4 表示残差的平方与 X_1 的关系。

可以看出 e^2 随着 X_1 的变化而变化但没有明确的趋势,也没有分散在某个固定区域,所以我们可以初步判断模型存在异方差。

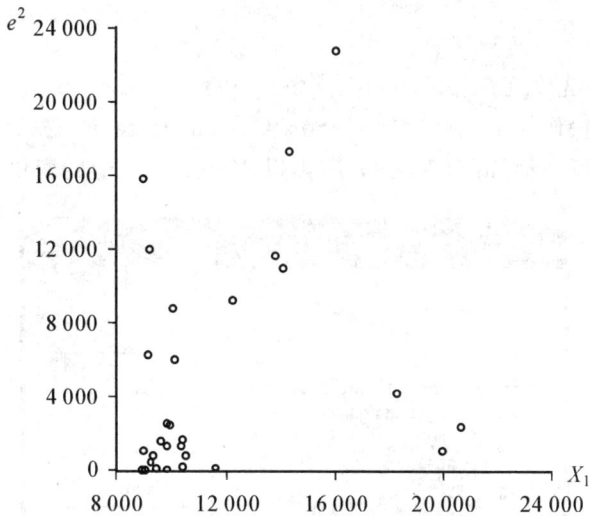

图 6-4　残差的平方与 X_1 的关系

EViews 操作如下：Quick→Generate series，然后输入图 6-5 框中的等式关系，点击"OK"就生成了残差的平方序列，然后再把 e^2 和 X_1 以数组的形式打开，画图就可以了。

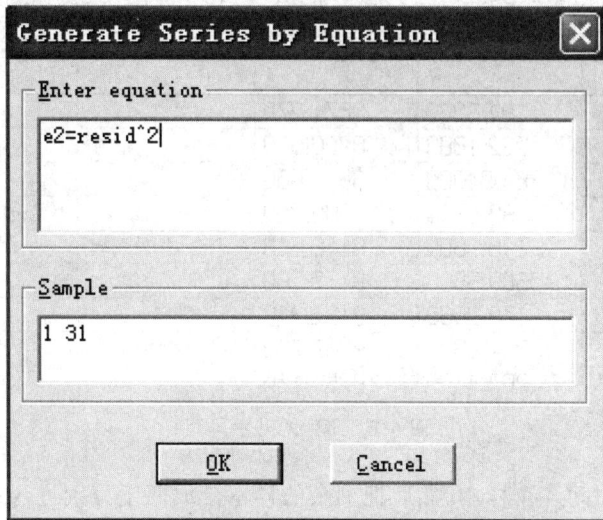

图 6-5　残差平方序列的生成

(二)G-Q 检验

1.我们首先将变量按从小到大排序

EViews 操作如下:点击 Proc→Sort Current Page 键,输入 X_1,如图 6-6,点击"OK"即可,便可得到 X_1 的升序排列,Y 也做出相应的变化,如图 6-7。

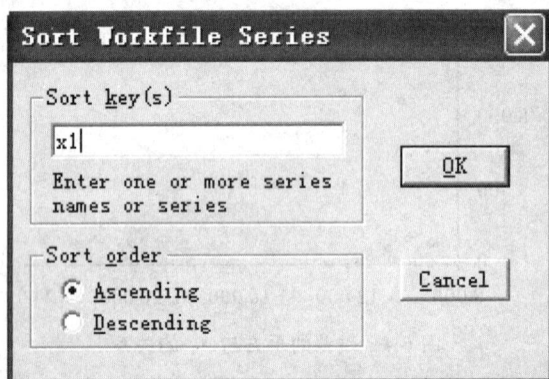

图 6-6　序列排序

图 6-7　序列的升序排列

2.去掉中间 7 个样本,然后把剩余的样本分成两组分别进行回归

EViews 操作如下:点击 Quick→Make Equation,在 Sample 中将"1　31"改成"1　12",如图 6-8,点击"确定"即得到前一组数据的回归结果,如表 6-3。

接下来同理,在图 6-8 中将"1　12"改成"20　31",点击"确定",即得到后一组数据的回归结果,如表 6-4。

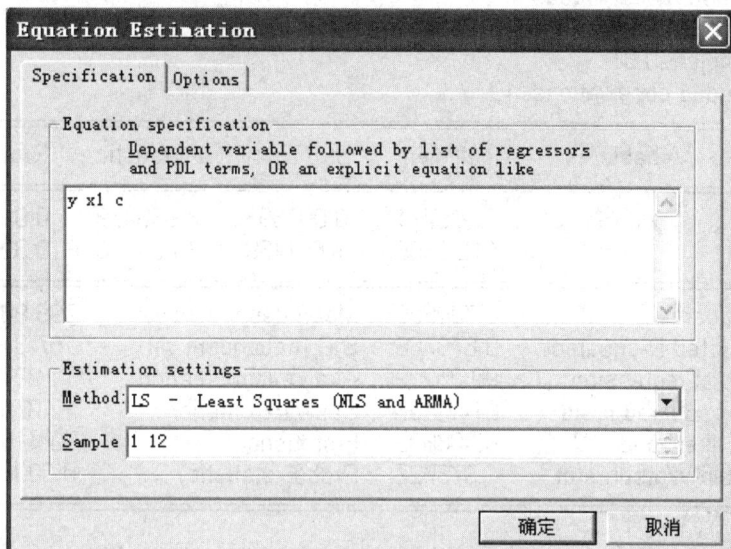

```
Equation Estimation                                    [X]

 Specification | Options |

 ┌Equation specification─────────────────────────────┐
 │  Dependent variable followed by list of regressors │
 │  and PDL terms, OR an explicit equation like       │
 │ ┌────────────────────────────────────────────┐ ▲  │
 │ │y x1 c                                        │    │
 │ │                                              │    │
 │ │                                              │ ▼  │
 │ └────────────────────────────────────────────┘    │
 └────────────────────────────────────────────────────┘

 ┌Estimation settings────────────────────────────────┐
 │ Method:│LS  - Least Squares (NLS and ARMA)    ▼│   │
 │ Sample │1 12                                    │   │
 └────────────────────────────────────────────────────┘

                              确定          取消
```

图 6-8　用前一组数据回归

表 6-3　前一组数据回归结果

Dependent Variable: Y
Method: Least Squares
Date: 07/05/08   Time: 18:27
Sample: 1 12
Included observations: 12

Variable	Coefficient	Std. Error	t-Statistic	Prob.
X1	0.084476	0.067063	1.259641	0.2364
C	-577.6500	618.0386	-0.934650	0.3720
R-squared	0.136941	Mean dependent var		200.5458
Adjusted R-squared	0.050635	S.D. dependent var		62.08523
S.E. of regression	60.49297	Akaike info criterion		11.19394
Sum squared resid	36593.99	Schwarz criterion		11.27476
Log likelihood	-65.16366	F-statistic		1.586695
Durbin-Watson stat	3.003669	Prob(F-statistic)		0.236404

121

表 6-4　后一组数据回归结果

Dependent Variable: Y
Method: Least Squares
Date: 07/05/08　Time: 18:28
Sample: 20 31
Included observations: 12

Variable	Coefficient	Std. Error	t-Statistic	Prob.
X1	0.035771	0.007393	4.838479	0.0007
C	-112.8506	109.1466	-1.033936	0.3255

R-squared	0.700696	Mean dependent var	399.9833
Adjusted R-squared	0.670766	S.D. dependent var	157.3103
S.E. of regression	90.26299	Akaike info criterion	11.99434
Sum squared resid	81474.07	Schwarz criterion	12.07516
Log likelihood	-69.96606	F-statistic	23.41088
Durbin-Watson stat	1.873727	Prob(F-statistic)	0.000683

在表 6-3 和表 6-4 中找到 $RSS_1 = \sum e_{1i}^2 = 36\ 593.99, RSS_2 = \sum e_{2i}^2 = 81\ 474.07$，计算统计量 $F^* = \dfrac{RSS_2/[(n-c)/2-k-1]}{RSS_1/[(n-c)/2-k-1]} = \dfrac{RSS_2}{RSS_1} = \dfrac{81\ 474.07}{36\ 593.99} = 2.23$，查表可得 $F_{0.05}(12,12) = 2.69, F^* < F_{0.05}(12,12)$，则可以认为模型不存在递增型或递减型的异方差。但是这不能否认模型不存在异方差，还应继续其他异方差检验。

(三)怀特检验

输出结果如表 6-5 所示。

$e_i^2 = -53\ 318.73 + 8.65X_{1i} - 0.000289X_{1i}^2$

$R^2 = 0.301153$

则 $LM = n \cdot R^2 = 31 \times 0.301153 = 9.335754$（即图中的 Obs * R-squared 值）

查表得 $\chi_{0.05}^2(2) = 5.99$

则 $LM > \chi_{0.05}^2(2)$，即模型存在异方差。另外，看检验结果也可不必查表，直接看 F 值或 LM(Obs * R-squared)值后面的 p-值(Probability)。如表 6-5 所示。如果 $p < 0.05$，则拒绝原假设，即认为模型存在异方差；如果 $p > 0.05$，则接受原假设，即认为模型不存在异方差。

EViews 操作如下：在 OLS 法输出回归结果（表 6-2）下，点击 View → Residual Test → White Heteroskedasticity（no cross terms）即可。最后一步也可以选 White Heteroskedasticity（cross terms），因为原始模型只有一个解释变量，所以辅助回归中带不带交叉项所得结果都一样。如表 6-5 和图 6-9 所示。

表 6-5　怀特检验输出结果

White Heteroskedasticity Test:

F-statistic	6.033007	Probability	0.006627
Obs*R-squared	9.335754	Probability	0.009392

Test Equation:
Dependent Variable: RESID^2
Method: Least Squares
Date: 07/05/08　Time: 20:14
Sample: 1 31
Included observations: 31

Variable	Coefficient	Std. Error	t-Statistic	Prob.
C	-53318.73	17636.33	-3.023234	0.0053
X1	8.651230	2.712799	3.189042	0.0035
X1^2	-0.000289	9.56E-05	-3.023508	0.0053

R-squared	0.301153	Mean dependent var	4625.279
Adjusted R-squared	0.251236	S.D. dependent var	6049.465
S.E. of regression	5234.673	Akaike info criterion	20.05576
Sum squared resid	7.67E+08	Schwarz criterion	20.19454
Log likelihood	-307.8643	F-statistic	6.033007
Durbin-Watson stat	1.520173	Prob(F-statistic)	0.006627

（四）戈里瑟检验

我们尝试着用残差的绝对值（在表 6-2 模型回归完后，在图 6-5 的方框中输入"e1＝abs（resid）"即可）对解释变量的不同次幂回归，发现下面几种形式都可以通过显著性检验：

$$e_{1i} = 0.0046 X_{1i}$$

$$(7.45)$$

$$R^2 = 0.088$$

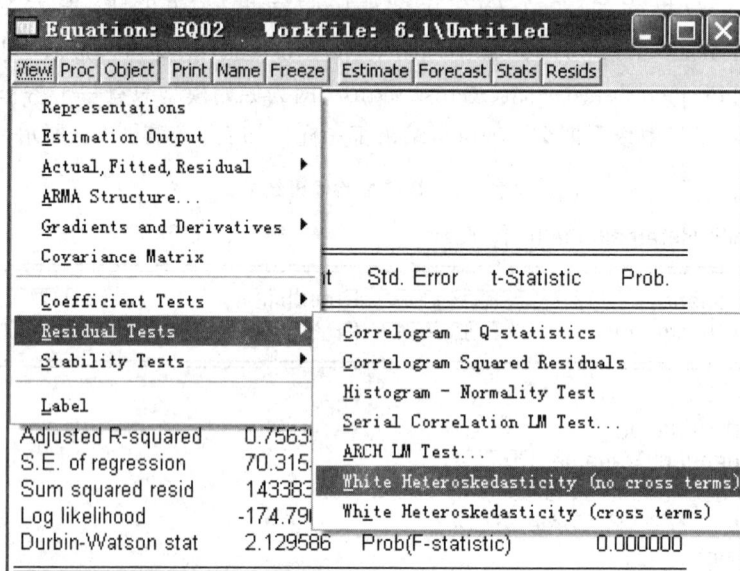

图 6-9　怀特检验

$$e_{1i}=0.51\ \sqrt{X_{1i}}$$

$$(7.41)$$

$$R^2=0.081$$

$$e_{1i}=130.21-823\ 595.3\ \frac{1}{X_{1i}}$$

$$(3.59)\quad(-2.16)$$

$$R^2=0.139$$

其中括号为 t 值，由几个表达式可以看出，$|e|$ 随着 X_1 的变化而变化，也即模型存在异方差。

三、异方差的修正

(一)加权最小二乘法

我们以 $w=\dfrac{1}{\sqrt{X_1}}$ 为权数，回归结果如表 6-6。对加权回归后的模型进行怀特检验可发现已经没有了异方差，如表 6-7。

表 6-6　加权最小二乘法回归结果

Dependent Variable: Y
Method: Least Squares
Date: 07/05/08　Time: 21:59
Sample: 1 31
Included observations: 31
Weighting series: 1/X1^0.5

Variable	Coefficient	Std. Error	t-Statistic	Prob.
C	-154.2887	50.41408	-3.060429	0.0047
X1	0.038438	0.004569	8.413387	0.0000

Weighted Statistics

R-squared	0.552708	Mean dependent var	268.8911
Adjusted R-squared	0.537284	S.D. dependent var	99.15600
S.E. of regression	67.44911	Akaike info criterion	11.32296
Sum squared resid	131932.1	Schwarz criterion	11.41548
Log likelihood	-173.5060	F-statistic	70.78509
Durbin-Watson stat	2.246753	Prob(F-statistic)	0.000000

Unweighted Statistics

R-squared	0.764300	Mean dependent var	282.5039
Adjusted R-squared	0.756173	S.D. dependent var	142.4634
S.E. of regression	70.34687	Sum squared resid	143511.8
Durbin-Watson stat	2.141983		

表 6-7　加权最小二乘法回归后的怀特检验

White Heteroskedasticity Test:

F-statistic	2.157651	Probability	0.134430
Obs*R-squared	4.139660	Probability	0.126207

估计结果为

$$\hat{Y}_i = -154.29 + 0.038X_{1i}$$

$$(-3.06)\quad(8.41)$$

$$R^2 = 0.5527\quad \overline{R}^2 = 0.5373\quad F = 70.79$$

也就是说人均可支配收入平均每增加 1 元,住房性支出就会增加 0.038 元。

（二）模型的对数变换

我们可以用模型

$\ln Y_i = \alpha_0 + \alpha_1 \ln X_{1i} + \nu_i$

代替

$Y_i = \beta_0 + \beta_1 X_{1i} + \mu_i$

回归结果如表 6-8,估计结果为

$\ln \hat{Y}_i = -8.85 + 1.55 \ln X_{1i}$

$\qquad (-4.19)(6.81)$

$R^2 = 0.6156 \quad \overline{R}^2 = 0.6023 \quad F = 46.44$

表 6-8　对数变换后的回归结果

Dependent Variable: LOG(Y)
Method: Least Squares
Date: 07/04/08　Time: 21:56
Sample: 1 31
Included observations: 31

Variable	Coefficient	Std. Error	t-Statistic	Prob.
C	-8.849773	2.111035	-4.192149	0.0002
LOG(X1)	1.545440	0.226781	6.814687	0.0000

R-squared	0.615588	Mean dependent var		5.531411
Adjusted R-squared	0.602333	S.D. dependent var		0.484417
S.E. of regression	0.305478	Akaike info criterion		0.528460
Sum squared resid	2.706179	Schwarz criterion		0.620975
Log likelihood	-6.191126	F-statistic		46.43996
Durbin-Watson stat	1.859772	Prob(F-statistic)		0.000000

对上述回归模型做怀特检验可知已不存在异方差,检验结果如表 6-9。

表 6-9　对数模型的怀特检验

White Heteroskedasticity Test:

F-statistic	0.544024	Probability	0.586420
Obs*R-squared	1.159565	Probability	0.560020

也就是说人均可支配收入平均每增加 1%,住房性支出就会增加 1.55%。

【本章小结】

1.异方差是指误差项的方差随着解释变量的变化而变化,不再是一个常数。异方差的形式可以大体分为三类,即递增型、递减型和复杂型。

2.异方差的来源主要有:模型中遗漏了重要解释变量,模型函数形式的设定误差,样本数据的测量误差,截面数据中总体各单位的差异。

3.异方差对采用 OLS 法估计模型参数的结果产生以下影响:参数估计值仍是无偏的,但是不再具有有效性;参数显著性检验失去意义;回归模型的估计式对真实总体关系式的代表性相应降低,降低预测精度。

4.检验异方差的方法有:图示法、戈德菲尔德—匡特检验、怀特检验、戈里瑟检验。

5.异方差的修正方法有模型的对数变换和加权最小二乘估计。

【思考与练习】

6.1 什么是异方差? 它给模型带来的影响是什么?

6.2 戈里瑟检验的具体步骤是怎样的?

6.3 怀特检验有没有不足的地方?

6.4 如果我们用戈里瑟检验模型没有异方差,我们能不能说模型就不存在异方差了?

6.5 为什么变量对数变换后会减弱异方差? 变换后的系数的经济含义是什么?

6.6 加权最小二乘法的基本思想是什么?

6.7 下面给出的是某省 2007 年各地区医疗机构数与人口数。

地区	人口数 X(万人)	医疗机构数 Y(个)	地区	人口数 X(万人)	医疗机构数 Y(个)
1	1 013.3	6 304	12	339.9	827
2	315	911	13	508.5	1 530
3	103	934	14	438.6	1 289
4	463.7	1 297	15	620.1	2 403
5	379.3	1 085	16	149.8	866
6	518.4	1 616	17	346.7	1 223
7	302.6	1 021	18	488.4	1 361
8	371	1 375	19	82.9	536
9	419.9	1 212	20	88.9	594
10	345.9	1 132	21	4 02.4	1 471
11	709.2	4 064			

模型设定为 $Y_i = \beta_0 + \beta_1 X_{1i} + \mu_i$

(1)利用各种方法检验模型是否存在异方差。

(2)修正异方差。

第7章 自相关

学习内容与要求：

本章主要介绍误差项无自相关的 OLS 法假设条件不满足时出现的情况及其克服方法。要求掌握自相关的定义、来源、后果、检验及修正方法，理解 EViews 关于自相关的相关操作。

第一节 自相关的含义

我们在用 OLS 方法估计模型

$$Y_t = \beta_0 + \beta_1 X_{1t} + \beta_2 X_{2t} + \cdots + \beta_k X_{kt} + \mu_t \quad (t=1,2,\cdots,n)$$

时有这样一条假定：

$$\text{Cov}(\mu_i, \mu_j) = \text{E}(\mu_i\mu_j) = 0 \quad (i,j \in n, i \neq j),$$

即误差项 μ_i 与其他期误差项是不相关的。称误差项 μ_i 非自相关。如果上述条件不满足，即

$$\text{Cov}(\mu_i, \mu_j) \neq 0 \quad (i \neq j) \tag{7.1}$$

则称误差项 μ_i 存在自相关。

自相关又称序列相关，原指一随机变量在时间上与其滞后项之间相关。这里主要是指回归模型中随机误差项 μ_t 与其滞后项的相关关系。自相关也是相关关系的一种。

自相关按形式可分一阶自回归形式和高阶自回归形式。当误差项 μ_t 只与其滞后一期值有关时，即

$$\mu_t = f(\mu_{t-1}) + \nu_t \tag{7.2}$$

称 μ_t 具有一阶自回归形式。当误差项 μ_t 的本期值不仅与其前一期值有关，而且与其前若干期的值都有关系时，即

129

$$\mu_t = f(\mu_{t-1}, \mu_{t-2}, \cdots) + \nu_t \qquad (7.3)$$

则称 μ_t 具有高阶自回归形式。

通常假定误差项的自相关是线性的,而且计量经济模型中自相关的最常见形式是一阶自回归形式,所以我们下面重点讨论误差项的一阶线性自回归形式,即

$$\mu_t = \alpha_1 \mu_{t-1} + \nu_t \qquad (7.4)$$

其中 α_1 是自回归系数,ν_t 是随机误差项。ν_t 满足通常的假设条件:

$E(\nu_t) = 0, t = 1, 2, \cdots, n$

$\text{Var}(\nu_t) = \sigma_\nu^2, t = 1, 2, \cdots, n$

$\text{Cov}(\nu_i, \nu_j) = 0, i \neq j, i, j = 1, 2, \cdots, n$

$\text{Cov}(\mu_{t-1}, \nu_t) = 0, t = 1, 2, \cdots, n$

可以证明在大样本下,$\alpha_1 = \rho$,ρ 为 μ_t 和 μ_{t-1} 的相关系数。因此原回归模型中误差项 μ_t 的一阶自回归形式可表示为

$$\mu_t = \rho \mu_{t-1} + \nu_t \qquad (7.5)$$

ρ 的取值范围是 $[-1, 1]$。当 $\rho > 0$ 时,称 μ_t 存在正自相关;当 $\rho < 0$ 时,称 μ_t 存在负自相关;当 $\rho = 0$ 时,称 μ_t 不存在自相关。如图 7-1 所示,A 图表示正自相关,B 图表示负自相关,C 图表示不相关。

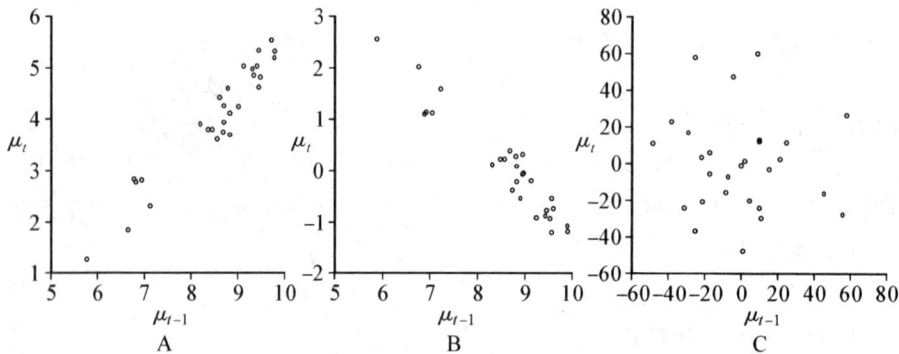

图 7-1　一阶自相关

当误差项 μ_t 为一阶自回归形式时,有

$E(\mu_t) = E(\rho \mu_{t-1} + \nu_t) = \rho E(\mu_{t-1}) + E(\nu_t)$

因为对于平稳序列有 $E(\mu_t) = E(\mu_{t-1})$,整理上式得

$E(\mu_t) = E(\nu_t) / (1 - \rho) = 0$

$\text{Var}(\mu_t) = E(\mu_t^2) = E(\rho \mu_{t-1} + \nu_t)^2 = E(\rho^2 \mu_{t-1}^2 + \nu_t^2 + 2\rho \mu_{t-1} \nu_t)$

$= \rho^2 \text{Var}(\mu_{t-1}) + \sigma_\nu^2$

整理上式得

$$\mathrm{Var}(\mu_t) = \sigma_\mu^2 = \sigma_v^2/(1-\rho^2)$$

所以随机误差项在存在一阶自相关时仍满足均值为零、同方差的条件。

需要注意的是,自相关多发生于时间序列数据中,而且经济问题中的自相关主要表现为正自相关。

第二节 自相关的来源

线性回归模型中随机误差项存在自相关的原因很多,但主要是由模型函数形式选择、变量选择及数据处理等引起的。

一、模型的数学形式设定偏误

若所用的数学模型与变量间的真实关系不一致,误差项常表现出自相关。比如平均成本与产量呈 U 形关系,当用线性回归模型拟合时,误差项必存在自相关。

二、回归模型中略去了带有自相关的重要解释变量

在以时间序列为样本的模型中,由于经济发展存在一定的趋势,形成惯性,许多变量前后期总是相互关联的。若丢掉了应该列入模型的带有自相关的重要解释变量,那么它的影响必然归并到误差项 μ_t 中,如果该项影响是构成误差项的主要部分,那么就会使误差项呈现自相关。例如,在商品需求函数中,如果解释变量只有收入和商品自身的价格,则随机误差项中将包含其他相关商品价格对该商品需求的影响,价格变量一般是逐期相关的,从而可能使模型产生自相关性。

三、数据处理造成的相关

因为某些原因对数据进行了修正和内插处理,在这样的数据序列中可能产生自相关。例如,将月度数据调整为季度数据,由于采用了加总合并处理,

修匀了月度数据的波动,使季度数据具有平滑性,这种平滑性可能产生自相关。对缺失的历史资料,采用特定统计方法进行内插处理,也可能使得数据前后期相关,而产生自相关。

第三节　自相关的后果

如果在线性回归模型的随机误差项存在自相关的情况下仍然用 OLS 法进行参数估计,会造成以下几个方面的影响。

一、回归系数 $\hat{\boldsymbol{\beta}}$ 仍具有无偏性,但会失去有效性

因为假定条件 $\mathrm{Cov}(X_t, \mu_t) = 0$ 和 $\mathrm{E}(\mu_t) = 0$ 成立,所以有

$$\mathrm{E}(\hat{\boldsymbol{\beta}}) = \mathrm{E}[(\boldsymbol{X}'\boldsymbol{X})^{-1}\boldsymbol{X}'\boldsymbol{Y}] = \mathrm{E}[(\boldsymbol{X}'\boldsymbol{X})^{-1}\boldsymbol{X}'(\boldsymbol{X}\boldsymbol{\beta} + \boldsymbol{\mu})] = \boldsymbol{\beta} + (\boldsymbol{X}'\boldsymbol{X})^{-1}\boldsymbol{X}'\mathrm{E}(\boldsymbol{\mu}) = \boldsymbol{\beta}$$

以一元线性回归模型 $Y_t = \beta_0 + \beta_1 X_t + \mu_t$ 为例,当 μ_t 非自相关时

$$\mathrm{Var}(\hat{\beta}_1) = \mathrm{E}(\hat{\beta}_1 - \beta_1)^2 = \frac{\sigma_\mu^2}{\sum (X_t - \overline{X})^2} \tag{7.6}$$

可以证明,当 μ_t 存在自相关时 $\mathrm{Var}(\hat{\beta}_1)$ 估计将出现偏误(偏大或偏小),不再等于(7.6)。尤其当 μ_t 为一阶自回归形式且为正自相关时,$\hat{\beta}_1$ 的方差 $\mathrm{Var}(\hat{\beta}_1)$ 比 μ_t 非自相关时大。

二、随机误差项的方差一般会被低估

以一元线性回归模型为例,σ^2 的无偏估计量为 $\hat{\sigma}^2 = \frac{\sum e_t^2}{n-2}$,即 $\mathrm{E}(\hat{\sigma}^2) = \sigma^2$. 但是如果随机误差项存在一阶自相关,且误差项和解释变量都是正自相关的,可以证明:$\mathrm{E}\left[\frac{\sum e_t^2}{n-2}\right] < \sigma^2$,即如果我们仍用 $\hat{\sigma}^2 = \frac{\sum e_t^2}{n-2}$ 来估计 σ^2,那么 σ^2 将会被低估。

在实际情况中,以上的假设条件"误差项和解释变量都是正自相关的"是经常出现的现象,所以随机误差项的方差一般会被低估。这种情况下,会使参

数估计值的方差进一步降低。因此,低估 σ^2 是低估参数估计值真实方差的又一个因素。

三、模型的统计检验失效

由上面的分析可知,在误差项和解释变量存在正自相关情况下,而模型仍然用 $\dfrac{\sigma_u^2}{\sum (X_t - \overline{X})^2}$ 估计 $\hat{\beta}_1$ 的方差,就会低估 $\hat{\beta}_1$ 的方差。低估回归参数估计量的方差,等于过高地估计统计量 t 的值 $\left[t = \dfrac{\hat{\beta}_1}{\hat{\sigma}/\sqrt{\sum (X_t - \overline{X})^2}} \right]$,从而把不重要的解释变量保留在模型里,使显著性检验失去意义。F 统计量也有类似的情况。

四、预测精度降低

区间预测与参数估计量的方差有关,由于自相关会导致参数估计量的方差有偏误,所以模型误差项的自相关就导致了预测的精度下降。

第四节 自相关的检验

如第三节所述,随机误差项存在自相关会给普通最小二乘法的应用带来严重后果,所以我们必须设法检验自相关是否存在。下面我们介绍几种常用的自相关的检验方法。

一、图示法

图示法是一种直观的检验方法,它是对给定的回归模型直接用 OLS 法估计其参数,求出残差项 e_t,然后绘制残差的散点图,通过对残差分布的分析,来判断随机误差项的变化特征。

我们以一阶自相关为例,残差的散点图有两种绘制方法,第一种就是如图

7-1 中绘制残差和其滞后一期的散点图,观察其趋势,分析自相关的特征;第二种就是如图 7-2 中按时间顺序绘制残差分布图,然后观察其穿越零线的规律:如图 A 中,如果大部分残差相邻两期在零线的两侧,或者残差线穿越零线比较频繁,那么我们可以大致估计这属于负自相关。如图 B 中,如果大部分残差相邻两期在零线的同侧,或者残差线穿越零线比较少,那么我们可以大致估计这属于正自相关。如果残差线穿越零线没有明显的规律,那么我们可以认为没有自相关。

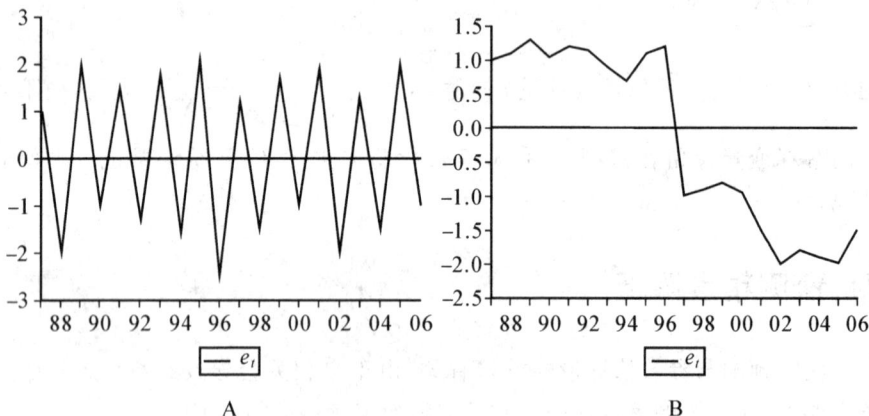

图 7-2　残差分布图

二、DW 检验法

DW 检验是 J. Durbin 和 G. S. Watson 于 1951 年提出的。它是利用残差 e_t 构成的统计量推断误差项 μ_t 是否存在自相关。使用 DW 检验,应首先满足如下几个条件。

1. 误差项 μ_t 的自相关为一阶自回归形式:

$\mu_t = \rho \mu_{t-1} + \nu_t$

2. 因变量的滞后值 Y_{t-1} 不能在回归模型中作解释变量;

3. 样本容量应充分大($n > 15$);

4. 截距项不为零,即只适用于有常数项的回归模型;

5. 数据完整,无缺失项。

DW 检验步骤如下:

给出假设

$H_0 : \rho = 0$（μ_t 不存在一阶自相关）

$H_1 : \rho \neq 0$（μ_t 存在一阶自相关）

用残差值 e_t 计算统计量 DW.

$$DW = \frac{\sum\limits_{t=2}^{n}(e_t - e_{t-1})^2}{\sum\limits_{t=1}^{n}e_t^2} \qquad (7.7)$$

其中,分子是残差的一阶差分平方和,分母是残差平方和。把上式展开得:

$$DW = \frac{\sum\limits_{t=2}^{n}e_t^2 + \sum\limits_{t=2}^{n}e_{t-1}{}^2 - 2\sum\limits_{t=2}^{n}e_t e_{t-1}}{\sum\limits_{t=1}^{n}e_t^2} \qquad (7.8)$$

当样本充分大时,有

$$\sum\limits_{t=2}^{n}e_t^2 \approx \sum\limits_{t=2}^{n}e_{t-1}{}^2 \approx \sum\limits_{t=1}^{n}e_t^2 \qquad (7.9)$$

把(7.8)式中的有关项用(7.9)式中第 2 项代换,得:

$$
\begin{aligned}
DW &\approx \frac{2\sum\limits_{t=2}^{n}e_{t-1}{}^2 - 2\sum\limits_{t=2}^{n}e_t e_{t-1}}{\sum\limits_{t=2}^{n}e_{t-1}{}^2} \\[2mm]
&= 2\left(1 - \frac{\sum\limits_{t=2}^{n}e_t e_{t-1}}{\sum\limits_{t=2}^{n}e_{t-1}{}^2}\right) \qquad (7.10) \\[2mm]
&= 2\left(1 - \frac{\sum\limits_{t=2}^{n}e_t e_{t-1}}{\sqrt{\sum\limits_{t=2}^{n}e_t^2}\sqrt{\sum\limits_{t=2}^{n}e_{t-1}{}^2}}\right) \\[2mm]
&= 2(1 - \hat{\rho})
\end{aligned}
$$

因为 $\hat{\rho}$ 的取值范围是 $[-1,1]$,所以 DW 统计量的取值范围是 $[0,4]$. $\hat{\rho}$ 与 DW 值的对应关系见表 7-1。

表 7-1 　$\hat{\rho}$ 与 DW 值的对应关系及意义

$\hat{\rho}$	DW	μ_t 的表现
$\hat{\rho}=0$	$DW=2$	μ_t 非自相关
$\hat{\rho}=1$	$DW=0$	μ_t 完全正自相关
$\hat{\rho}=-1$	$DW=4$	μ_t 完全负自相关
$0<\hat{\rho}<1$	$0<DW<2$	μ_t 有某种程度的正自相关
$-1<\hat{\rho}<0$	$2<DW<4$	μ_t 有某种程度的负自相关

实际中 $DW=0,2,4$ 的情形是很少见的。当 DW 取值在 $(0,2)$，$(2,4)$ 之间时，可根据置信度 α、样本容量 n 和解释变量个数 k（不包括常数项），查 DW 分布表，可得上、下两个临界值 d_U 和 d_L。判别规则如下：

1. 若 DW 取值在 $(0,d_L)$ 之间，拒绝原假设 H_0，认为 μ_t 存在一阶正自相关。

2. 若 DW 取值在 $(4-d_L,4)$ 之间，拒绝原假设 H_0，认为 μ_t 存在一阶负自相关。

3. 若 DW 取值在 $(d_U,4-d_U)$ 之间，接受原假设 H_0，认为 μ_t 非自相关。

4. 若 DW 取值在 (d_L,d_U) 或 $(4-d_U,4-d_L)$ 之间，这种检验没有结论，即不能判别 μ_t 是否存在一阶自相关。

判别规则可用图 7-3 表示。

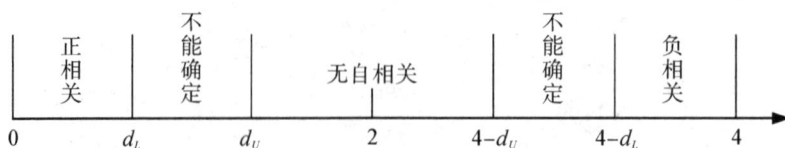

图 7-3 DW 检验

当 DW 值落在"不能确定"区时，我们可以加大样本容量或重新选取样本，重作 DW 检验，或者选用其他检验方法。

三、LM 检验法

LM 检验法由 Breusch-Godfrey 于 1978 年提出，又称作 BG 检验。此方法可建立一个适用性更强的自相关检验方法，既可检验一阶自相关，也可检验高阶自相关。LM 检验是通过一个辅助回归式完成的，具体步骤如下：

对于多元回归模型

$$Y_t = \beta_0 + \beta_1 X_{1t} + \beta_2 X_{2t} + \cdots + \beta_k X_{kt} + \mu_t \qquad (7.11)$$

考虑误差项为 p 阶自回归形式

$$\mu_t = \rho_1 \mu_{t-1} + \rho_2 \mu_{t-2} + \cdots + \rho_p \mu_{t-p} + \nu_t \qquad (7.12)$$

其中，ν_t 为随机项，符合各种假定条件。

假设：$\mathrm{H}_0 : \rho_1 = \rho_2 = \cdots = \rho_p = 0$

这表明 μ_t 不存在 p 阶自相关。用估计(7.11)式得到的残差 e_t 建立辅助回归式

$$e_t = \rho_1 e_{t-1} + \rho_2 e_{t-2} + \cdots + \rho_p e_{t-p} + \beta_0 + \beta_1 X_{1t} + \beta_2 X_{2t} + \cdots + \beta_k X_{kt} + \nu_t$$

$$(7.13)$$

上式中的 e_t 是(7.11)式中 μ_t 的估计值。估计上式,并计算判定系数 R^2. 构造 LM 统计量：

$$LM = n \cdot R^2 \qquad (7.14)$$

其中 n 表示(7.11)式的样本容量,R^2 为(7.13)式的判定系数。在零假设成立条件下,LM 统计量渐近服从 $\chi^2(p)$ 分布。其中 p 为(7.12)式中自回归阶数。如果零假设成立,LM 统计量的值将很小,小于 $\chi^2(p)$ 临界值。判别规则是：

若 $LM = nR^2 \leqslant \chi^2(p)$,接受 H_0;若 $LM = nR^2 > \chi^2(p)$,拒绝 H_0.

四、回归检验法

回归检验法的具体步骤如下：

1. 用给定样本估计模型并计算残差 e_t;

2. 对残差序列 $e_t (t = 1, 2, \cdots, n)$ 用普通最小二乘法进行不同形式的回归拟合,如

$$e_t = \rho e_{t-1} + \nu_t$$

$$e_t = \rho_1 e_{t-1} + \rho_2 e_{t-2} + \nu_t$$

$$e_t = \rho e_{t-1}^2 + \nu_t$$

$$e_t = \rho \sqrt{e_{t-1}} + \nu_t$$

$$e_r = \rho \frac{1}{e_{t-1}} + \nu_t$$

$\cdots$

3. 对上述各种拟合形式进行显著性检验,从而确定误差项 μ_t 存在哪一种形式的自相关。

回归检验法适合于任何形式的自相关检验,如果结论是存在自相关,还能

得到自相关的具体形式与参数的估计值。但是因为此方法要经过试算,所以它的缺点是计算量大。

第五节 自相关的消除

如果模型的误差项存在自相关,首先应分析产生自相关的原因。如果自相关是由于错误地设定模型的数学形式所致,那么就应当修改模型的数学形式。如果自相关是由于模型中省略了重要解释变量造成的,那么解决办法就是找出略去的解释变量,把它作为重要解释变量列入模型。

只有当以上两种引起自相关的原因都消除后,才能认为误差项 μ_t"真正"存在自相关。在这种情况下,解决办法是变换原回归模型,使变换后的随机误差项没有自相关,进而利用普通最小二乘法估计回归参数。常用的方法就是广义差分法、Durbin 两步估计法和科克伦—奥科特迭代法。

一、广义差分法

(一)基本原理

设原回归模型是

$$Y_t = \beta_0 + \beta_1 X_{1t} + \beta_2 X_{2t} + \cdots + \beta_k X_{kt} + \mu_t \quad (t=1,2,\cdots,n) \tag{7.15}$$

设其中 μ_t 具有一阶自回归形式

$$\mu_t = \rho \mu_{t-1} + \nu_t$$

其中 ν_t 满足通常的假定条件,把上式代入(7.15)式,得:

$$Y_t = \beta_0 + \beta_1 X_{1t} + \beta_2 X_{2t} + \cdots + \beta_k X_{kt} + \rho \mu_{t-1} + \nu_t \tag{7.16}$$

在模型(7.15)的 $(t-1)$ 期关系式两侧同乘 ρ,得:

$$\rho Y_{t-1} = \rho \beta_0 + \rho \beta_1 X_{1t-1} + \rho \beta_2 X_{2t-1} + \cdots + \rho \beta_k X_{kt-1} + \rho \mu_{t-1} \tag{7.17}$$

用(7.16)式与上式相减得:

$$Y_t - \rho Y_{t-1} = \beta_0(1-\rho) + \beta_1(X_{1t} - \rho X_{1t-1}) + \cdots + \beta_k(X_{kt} - \rho X_{kt-1}) + \nu_t \tag{7.18}$$

令　　$Y_t^* = Y_t - \rho Y_{t-1}$

　　　　$X_{jt}^* = X_{jt} - \rho X_{jt-1} \quad (j=1,2,\cdots,k)$

　　　　$\beta_0^* = \beta_0(1-\rho)$

则模型(7.18)表示如下：

$$Y_t^* = \beta_0^* + \beta_1 X_{1t}^* + \beta_2 X_{2t}^* + \cdots + \beta_k X_{kt}^* + \nu_t \quad (t = 2, 3, \cdots, n) \qquad (7.19)$$

上述变换称作广义差分变换。上式中的误差项 ν_t 是非自相关的，满足假定条件，所以可对上式应用最小二乘法估计回归参数。所得估计量具有最佳线性无偏性。上式中的 $\beta_1, \beta_2, \cdots, \beta_k$ 就是原模型(7.15)中的 $\beta_1, \beta_2, \cdots, \beta_k$，而 β_0^* 与模型(7.15)中的 β_0 有如下关系：

$$\beta_0^* = \beta_0(1 - \rho) \text{ 或 } \beta_0 = \beta_0^* / (1 - \rho)$$

这种广义差分变换损失了一个观测值，样本容量变成 $(n-1)$。如果样本容量较大，这个损失不会带来太大的影响，但是当样本容量较小时，影响会较大。为避免这种损失，

K. R. Kadiyala(1968)提出对 Y_t 与 X_{jt} 的第一个观测值分别作如下变换：

$$Y_1^* = Y_1 \sqrt{1 - \rho^2}$$

$$X_{j1}^* = X_{j1} \sqrt{1 - \rho^2} \quad (j = 1, 2, \cdots, k)$$

于是对模型(7.19)，样本容量仍然为 n.

这种变换的目的就是使相应误差项 μ_1 的方差与其他误差项 $\mu_2, \mu_3, \cdots, \mu_T$ 的方差保持相等。作上述变换后，有

$$\mu_1^* = \mu_1 \sqrt{1 - \rho^2}$$

则

$$\mathrm{Var}(\mu_1^*) = (1 - \rho^2)\mathrm{Var}(\mu_1) = (1 - \rho^2)[\sigma_\nu^2 / (1 - \rho^2)] = \sigma_\nu^2$$

μ_1 与其他随机误差项的方差相同。

根据以上分析可知，当误差项 μ_t 的自相关具有高阶自回归形式时，仍可用与上述相类似的方法进行广义差分变换。比如 μ_t 具有二阶自回归形式：

$$\mu_t = \rho_1 \mu_{t-1} + \rho_2 \mu_{t-2} + \nu_t$$

则变换过程应首先求出原模型 $(t-1)$ 期与 $(t-2)$ 期的两个关系式，然后利用与上述相类似的变换方法建立符合假定条件的广义差分模型。若 μ_t 具有 k 阶自回归形式，则首先求 k 个不同滞后期的关系式，然后通过广义差分变换使模型的误差项符合假定条件。

需要注意的是，对二阶自回归形式作广义差分变换后，要损失两个观测值；对 k 阶自回归形式作广义差分变换后，将损失 k 个观测值。

当用广义差分变量回归的结果中仍存在自相关时，可以对广义差分变量继续进行广义差分直至回归模型中不存在自相关为止。

特别的，当 $\rho = 1$ 时

$$Y_t^* = Y_t - \rho Y_{t-1} = Y_t - Y_{t-1} = \Delta Y_t$$

$$X_{jt}^* = X_{jt} - \rho X_{jt-1} = X_{jt} - X_{jt-1} = \Delta X_{jt} \quad (j = 1, 2, \cdots, k)$$
$$\beta_0^* = 0$$

此时上式的变换称为一阶差分变换。只要 $DW \approx 0$,就意味着 $\rho \approx 1$,这时就可以用一阶差分法对模型进行变换。

(二)自相关系数 ρ 的估计

由上面分析可以看出,要想进行广义差分变换,必须要先知道 ρ 值。但是,ρ 是随机误差项的相关系数,μ_t 值的不可观测性使得 ρ 值也是未知的。所以,利用广义差分前需要先估计出 ρ 值。常用的估计方法是利用 DW 统计量求 $\hat{\rho}$:

首先利用残差 e_t 求出 DW 统计量。

在大样本情况下,利用 $DW \approx 2(1-\rho)$,求出近似估计 $\hat{\rho} = 1 - \dfrac{DW}{2}$

对于小样本,泰尔(Theil. H)建议使用下面的公式求:

$$\hat{\rho} = \frac{n^2(1 - DW/2) + (k+1)^2}{n^2 - (k+1)^2}$$

其中,k 为解释变量的个数。可以看出,当 $n \to \infty$ 时,$\hat{\rho} \to 1 - DW/2$

二、Durbin 两步估计法

第一步,根据广义差分变换模型(7.18)
$$Y_t - \rho Y_{t-1} = \beta_0(1-\rho) + \beta_1(X_{1t} - \rho X_{1t-1}) + \cdots + \beta_k(X_{kt} - \rho X_{kt-1}) + \nu_t$$
移项整理得
$$Y_t = \beta_0(1-\rho) + \rho Y_{t-1} + \beta_1 X_{1t} - \rho \beta_1 X_{1t-1} + \cdots + \beta_k X_{kt} - \rho \beta_k X_{kt-1} + \nu_t$$
用 OLS 法估计上式,Y_{t-1} 的系数就是 ρ 的估计值 $\hat{\rho}$.

第二步,用上面求得的 $\hat{\rho}$ 进行广义差分变换,并估计广义差分模型。

三、科—奥(Cochrane-Orcutt)迭代法

以一阶自相关为例,该方法具体的步骤是:

1. 对原模型采用 OLS 法估计,得到残差序列 e_t;

2. 用 e_t 代替 $\mu_t = \rho \mu_{t-1} + \nu_t$ 中的 μ_t,并对该模型进行 OLS 估计,得到 $\hat{\rho}$;

3. 用估计出来的 $\hat{\rho}$ 带入(7.18)式,并对(7.18)式变换后的(7.19)式进行 OLS 估计,并还原到(7.15),得到新的残差序列;

4. 重复 2,3 的步骤,这个迭代过程可以一直做下去。每次迭代所得到的

$\hat{\rho}$ 都比前一次迭代得到的 $\hat{\rho}$ 好,直到达到我们需要的精度,比如新估计值与前一次估计值的差小于 0.01 或 0.05 时,或迭代到了一定的次数时停止。然后,用最优的 $\hat{\rho}$ 进行广义差分。

第六节 案例分析

收入—消费模型如下:
$$Y_t = \beta_0 + \beta_1 X_t + \mu_t \tag{7.20}$$
其中,Y_t 为实际消费支出,X_t 表示实际可支配收入,β_1 为平均边际消费倾向。表 7-2 给出了美国 1960—1995 年的实际消费支出和实际可支配收入(单位:百亿美元,数据为 1992 年价格),下面我们来估计美国这个期间的收入—消费模型。

表 7-2 美国 1960—1995 年的实际消费支出和实际可支配收入

年份	实际可支配收入 X	实际消费支出 Y	年份	实际可支配收入 X	实际消费支出 Y
1960	157	143	1978	326	295
1961	162	146	1979	335	302
1962	169	153	1980	337	301
1963	176	160	1981	345	305
1964	188	169	1982	348	308
1965	200	180	1983	358	324
1966	211	190	1984	384	341
1967	220	196	1985	396	357
1968	230	207	1986	409	371
1969	237	215	1987	415	382
1970	247	220	1988	432	397
1971	256	228	1989	440	406
1972	268	242	1990	448	413
1973	287	253	1991	449	411
1974	285	251	1992	461	422
1975	290	257	1993	467	434
1976	301	271	1994	478	447
1977	311	283	1995	493	458

数据来源:Economic Report of the President

一、OLS 法估计模型

EViews 输出结果表 7-3,估计结果为:

$$\hat{Y}_t = -9.429 + 0.936X_t \qquad\qquad (7.21)$$

$$\quad(-3.76)\quad(125.34)$$

$$R^2 = 0.99784 \quad \overline{R}^2 = 0.99777 \quad F = 15\ 710.39 \quad DW = 0.52$$

表 7-3 消费模型 EViews 输出结果

Dependent Variable: Y
Method: Least Squares
Date: 08/06/08   Time: 14:47
Sample: 1960 1995
Included observations: 36

Variable	Coefficient	Std. Error	t-Statistic	Prob.
C	-9.428745	2.504347	-3.764951	0.0006
X	0.935866	0.007467	125.3411	0.0000

R-squared	0.997841	Mean dependent var	289.9444
Adjusted R-squared	0.997777	S.D. dependent var	95.82125
S.E. of regression	4.517862	Akaike info criterion	5.907908
Sum squared resid	693.9767	Schwarz criterion	5.995881
Log likelihood	-104.3423	F-statistic	15710.39
Durbin-Watson stat	0.523428	Prob(F-statistic)	0.000000

从输出结果看,估计参数的 t 检验和 F 检验都能通过,而且效果非常好,但是模型的 DW 值非常小,说明可能存在自相关。

二、自相关的检验

(一)图示法

如图 7-4 所示,我们经过观察可以发现残差曲线穿越零线的频率比较小,可以初步判断存在自相关。

EViews 操作：在表 7-3 中模型回归完之后，打开 resid 序列画图就得到图 7-4。值得注意的是，只有在操作完表 7-3 后打开 resid 才会画出表 7-3 中模型的残差，也就是说 resid 序列里保存的残差值只是最近回归完的模型的残差。如果想永久保存某次回归的残差，可在该次回归完后，建立一个新序列来保存这次的回归残差，例如令 e＝resid.

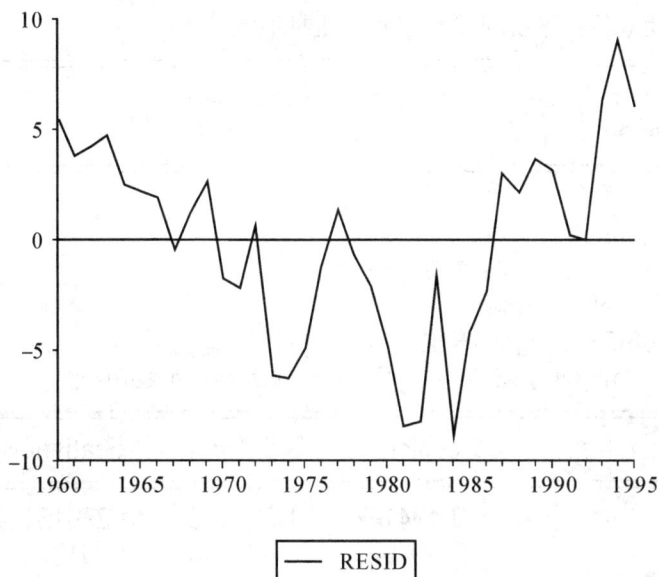

图 7-4　残差

（二）DW 检验

查表（见附表 5）得样本容量为 36，1 个解释变量，显著性水平 $\alpha = 0.05$ 的情况下，$d_L = 1.41$，$d_U = 1.52$，而 $DW = 0.52 < d_L$，所以误差项存在正自相关。

（三）LM 检验

检验一阶自相关的输出结果如表 7-4，估计结果为：

$$e_t = 0.73e_{t-1} - 0.49 + 0.0019X_{1t}$$
$$\quad\;\; (5.81) \quad (-0.28) \quad (0.36)$$

$R^2 = 0.5056 \quad F = 16.87$

$LM = n \cdot R^2 = 36 \times 0.5056 = 18.20$，也即输出结果中"Obs ＊ R-squared"值。

查表得 $\chi_{0.05}^2(1) = 3.841$

所以 $LM > \chi^2_{0.05}(1)$，模型存在一阶自相关（也可以看 p-值判断）。

同理，我们可以通过 LM 检验法检验是否存在二阶自相关，输出结果如表 7-5，虽然 $LM > \chi^2_{0.05}(2)$，但是 e_{t-2} 回归系数已不再显著（检验更高阶时也有类似的现象），所以我们可以认为模型存在一阶自相关。

表 7-4　LM 检验法检验一阶自相关

Breusch-Godfrey Serial Correlation LM Test:

F-statistic	33.74151	Probability	0.000002
Obs*R-squared	18.19998	Probability	0.000020

Test Equation:
Dependent Variable: RESID
Method: Least Squares
Date: 08/06/08　Time: 15:45
Presample missing value lagged residuals set to zero.

Variable	Coefficient	Std. Error	t-Statistic	Prob.
C	-0.494167	1.789482	-0.276151	0.7842
X	0.001929	0.005340	0.361348	0.7201
RESID(-1)	0.732512	0.126105	5.808744	0.0000

R-squared	0.505555	Mean dependent var	-2.84E-14
Adjusted R-squared	0.475589	S.D. dependent var	4.452854
S.E. of regression	3.224589	Akaike info criterion	5.259144
Sum squared resid	343.1332	Schwarz criterion	5.391104
Log likelihood	-91.66459	F-statistic	16.87075
Durbin-Watson stat	1.964732	Prob(F-statistic)	0.000009

LM 检验的 EViews 操作：在表 7-2 的回归结果下，点击 View→Residual Tests→Serial Correlation LM Test，如图 7-5，这时会弹出如图 7-6 中的对话框，选择滞后阶数，缺省值为 2，我们可以根据自己的目的调整滞后阶数。

表 7-5　LM 检验法检验二阶自相关

Breusch-Godfrey Serial Correlation LM Test:

F-statistic	16.41212	Probability	0.000012
Obs*R-squared	18.22887	Probability	0.000110

Test Equation:
Dependent Variable: RESID
Method: Least Squares
Date: 08/06/08　Time: 16:02
Presample missing value lagged residuals set to zero.

Variable	Coefficient	Std. Error	t-Statistic	Prob.
C	-0.566317	1.843106	-0.307262	0.7606
X	0.002198	0.005545	0.396480	0.6944
RESID(-1)	0.704495	0.177382	3.971617	0.0004
RESID(-2)	0.044248	0.194016	0.228063	0.8210

R-squared	0.506357	Mean dependent var	-2.84E-14
Adjusted R-squared	0.460078	S.D. dependent var	4.452854
S.E. of regression	3.271928	Akaike info criterion	5.313075
Sum squared resid	342.5764	Schwarz criterion	5.489022
Log likelihood	-91.63535	F-statistic	10.94141
Durbin-Watson stat	1.913975	Prob(F-statistic)	0.000042

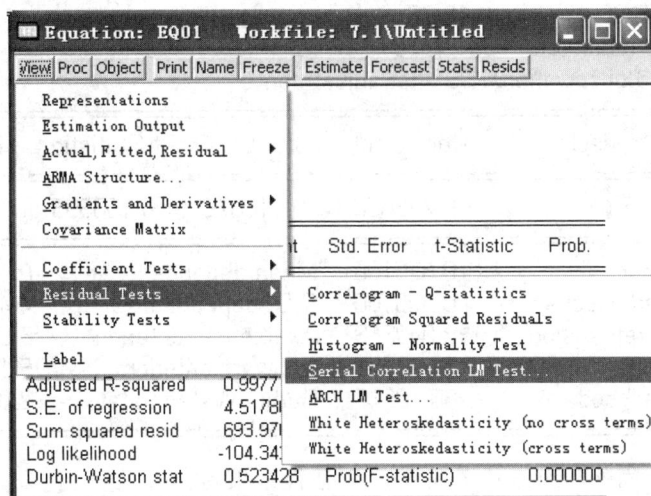

图 7-5　LM 检验的 EViews 操作

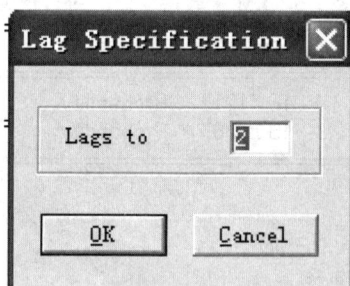

图 7-6　滞后阶数选取

（四）回归检验法

我们用回归检验法可以试算出下面的估计结果,输出结果如表 7-6。

$$e_t = -0.7286 e_{t-1}$$

$$(6.14)$$

$$R^2 = 0.525$$

其中,括号中为 t 值。

表 7-6　回归检验法输出结果

Dependent Variable: E
Method: Least Squares
Date: 08/06/08　Time: 15:26
Sample (adjusted): 1961 1995
Included observations: 35 after adjustments

Variable	Coefficient	Std. Error	t-Statistic	Prob.
E(-1)	0.728550	0.118676	6.138995	0.0000

R-squared	0.525100	Mean dependent var	-0.157079
Adjusted R-squared	0.525100	S.D. dependent var	4.415507
S.E. of regression	3.042858	Akaike info criterion	5.091627
Sum squared resid	314.8055	Schwarz criterion	5.136065
Log likelihood	-88.10347	Durbin-Watson stat	2.024396

再在上面的回归结果中加入 e_{t-2},估计结果为:

$$e_t = -0.7156 e_{t-1} + 0.0216 e_{t-2}$$

$$(4.05)\qquad\qquad (0.12)$$

$R^2 = 0.513$

可以看出 e_{t-2} 已经不显著,所以我们可以认为模型存在一阶自相关。

三、自相关的修正

(一)Durbin 两步估计法

1. 用 OLS 法估计

$$Y_t = \beta_0(1-\rho) + \rho Y_{t-1} + \beta_1 X_{1t} - \rho\beta_1 X_{1t-1} + \cdots + \beta_k X_{kt} - \rho\beta_k X_{kt-1} + \nu_t$$

输出结果如表 7-7,估计结果为:

$$\hat{Y}_t = -2.40 + 0.77Y_{t-1} + 0.76X_{1t} - 0.55X_{1t-1}$$

$$\qquad (-1.07) \quad (6.48) \quad (7.58) \quad (-4.03)$$

$$R^2 = 0.9991 \quad \overline{R}^2 = 0.9990 \quad F = 11\ 046.04$$

则 $\hat{\rho} = 0.77$,与用 DW 统计量求得的 $\hat{\rho} = 1 - \dfrac{DW}{2} = 1 - \dfrac{0.52}{2} = 1 - 0.26 = 0.74$ 相差不多。

表 7-7 自相关系数估计

Dependent Variable: Y
Method: Least Squares
Date: 08/06/08   Time: 16:47
Sample (adjusted): 1961 1995
Included observations: 35 after adjustments

Variable	Coefficient	Std. Error	t-Statistic	Prob.
C	-2.399880	2.240256	-1.071253	0.2923
Y(-1)	0.774799	0.119634	6.476434	0.0000
X	0.764571	0.100820	7.583548	0.0000
X(-1)	-0.547787	0.136029	-4.026999	0.0003

R-squared	0.999065	Mean dependent var	294.1429
Adjusted R-squared	0.998975	S.D. dependent var	93.80052
S.E. of regression	3.003155	Akaike info criterion	5.144415
Sum squared resid	279.5872	Schwarz criterion	5.322169
Log likelihood	-86.02726	F-statistic	11046.04
Durbin-Watson stat	1.812112	Prob(F-statistic)	0.000000

2. 广义差分法

我们取 $\hat{\rho}=0.77$，用 (7.20) 式减去 $\hat{\rho}$ 和 (7.20) 式第 $t-1$ 期的乘积得：

$$Y_t-0.77Y_{t-1}=\beta_0-0.77\beta_0+\beta_1 X_t-0.77\beta_1 X_{t-1}+\mu_t-0.77\mu_{t-1}$$

令

$$Y_{1t}=Y_t-0.77Y_{t-1},\ \alpha_0=\beta_0-0.77\beta_0=0.23\beta_0$$

$$X_{1t}=X_t-0.77X_{t-1},\ \nu_t=\mu_t-0.77\mu_{t-1}$$

这里的 EViews 操作只需生成两个新序列就可以了，在 Quick→Generate Series 的对话框中分两次输入的公式为："Y1＝Y－0.77Y(－1)"和"X1＝X－0.77X(－1)"即可。

用 Y_{1t}，X_{1t} 作新变量进行回归，输出结果如表 7-8，估计结果为：

$$Y_{1t}=-3.31+0.95X_{1t} \tag{7.22}$$

$$\qquad(-1.75)\quad(42.83)$$

$R^2=0.9823\quad \overline{R}^2=0.9818\quad F=1\ 834.64\quad DW=2.18$

表 7-8 广义差分输出结果

Dependent Variable: Y1
Method: Least Squares
Date: 08/06/08   Time: 20:46
Sample (adjusted): 1961 1995
Included observations: 35 after adjustments

Variable	Coefficient	Std. Error	t-Statistic	Prob.
C	-3.309838	1.891427	-1.749916	0.0894
X1	0.949484	0.022167	42.83266	0.0000

R-squared	0.982331	Mean dependent var	74.58286
Adjusted R-squared	0.981795	S.D. dependent var	22.80161
S.E. of regression	3.076513	Akaike info criterion	5.140916
Sum squared resid	312.3427	Schwarz criterion	5.229793
Log likelihood	-87.96603	F-statistic	1834.637
Durbin-Watson stat	2.178504	Prob(F-statistic)	0.000000

查表得样本容量为 35（广义差分用掉了一个样本），1 个解释变量，显著性水平 $\alpha=0.05$ 的情况下，$d_L=1.40$，$d_U=1.52$，$4-d_U=2.48$. 而 $DW=2.18$，$d_U<DW<4-d_U$，所以误差项不存在自相关。

将 (7.22) 还原到 (7.20)：

$$\beta_0=\frac{\alpha_0}{1-\hat{\rho}}=\frac{-3.31}{0.23}=-13.48$$

则 $\hat{Y}_t = -13.48 + 0.95X_t$

与不进行自相关修正相比,修正后的平均边际消费倾向有所提高。

二、科—奥(Cochrane-Orcutt)迭代法

这种方法理论上比较复杂,但是在 EViews 中实现起来非常的方便,如果已经检测出自相关为 p 阶,只需在 Quick→Make Equation 的对话框中输入方程时加上 $AR(1),AR(2),\cdots,AR(p)$ 就可以了,其中 p 为自相关的阶数,如果其中某些 $AR(i)$ 不显著,可以剔除掉。在本例中,已知为一阶自相关,在估计方程时输入"y c x AR(1)"就可以了,输出结果如表 7-9,估计结果为:

$$\hat{Y}_t = -13.85 + 0.95X_t + 0.72AR(1) \qquad\qquad (7.23)$$
$$\quad (-1.94) \quad (48.52) \quad (5.99)$$
$$R^2 = 0.999 \quad \overline{R}^2 = 0.9989 \quad F = 15\,394.95 \quad DW = 2.08$$

表 7-9　Cochrane-Orcutt 迭代法输出结果

Dependent Variable: Y
Method: Least Squares
Date: 08/06/08   Time: 15:18
Sample (adjusted): 1961 1995
Included observations: 35 after adjustments
Convergence achieved after 7 iterations

Variable	Coefficient	Std. Error	t-Statistic	Prob.
C	-13.84951	7.128343	-1.942880	0.0609
X	0.948188	0.019543	48.51835	0.0000
AR(1)	0.720606	0.120343	5.987912	0.0000

R-squared	0.998962	Mean dependent var		294.1429
Adjusted R-squared	0.998897	S.D. dependent var		93.80052
S.E. of regression	3.115409	Akaike info criterion		5.192414
Sum squared resid	310.5847	Schwarz criterion		5.325730
Log likelihood	-87.86725	F-statistic		15394.95
Durbin-Watson stat	2.080020	Prob(F-statistic)		0.000000

Inverted AR Roots	.72			

可以看出和 Durbin 两步估计法结果相近。DW 检验和 LM 检验都表明模型(7.23)已不存在自相关,如表 7-10。

表 7-10 模型(7.23)的 LM 检验

Breusch-Godfrey Serial Correlation LM Test:

F-statistic	0.129667	Probability	0.721219
Obs*R-squared	0.145788	Probability	0.702593

【本章小结】

1. 自相关是指回归模型中随机误差项与其滞后项的相关关系。

2. 自相关主要是由模型函数形式选择、变量选择及数据处理等引起的。

3. 自相关对用 OLS 法进行参数估计的模型造成以下的影响:回归系数 $\hat{\beta}$ 仍具有无偏性,但会失去有效性;随机误差项的方差一般会被低估;模型的统计检验失效;预测精度降低。

4. 自相关的检验方法有图示法、DW 检验法、LM 检验法、回归检验法。

5. 消除自相关常用的方法就是广义差分法,Durbin 两步估计法和科克伦—奥科特迭代法。

【思考与练习】

7.1 自相关的含义是什么?它是由哪些原因造成的?

7.2 自相关造成的后果是什么?

7.3 检验自相关有哪些方法?

7.4 DW 检验必须满足的前提是什么?

7.5 LM 检验的优点是什么?

7.6 进行广义差分前需要求的变量是什么?

7.7 有以下的 EViews 输出结果,假设模型只存在一阶自相关,简述用广义差分法修正自相关的步骤。

```
Dependent Variable: Y
Method: Least Squares
Date: 08/06/08   Time: 21:55
Sample: 1985 2006
Included observations: 22
```

Variable	Coefficient	Std. Error	t-Statistic	Prob.
C	39.74974	12.31281	3.228324	0.0042
X	1.024399	0.009264	110.5831	0.0000

R-squared	0.998367	Mean dependent var		1312.882
Adjusted R-squared	0.998286	S.D. dependent var		494.5243
S.E. of regression	20.47641	Akaike info criterion		8.962932
Sum squared resid	8385.670	Schwarz criterion		9.062118
Log likelihood	-96.59226	F-statistic		12228.61
Durbin-Watson stat	0.572794	Prob(F-statistic)		0.000000

7.8 下表给出了 1980—2000 年我国工业增加值 Y(亿元)与全社会固定资产投资 X(亿元)的数据。

年份	X	Y	年份	X	Y
1980	910.9	1 996.5	1991	5 594.5	8 087.1
1981	961	2 048.4	1992	8 080.1	10 284.5
1982	1 230.4	2 162.3	1993	13 072.3	14 143.8
1983	1 430.1	2 375.6	1994	17 042.1	19 359.6
1984	1 832.9	2 789	1995	20 019.3	24 718.3
1985	2 543.2	3 448.7	1996	22 913.5	29 082.6
1986	3 120.6	3 967	1997	24 941.1	32 412.1
1987	3 791.7	4 585.8	1998	28 406.2	33 387.9
1988	4 753.8	5 772.2	1999	29 845.7	35 087.2
1989	4 410.4	6 484	2000	32 917.7	39 570.3
1990	4 517	6 858			

(1)当设定模型为 $\ln Y_t = \beta_0 + \beta_1 \ln X_t + \mu_t$ 时,是否存在自相关?

(2)取对数的优点是什么? 回归系数的经济含义是什么?

(3)用广义差分法修正自相关。

第8章 单方程计量经济学模型的补充专题

学习内容与要求:

　　本章主要介绍单方程计量经济学模型的补充专题,内容包括:虚拟变量模型、自回归分布滞后模型和模型设定问题。要求掌握虚拟变量模型的建模方法、自回归分布滞后模型的乘数分析以及模型设定问题的检验方法。并能够利用 EViews 软件进行相关操作分析。

　　本章介绍的内容属于单一方程模型的扩展问题。在现实的经济中可能会遇到这样的问题:属性因素是怎样影响经济现象的? 在定量因素的影响下属性变量是如何变动的? 如何对经济问题中的滞后效应进行建模和分析? 建模过程中的模型设定误差问题如何检验? 怎样才能建立一个好的计量经济学模型? 对这些问题的学习和认识将有利于提高计量经济学建模水平。

第一节　虚拟变量模型

一、虚拟变量

　　在前面的章节所涉及的模型中的变量都是些有具体的数量取值的变量,如收入、消费、GDP、需求量、价格等变量。但现实生活中除了这些数值型的变量以外,还有一些属性变量(或称定性变量),它们的取值往往用文字表示,如性别、学历、季节、种族、宏观政策的变动等,这些变量往往用来表明某种属性的有无或所具有的若干种属性状态。在实际的经济分析中,这些定性变量有时具有不可忽视的重要影响。如研究人们工作以后的收入水平时学历就是一个重要的影响因素、一个人的收入水平可能在很大程度上决定着他是否拥有自己的一套住房、某些产品的销量可能会明显地受季节因素的影响等等,所有这些问题的研究都会遇到定性变量的问题。

那么如何将这些定性因素引入计量经济学模型中呢？通常人们将这些定性因素转化为虚拟变量(dummy variable)去表现。根据这些因素的属性类型去构造取值为"0"或"1"的人工变量,一般用字母 D 来表示,例如:

$$D=\begin{cases} 1 & 男性 \\ 0 & 女性 \end{cases}, D=\begin{cases} 1 & 本科学历 \\ 0 & 非本科学历 \end{cases}, D=\begin{cases} 1 & 拥有自己的住房 \\ 0 & 没有自己的住房 \end{cases}$$

都是虚拟变量。一般在虚拟变量的设置中把具有某种基础的或肯定的属性取值为 1,另外比较的或否定的属性取值为 0.

把含有虚拟变量的模型称为虚拟变量模型。例如研究男女同学身高和体重的关系有无区别时,模型可以设定为:

$$w_i = \beta_0 + \beta_1 h_i + \beta_2 D + \mu_i$$

其中, w 代表体重, h 代表身高, D 为虚拟变量, $D=\begin{cases} 1 & 男同学 \\ 0 & 女同学 \end{cases}$。如果 β_2 显著的不等于零,即表明身高和体重的关系在男女同学之间是存在显著差别的。

虚拟变量既可以作为解释变量也可以作为被解释变量。如果把虚拟变量作为解释变量引入模型,我们称之为虚拟自变量模型;如果是作为因变量引入模型,我们称之为虚拟因变量模型。下面我们将分别讨论这两类模型。

二、虚拟自变量模型

虚拟变量作为解释变量引入模型有两种基本方式:加法方式和乘法方式。

1. 加法方式

像上面研究男女同学身高和体重的关系有无显著差异时,即以加法方式引入虚拟变量。在该模型中,当 $D=0$ 时,即表示女同学的体重和身高的关系,女同学的回归函数为:

$$E(w_i|h_i, D=0) = \beta_0 + \beta_1 h_i$$

男同学的回归函数为:

$$E(w_i|h_i, D=1) = (\beta_0 + \beta_2) + \beta_1 h_i$$

从几何意义上看,两个回归函数有相同的斜率,但有不同的截距。如图 8-1 所示。可以通过 t 检验对参数 β_2 进行显著性检验,如果 β_2 显著的不等于零,表明身高和体重的关系在男女同学之间是存在显著差别的。

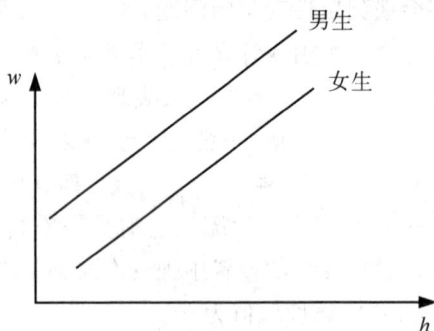

图 8-1　男女同学身高和体重的关系

2.乘法方式

加法方式主要考虑截距的不同,而斜率的不同可以通过乘法方式引入虚拟变量进行度量。

例如,研究工作经验对工资的影响,假设由于法律的原因,男性和女性参加工作时的起薪是一样的,现在考虑随着工龄的增加,男女职工的工资是否有显著的差异。

建立如下模型,Y 是月薪,X 是工龄:

$$Y = \alpha + (\beta_1 + \beta_2 D)X + \mu \qquad D = \begin{cases} 1 & \text{男性} \\ 0 & \text{女性} \end{cases}$$

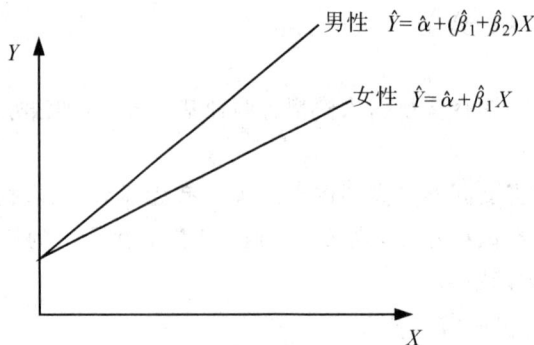

图 8-2　男女职工工龄对收入的影响(起薪相同)

由于男性和女性参加工作时的起薪是一样的,所以两条回归线的截距一样,如果经过检验发现 β_2 显著的不等于零,则表明随着工龄的增加,男女职工的工资收入是存在显著差异的。

对上面的例子,如果男女参加工作时的起薪存在性别歧视,应如何修正模型? 这时候应该同时考虑加法方式和乘法方式。可建立如下形式的回归模型:

$$Y = \alpha_1 + \alpha_2 D + (\beta_1 + \beta_2 D)X + \mu, \qquad D = \begin{cases} 1 & 男性 \\ 0 & 女性 \end{cases}$$

此时男性的回归函数为:

$$E(Y|X,D=1) = \alpha_1 + \alpha_2 + (\beta_1 + \beta_2)X$$

女性的回归函数为:

$$E(Y|X,D=0) = \alpha_1 + \beta_1 X$$

参见图 8-3。

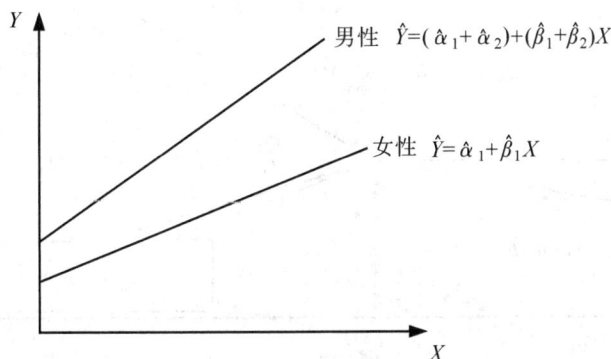

图 8-3 男女职工工龄对收入的影响(起薪不同)

同样的可以通过显著性检验判断男女职工工龄对收入的影响是否存在显著性的差异。

在实际的问题中,有时候不容易判断到底应该采用加法方式还是乘法方式,这时可以往模型中同时按加法方式和乘法方式引入虚拟变量,再根据相关参数的显著性确定是采用加法方式还是乘法方式。

3.临界指标的虚拟变量的引入

有的社会经济现象的变动,会在解释变量达到某个临界值时发生转折,为了区分不同阶段的截距和斜率,可以利用虚拟变量进行分段回归。通常的方法是设立临界指标的虚拟变量。例如,进口消费品数量 Y 主要取决于国民收入 X 的多少,我国在改革开放前后 Y 对 X 的回归关系明显不同。1979 年就

是一个转折时期,可以令 $t^* = 1979$,以 1979 年的国民收入 X_t^* 为临界值,设

如下虚拟变量: $D_t = \begin{cases} 1 & t \geqslant t^* \\ 0 & t < t^* \end{cases}$

则可以建立如下的回归模型:

$$Y_t = \beta_0 + \beta_1 X_t + \beta_2 (X_t - X_t^*) D_t + \mu_t$$

其相应的样本回归函数为

$$\hat{Y}_t = \hat{\beta}_0 + \hat{\beta}_1 X_t + \hat{\beta}_2 (X_t - X_t^*) D_t$$

当 $t < t^*$ 时, $\hat{Y}_t = \hat{\beta}_0 + \hat{\beta}_1 X_t$;

当 $t \geqslant t^*$ 时, $\hat{Y}_t = (\hat{\beta}_0 - \hat{\beta}_2 X_t^*) + (\hat{\beta}_1 + \hat{\beta}_2) X_t$

当 $t = t^*$ 时, $X_t = X_t^*$,两式计算的 Y 相等,两条直线在转折期连接成一条折线,如图 8-4 所示。

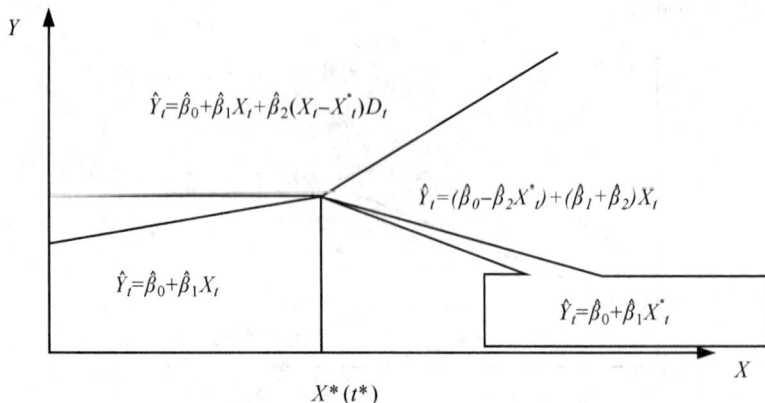

图 8-4　临界指标的虚拟变量回归示意图

4.虚拟变量的设置原则

虚拟变量的个数须按以下原则确定:

每一定性变量所需的虚拟变量个数要比该定性变量的类别(或属性)数少1,即如果有 m 个定性变量,只在模型中引入 $m-1$ 个虚拟变量。否则会陷入所谓"虚拟变量陷阱",产生完全的多重共线性。

【例 8-1】已知冷饮的销售量 Y 除受 k 种定量变量 $X_1, X_2, \cdots, X_k$ 的影响外,还受春、夏、秋、冬四季变化的影响,要考察该四季的影响,只需引入三个虚拟变量即可:

$$X_{1t} = \begin{cases} 1 & 春季 \\ 0 & 其他 \end{cases}, X_{2t} = \begin{cases} 1 & 夏季 \\ 0 & 其他 \end{cases}, X_{3t} = \begin{cases} 1 & 秋季 \\ 0 & 其他 \end{cases}$$

此时冷饮销售量模型为：

$$Y_t = \beta_0 + \beta_1 X_{1t} + \cdots + \beta_k X_{kt} + \alpha_1 D_{1t} + \alpha_2 D_{2t} + \alpha_3 D_{3t} + \mu_t$$

在上述模型中，若再引入第四个虚拟变量 $X_{4t} = \begin{cases} 1 & \text{冬季} \\ 0 & \text{其他} \end{cases}$，此时的冷饮销售量模型为：

$$Y_t = \beta_0 + \beta_1 X_{1t} + \cdots + \beta_k X_{kt} + \alpha_1 D_{1t} + \alpha_2 D_{2t} + \alpha_3 D_{3t} + \alpha_4 D_{4t} + \mu_t$$

把它写成矩阵形式：$Y = (\boldsymbol{X} \quad \boldsymbol{D}) \begin{pmatrix} \boldsymbol{\beta} \\ \boldsymbol{\alpha} \end{pmatrix} + \boldsymbol{\mu}$

如果只取六个观测值，其中春季与夏季取了两次，秋、冬各取到一次观测值，则式中的：

$$(\boldsymbol{X} \quad \boldsymbol{D}) = \begin{pmatrix} 1 & X_{11} & \cdots & X_{k1} & 1 & 0 & 0 & 0 \\ 1 & X_{12} & \cdots & X_{k2} & 0 & 1 & 0 & 0 \\ 1 & X_{13} & \cdots & X_{k3} & 0 & 0 & 1 & 0 \\ 1 & X_{14} & \cdots & X_{k4} & 0 & 0 & 0 & 1 \\ 1 & X_{15} & \cdots & X_{k5} & 0 & 1 & 0 & 0 \\ 1 & X_{16} & \cdots & X_{k6} & 1 & 0 & 0 & 0 \end{pmatrix}, \boldsymbol{\beta} = \begin{pmatrix} \beta_0 \\ \beta_1 \\ \vdots \\ \beta_k \end{pmatrix}, \boldsymbol{\alpha} = \begin{pmatrix} \alpha_1 \\ \alpha_2 \\ \alpha_3 \\ \alpha_4 \end{pmatrix}$$

显然，$(\boldsymbol{X} \quad \boldsymbol{D})$ 中的第 1 列可表示成后 4 列的线性组合，从而 $(\boldsymbol{X} \quad \boldsymbol{D})$ 不满秩，参数无法唯一求出。这就是所谓的"虚拟变量陷阱"，应避免。

三、虚拟因变量模型

在计量经济学中，虚拟变量既可以作为解释变量又可以作为被解释变量。当虚拟变量作为被解释变量时，其作用是对某一经济现象或活动进行"是"与"否"的判断或决策。如家庭是否拥有自己的住宅，企业是否在某个地区投资等。虚拟因变量模型又被称为线性概率模型，我们可以通过下面的分析来理解对虚拟因变量模型进行回归的含义。

1. 线性概率模型（LPM，linear probability model）

我们可以用上面提到的例子来进行分析。假设我们研究居民是否拥有产权属于自己的住房的问题，其状态只有两种："有"或"没有"，所以如果用 Y 表示因变量，即为一虚拟变量，即：

$$Y = \begin{cases} 1 & \text{拥有住房} \\ 0 & \text{没有住房} \end{cases}。$$

影响 Y 的主要因素应该是居民的收入水平 X，所以，对这一问题我们可以建立如下的模型：

$$Y_i = \beta_0 + \beta_1 X_i + \mu_i \qquad\qquad (8.1)$$

这一模型的形式与我们的一元线性回归模型的形式完全相同,但其回归的含义不同。

记收入为 X_i 的居民拥有住房的条件概率为 $P_i = P(Y_i = 1 | X_i)$,则没有住房的概率就是 $1 - P(Y_i = 1 | X_i)$. 则模型(8.1)对应的总体回归函数为:

$$
\begin{aligned}
E(Y_i | X_i) &= \beta_0 + \beta_1 X_i \\
&= 1 \times P(Y_i = 1 | X_i) + 0 \times [1 - P(Y_i = 1 | X_i)] \\
&= P(Y_i = 1 | X_i) \\
&= P_i
\end{aligned}
$$

所以,(8.1)式回归的含义为概率,即在收入水平为 X_i 的前提下拥有住房的概率。这也是虚拟因变量模型被称为线性概率模型(LPM)的原因。

既然模型(8.1)形式上与一元线性回归模型相同,是否可以用 OLS 来对模型中的参数进行估计? 这需要验证 OLS 估计的前提假设是否满足。事实上,用普通最小二乘法估计 LPM 时存在以下困难:

(1)随机项的非正态性

由于 Y_i 只取两个值,所以随机扰动项 μ_i 也只取两个值。

当 $Y_i = 1$ 时,$\mu_i = 1 - \beta_0 - \beta_1 X_i$;

当 $Y_i = 0$ 时,$\mu_i = -\beta_0 - \beta_1 X_i$.

显然,我们不能再假定随机扰动项 μ_i 服从正态分布,而是服从两点分布。其分布列如表 8-1 所示。

表 8-1　LPM 模型随机扰动项的分布

μ_i	概　率
$-\beta_0 - \beta_1 X_i$	$1 - P_i$
$1 - \beta_0 - \beta_1 X_i$	P_i
总　和	1

对于这一问题我们可以通过增大样本容量的方式,减轻非正态性的影响。

(2)异方差

根据随机扰动项 μ_i 的分布列,我们可以计算其方差:

$$
\begin{aligned}
\mathrm{Var}(\mu_i) &= E[\mu_i - E(\mu_i)]^2 \\
&= E(\mu_i^2) \qquad\qquad (\text{因为 } E(\mu_i) = 0) \\
&= (-\beta_0 - \beta_1 X_i)^2 (1 - P_i) + (1 - \beta_0 - \beta_1 X_i)^2 P_i \\
&= (-\beta_0 - \beta_1 X_i)^2 (1 - \beta_0 - \beta_1 X_i) + (1 - \beta_0 - \beta_1 X_i)^2 (\beta_0 + \beta_1 X_i) \\
&= (\beta_0 + \beta_1 X_i)(1 - \beta_0 - \beta_1 X_i)
\end{aligned}
$$

$$= P_i(1 - P_i)$$

对于不同的样本点,X_i 的取值不同,所以 $P_i = P(Y_i = 1 | X_i)$ 的值也不同,因此 μ_i 异方差。

当然,对于异方差问题我们已可以通过加权最小二乘法来加以解决。

（3）值域问题

在利用 LPM 进行预测时,条件期望的值可能超出 $[0,1]$ 区间,这是线性概率模型的严重缺点。如图 8-5（a）。

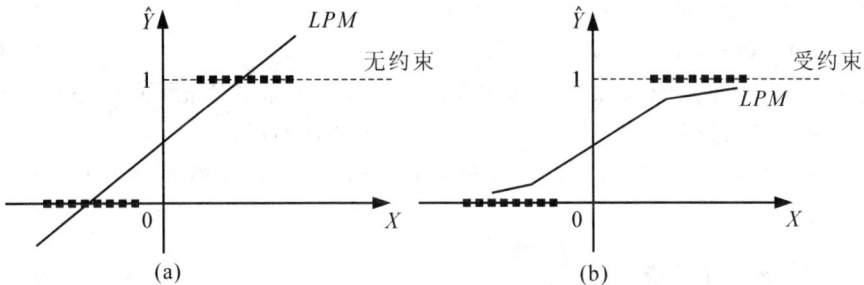

图 8-5

对于这一问题,我们可以对 LPM 施加一定的约束,如大于 1 的当作 1,小于 0 的当作 0.

（4）边际效应为常数,与经济意义不符

对于 LPM,随着 X 的变化,X 对 $E(Y|X) = P(Y = 1|X)$ 的边际效应保持不变,这与经济意义不符。例如,对于前面拥有住房的问题,在不同的收入水平下,增加单位的收入,其拥有住房的概率的变动情况是不一样的,也即边际效应不会保持不变。而是应该具有如图 8-6 形式的边际变化趋势。

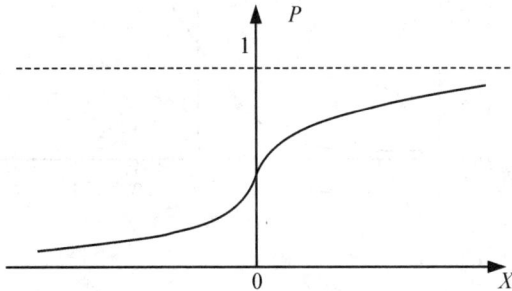

图 8-6

由于直接用 OLS 估计 LPM 存在着这些困难,但线性概率模型确实能够帮助我们解决一大类新的问题,人们转而考虑用其他形式的模型来实现类似于 LPM 的概率的估计与预测。常用的模型有两类:Probit 模型和 Logit 模型,它们可以看作是对 LPM 的改进。

对于一般形式的 LPM:

$$Y = \beta_0 + \beta_1 X_1 + \cdots + \beta_k X_k + \mu = \boldsymbol{X}' \boldsymbol{\beta} + \mu \tag{8.2}$$

其中,Y 为虚拟变量,$\boldsymbol{X}' = (1 \quad X_1 \quad \cdots \quad X_k)$,$\boldsymbol{\beta} = (\beta_0 \quad \beta_1 \quad \cdots \quad \beta_k)'$。

由于其总体回归函数为

$$E(Y \mid \boldsymbol{X}) = P(Y = 1 \mid \boldsymbol{X}) G(\boldsymbol{X}' \boldsymbol{\beta}) \tag{8.3}$$

$G(\cdot)$ 为某一函数,由于 $0 \leqslant G(\boldsymbol{X}' \boldsymbol{\beta}) \leqslant 1$,所以人们通常把 $G(\cdot)$ 看作是某一概率分布的分布函数。对于(8.3)式的两个特殊的形式:

(1)把 $G(\cdot)$ 取作标准正态分布的分布函数,此时的模型称为 Probit 模型。即:

$$G(\boldsymbol{X}' \boldsymbol{\beta}) = \Phi(\boldsymbol{X}' \boldsymbol{\beta}) = \int_{-\infty}^{\boldsymbol{X}' \boldsymbol{\beta}} \phi(v) \, dv$$

其中 $\phi(\cdot)$ 为标准正态分布的密度函数。

(2)把 $G(\cdot)$ 取作逻辑斯蒂(logistic)分布的分布函数,此时的模型称为 Logit 模型。

逻辑斯蒂(logistic)分布的分布函数的形式为:

$$F(x) = \frac{\exp(x)}{1 + \exp(x)}$$

其形态如图 8-7 所示。

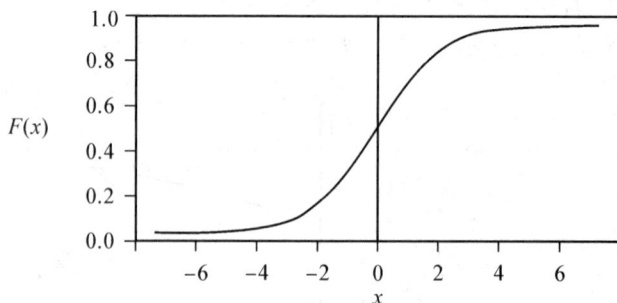

图 8-7

所以，

$$G(\boldsymbol{X}'\boldsymbol{\beta}) = F(\boldsymbol{X}'\boldsymbol{\beta}) = \frac{\exp(\boldsymbol{X}'\boldsymbol{\beta})}{1 + \exp(\boldsymbol{X}'\boldsymbol{\beta})}.$$

接下来，我们重点探讨 Logit 模型的一些特点及估计方法。

2. Logit 模型

对于一般形式的 LPM 模型(8.2)，当取逻辑斯蒂分布的分布函数时，

$$P_i = \mathrm{E}(Y|\boldsymbol{X}) = P(Y=1|\boldsymbol{X}) = G(\boldsymbol{X}'\boldsymbol{\beta}) = \frac{\exp(\boldsymbol{X}'\boldsymbol{\beta})}{1 + \exp(\boldsymbol{X}'\boldsymbol{\beta})} = \frac{1}{1 + \exp(-\boldsymbol{X}'\boldsymbol{\beta})}$$

$$(8.4)$$

若令 $z = \boldsymbol{X}'\boldsymbol{\beta}$，显然当 $z \to +\infty$ 时，$P_i \to 1$；当 $z \to -\infty$ 时，$P_i \to 0$.

对(8.4)式，经过适当的变换可以变形为：

$$L_i = \ln(\frac{P_i}{1-P_i}) = \boldsymbol{X}'\boldsymbol{\beta} = \beta_0 + \beta_1 X_1 + \cdots + \beta_k X_k$$

因此，Logit 模型的总体模型形式可以写作：

$$L_i = \ln(\frac{P_i}{1-P_i}) = \boldsymbol{X}'\boldsymbol{\beta} + \mu = \beta_0 + \beta_1 X_1 + \cdots + \beta_k X_k + \mu \qquad (8.5)$$

其中，μ 为随机扰动项，比率 $\dfrac{P_i}{1-P_i}$ 通常被称为机会比率，即所研究的事件（或属性）"发生"的概率与"没有发生"的概率之比，$L_i = \ln(\dfrac{P_i}{1-P_i})$ 称为对数单位。这样对数单位 L_i 不仅是 $\boldsymbol{X}$ 的线性函数，而且也是参数 $\boldsymbol{\beta}$ 的线性函数。

对应于 Logit 模型(8.5)，如何来进行参数估计呢？虽然(8.5)式具有标准线性模型的形式，但我们马上意识到在现实问题中，对数单位 $L_i = \ln(\dfrac{P_i}{1-P_i})$ 的数据往往是不容易获取的。因此不能直接用 OLS 来估计。而只能采取极大似然法(ML)估计参数。在这里，我们不再介绍具体的估计过程。但这一估计过程用 EViews 软件实现起来是容易的。

【例 8-2】为了研究多媒体教学对学生计量经济学课程成绩的影响，获取了如表 8-2 的一组数据。其中，被解释变量 Y 为计量经济学的成绩，如果该成绩为优秀，则 $Y=1$，否则，$Y=0$；解释变量包括：入学考试的平均成绩(X_1)，入学后的数学考试成绩(X_2)，以及教学方法(X_3)，如果采用多媒体，则 $X_3=1$，否则为 0.

表 8-2　32 名被调查学生的平均成绩及相关数据

序号	Y	X_1	X_2	X_3	序号	Y	X_1	X_2	X_3
1	0	2.66	20	0	17	0	2.75	25	0
2	0	2.89	22	0	18	0	2.83	19	0
3	0	3.28	24	0	19	0	3.12	23	1
4	0	2.92	12	0	20	1	3.16	25	1
5	1	4	21	0	21	0	2.06	22	1
6	0	2.86	17	0	22	1	3.62	28	1
7	0	2.76	17	0	23	0	2.89	14	1
8	0	2.87	21	0	24	0	3.51	26	1
9	0	3.03	25	0	25	1	3.54	24	1
10	1	3.92	29	0	26	1	2.83	27	1
11	0	2.63	20	0	27	1	3.39	17	1
12	0	3.32	23	0	28	0	2.67	24	1
13	0	3.57	23	0	29	1	3.65	21	1
14	1	3.26	25	0	30	1	4	23	1
15	0	3.53	26	0	31	0	3.1	21	1
16	0	2.74	19	0	32	1	2.39	19	1

建立虚拟因变量模型

$$Y_i = \beta_0 + \beta_1 X_{1i} + \beta_2 X_{2i} + \beta_3 X_{3i} + \mu_i$$

其回归函数为：

$$P_i = E(Y \mid \boldsymbol{X}) = P(Y=1 \mid \boldsymbol{X}) = G(\boldsymbol{X}'\boldsymbol{\beta}) = \beta_0 + \beta_1 X_{1i} + \beta_2 X_{2i} + \beta_3 X_{3i}$$

在这里 $P_i = P(Y_i = 1 \mid X_i)$ 表示获得优秀成绩的概率。建立的 Logit 模型如下：

$$\ln\left(\frac{P_i}{1-P_i}\right) = \beta_0 + \beta_1 X_{1i} + \beta_2 X_{2i} + \beta_3 X_{3i} + \mu_i$$

我们利用 EViews 软件中的 ML 法估计 Logit 模型。在对 EViews 进行操作时首先录入数据，然后进入 Equation Estimation 对话界面，在 Estimate settings 中选择 Binary 方法选项。如图 8-8。

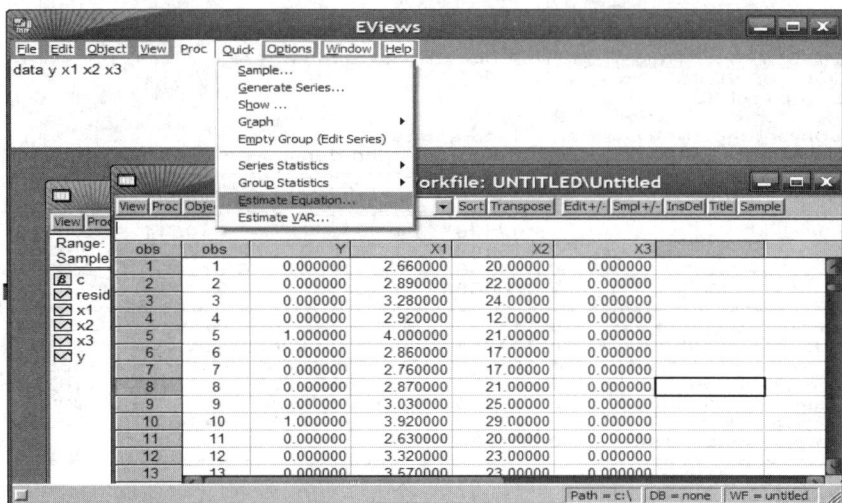

图 8-8

在 Equation specification 中列出因变量及各自变量:"Y c X1 X2 X3"。
在 Binary estimation 的选项中选择 Logit,如图 8-9。

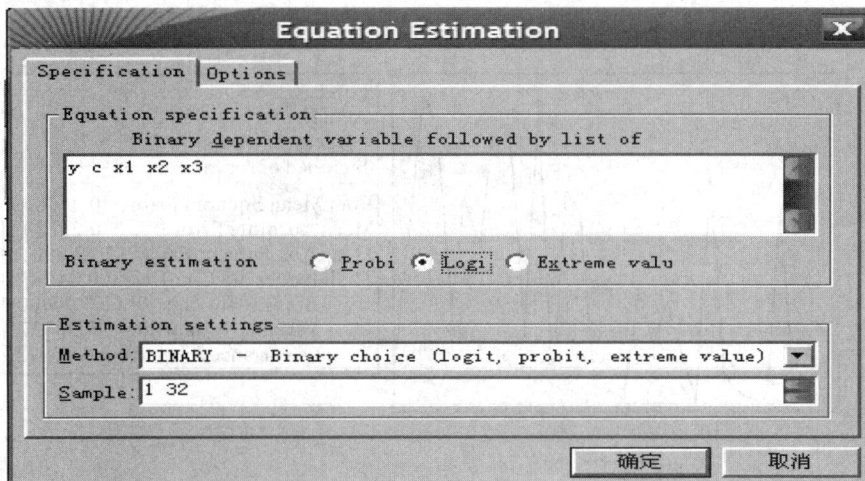

图 8-9

得如表 8-3 所示的回归结果:

表 8-3

```
Dependent Variable: Y
Method: ML - Binary Logit (Quadratic hill climbing)
Date: 06/05/08   Time: 20:44
Sample: 1 32
Included observations: 32
Convergence achieved after 5 iterations
Covariance matrix computed using second derivatives
```

Variable	Coefficient	Std. Error	z-Statistic	Prob.
C	-13.02135	4.931317	-2.640541	0.0083
X1	2.826113	1.262940	2.237725	0.0252
X2	0.095158	0.141554	0.672235	0.5014
X3	2.378688	1.064563	2.234426	0.0255

Mean dependent var	0.343750	S.D. dependent var		0.482559
S.E. of regression	0.384716	Akaike info criterion		1.055602
Sum squared resid	4.144171	Schwarz criterion		1.238819
Log likelihood	-12.88963	Hannan-Quinn criter.		1.116333
Restr. log likelihood	-20.59173	Avg. log likelihood		-0.402801
LR statistic (3 df)	15.40419	McFadden R-squared		0.374038
Probability(LR stat)	0.001502			

Obs with Dep=0	21	Total obs	32
Obs with Dep=1	11		

根据 EViews 表格,回归结果可以表示为:

$$\ln(\frac{P_i}{1-P_i}) = -13.021 + 2.8261X_1 + 0.0952X_2 + 2.3787X_3$$

然后点击 Forecast 菜单,选择预测概率,就可以得到如图 8-10 所示的概率的预测序列。

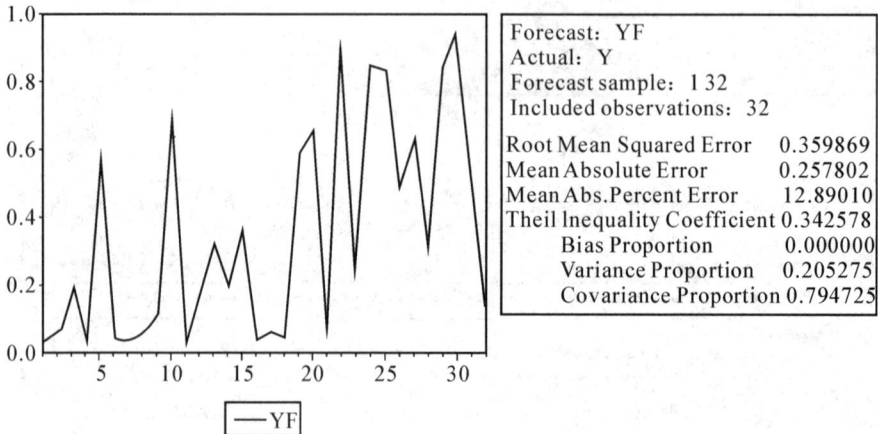

```
Forecast: YF
Actual: Y
Forecast sample: 1 32
Included observations: 32

Root Mean Squared Error     0.359869
Mean Absolute Error         0.257802
Mean Abs.Percent Error     12.89010
Theil Inequality Coefficient 0.342578
   Bias Proportion          0.000000
   Variance Proportion      0.205275
   Covariance Proportion   0.794725
```

图 8-10

从回归结果可以看出,是否采用多媒体教学对计量经济学的成绩有显著影响。这一点从预测概率图上也可以明显看出,采用多媒体教学后(第 20 到

32 个观测),成绩优秀的概率明显提高。成绩为优秀的概率可以根据样本回归函数计算。

第二节　自回归与分布滞后模型

在经济运行过程中,广泛存在时间滞后效应。某些经济变量不仅受到同期各种因素的影响,而且也受到过去某些时期的各种因素甚至自身的过去值的影响。解释变量与被解释变量的因果联系不可能在短时间内完成,在这一过程中通常都存在时间滞后,也就是说解释变量需要通过一段时间才能完全作用于被解释变量。此外,由于经济活动的惯性,一个经济指标以前的变化态势往往会延续到本期,从而形成被解释变量的当期变化同自身过去取值水平相关的情形。

这种被解释变量受自身或其他经济变量过去值影响的现象称为滞后效应。

通常把这种过去时期的,具有滞后作用的变量叫做滞后变量(lagged variable),含有滞后变量的模型称为滞后变量模型。

滞后变量模型考虑了时间因素的作用,实现对经济问题的动态分析。含有滞后解释变量的模型,又称动态模型(dynamical model)。

在现实的经济问题中这种滞后效应是普遍存在的,例如考虑消费函数,通常认为,本期的消费除了受本期的收入影响之外,还受前 1 期或前 2 期收入的影响,用计量模型表示:

$$C_t = \beta_0 + \beta_1 Y_t + \beta_2 Y_{t-1} + \beta_3 Y_{t-2} + \mu_t$$

其中,Y_{t-1},Y_{t-2} 为滞后变量。

一般认为,产生滞后效应的原因主要有以下几方面:

(1)心理因素:人们的心理定势,行为方式滞后于经济形势的变化,如中彩票的人不可能很快改变其生活方式。

(2)技术原因:如当年的产出在某种程度上依赖于过去若干期内投资形成的固定资产。

(3)制度原因:如定期存款到期才能提取,造成了它对社会购买力的影响具有滞后性。

一、滞后变量模型

以滞后变量作为解释变量,就得到滞后变量模型。它的一般形式为:

$$Y_t = \beta_0 + \beta_1 Y_{t-1} + \beta_2 Y_{t-2} + \cdots + \beta_q Y_{t-q} + \alpha_0 X_t + \alpha_1 X_{t-1} + \cdots + \alpha_s X_{t-s} + \mu_t$$

$$(8.6)$$

其中,q 和 s 为滞后时间间隔。

上述滞后变量模型又称为自回归分布滞后模型(autoregressive distributed lag model,ADL):既含有 Y 对自身滞后变量的回归,还包括 X 分布在不同时期的滞后变量。若滞后期长度为有限,称模型为有限自回归分布滞后模型,若滞后时期长度为无限,称模型为无限自回归分布滞后模型。

1. 分布滞后模型(distributed-lag model)

该模型中没有滞后被解释变量,仅有解释变量 X 的当期值及其若干期的滞后值:

$$Y_t = \alpha + \sum_{i=0}^{s} \beta_i X_{t-i} + \mu_t$$

$$(8.7)$$

其中,s 称为滞后长度,在分布滞后模型中,各系数体现了解释变量的各个滞后值对被解释变量的不同影响程度,即通常所说的乘数效应。

β_0 称为短期(short-run)或即期乘数(impact multiplier),表示本期 X 变化一单位对 Y 平均值的影响程度。

$\beta_i (i=1,2,\cdots,s)$ 称为动态乘数或延迟系数,表示滞后各期 X 的变动对 Y 平均值影响的大小。

$\sum_{i=0}^{s} \beta_i$ 称为长期(long-run)或均衡乘数(total distributed-lag multiplier),表示 X 变动一个单位,由于滞后效应而形成的对 Y 平均值总影响的大小。

分布滞后模型主要用于由于滞后效应形成的乘数分析(短期乘数、长期乘数)。

2. 自回归模型(autoregressive model)

该模型中的解释变量仅包含 X 的当期值与被解释变量 Y 的一个或多个滞后值的模型,模型形式为:

$$Y_t = \alpha_0 + \alpha_1 X_t + \sum_{i=1}^{q} \beta_i Y_{t-i} + \mu_t$$

$$(8.8)$$

其中,q 为自回归的阶数。特别的,当 $q=1$ 时,上述模型为一阶自回归模

型(first-order autoregressive model),形式为:

$$Y_t = \alpha_0 + \alpha_1 X_t + \alpha_2 Y_{t-1} + \mu_t$$

二、分布滞后模型的参数估计

1. 分布滞后模型估计的困难

无限期的分布滞后模型,由于样本观测值的有限性,使得无法直接对其进行估计。有限期的分布滞后模型,OLS 会遇到如下问题:

(1)没有先验准则确定滞后期长度;

(2)如果滞后期较长,将缺乏足够的自由度进行估计和检验;

(3)同名变量滞后值之间可能存在高度线性相关,即模型存在高度的多重共线性。

2. 分布滞后模型的修正(库伊克(Koyck)方法)

库伊克方法是将无限分布滞后模型转换为自回归模型,然后进行估计。

对于无限分布滞后模型:

$$Y_t = \beta_0 + \beta_1 X_t + \beta_2 X_{t-1} + \cdots + \beta_{k+1} X_{t-k} + \cdots + \mu_t \tag{8.9}$$

整体滞后一期:

$$Y_{t-1} = \beta_0 + \beta_1 X_{t-1} + \beta_2 X_{t-2} + \cdots + \beta_{k+1} X_{t-k-1} + \cdots + \mu_{t-1} \tag{8.10}$$

由(8.10)式可知,(8.9)式中 X_{t-1}, X_{t-2}, X_{t-3}, $\cdots$ 对 Y_t 的影响可以通过 Y_{t-1} 间接反映出来,因此对(8.9)式可以采用自回归模型:

$$Y_t = \beta_0 + \beta_1 X_t + \alpha Y_{t-1} + \mu_t \tag{8.11}$$

称(8.11)式为对应于(8.9)式的库伊克模型(Koyck model),上述变换也称为库伊克变换。

库伊克模型的优点:

(1)大大减少了自由度的损失,解决了滞后长度难以确定问题。

(2)大大缓解了多重共线性问题。

但库伊克变换也同时产生了两个新问题:

(1)模型存在随机项的序列相关问题,且 DW 检验不适用。

(2)滞后被解释变量 Y_{t-1} 与随机项不独立。

这些新问题需要进一步解决。

3. 杜宾(Durbin)的 h 检验

对于随机扰动项的序列相关问题的诊断,我们前面曾介绍过 DW 检验。但这一检验并不适合于含有滞后因变量的情形,即对于 Koyck 模型是不适用的。因为已有研究表明,在自回归模型中,如果用 DW 检验法,则 DW 统计量总是趋近于 2,即倾向于得出无自相关的结论。为修正这一问题,杜宾提出了检验一阶自相关的 h 统计量检验法。

h 统计量定义为:

$$h = \hat{\rho} \sqrt{\frac{n}{1 - n\text{Var}(\hat{\alpha})}} \cong (1 - \frac{d}{2}) \sqrt{\frac{n}{1 - n\text{Var}(\hat{\alpha})}} \tag{8.12}$$

其中,$\hat{\rho}$ 为随机扰动项一阶自相关系数 ρ 的估计量,d 为 DW 统计量的值,n 为有效样本容量,$\text{Var}(\hat{\alpha})$ 为滞后因变量 Y_{t-1} 的回归系数的估计方差。

Durbin 证明了在 $\rho = 0$ 的假定下,h 统计量的极限分布为标准正态分布。因此,在大样本情况下,可以用 h 统计量判断随机扰动项是否存在一阶自相关。

具体步骤如下:

(1)对于回归模型

$$Y_t = \beta_0 + \beta_1 X_t + \alpha Y_{t-1} + \mu_t$$

直接进行 OLS 估计,得到 $\text{Var}(\hat{\alpha})$ 及 DW 统计量的值 d.

(2)利用(8.12)式计算 h 统计量的值,记为 h^*.

(3)给定显著水平 α,查标准正态分布表,得临界值 $h_{\alpha/2}$,若 $|h^*| > h_{\alpha/2}$,则拒绝原假设 $\rho = 0$,说明回归模型存在一阶自相关;反之,说明不存在一阶自相关。

三、库伊克(Koyck)模型的乘数分析

对分布滞后模型:

$$Y_t = \beta_0 + \beta_1 X_t + \beta_2 X_{t-1} + \cdots + \beta_{k+1} X_{t-k} + \cdots + \mu_t$$

其短期乘数为 β_1,其长期乘数为 $\sum_{i=1}^{\infty} \beta_i$.

上述分布滞后模型对应的 Koych 模型为:

$$Y_t = \beta_0 + \beta_1 X_t + \alpha Y_{t-1} + \mu_t$$

将 $Y_{t-1} = \beta_0 + \beta_1 X_{t-1} + \beta_2 X_{t-2} + \cdots + \beta_{k+1} X_{t-k-1} + \cdots + \mu_{t-1}$,代入 Koych 模型得:

$$Y_t = \beta_0 + \beta_1 X_t + \alpha \beta_0 + \alpha \beta_1 X_{t-1} + \alpha \beta_2 X_{t-2} + \cdots + \nu_t$$

其短期乘数为 β_1,其长期乘数为 $\beta_1 + \alpha \sum_{i=1}^{\infty} \beta_i$.

上述两个长期乘数应该相等,即:

$$\beta_1 + \alpha \sum_{i=1}^{\infty} \beta_i = \sum_{i=1}^{\infty} \beta_i$$

由此可得用 Koyck 模型参数表示的长期乘数：

$$\sum_{i=1}^{\infty} \beta_i = \frac{\beta_1}{1-\alpha}$$

所以对于 Koyck 模型：$Y_t = \beta_0 + \beta_1 X_t + \alpha Y_{t-1} + \mu_t$，其短期乘数为 β_1，其长期乘数为 $\frac{\beta_1}{1-\alpha}$.

【例 8-3】为弄清名义 GNP 增长率与调整后的基础货币（AMB）增长率之间的关系，Joseph 和 Scott 曾以美国 1960—1988 年的数据得到以下回归结果：

$$\hat{Y}_t = 0.004 + 0.238AMB_t + 0.759Y_{t-1} \qquad \text{Durbin's h} = 3.35$$
$$Se = (0.004) \quad (0.067) \quad (0.054)$$
$$t = (1.000) \quad (3.552) \quad (14.056)$$

其中，Y 代表 GNP 增长率。

从回归结果可以看出，AMB 的短期影响为 0.238，也即 AMB 每变化 1 个百分点，将导致 GNP 平均变动 0.238 个百分点。AMB 的长期影响为：

$$\frac{\beta_1}{1-\alpha} = \frac{0.238}{1-0.759} = 0.988$$

因此，从长期来看，AMB（持续）每变动 1 个百分点，将导致名义 GNP 增长率变动 0.988 个百分点，接近 1 个百分点。也就是说，AMB 增长率与名义 GNP 增长率之间存在着一对一的关系。

但从杜宾的 h 值来看，$h = 3.35$，在 5% 的显著水平下，标准正态分布的临界值 $h_{a/2} = 1.96$，由于 $|h^*| > h_{a/2}$，这表明回归模型中是存在自相关的，因此，对于回归的结果应该谨慎对待。

第三节　模型选择

在前面各章除了对随机扰动项分布的基本假定以外，还假定设定的模型正确地描述了被解释变量与解释变量之间的真实关系，假定模型中的变量没有测量误差。但是在实际的建模实践中，对模型的设定不一定能够完全满足这样的要求，从而会使模型出现设定误差。

计量经济模型是对变量间经济关系因果性的设想,若所设定的回归模型是"正确"的,则主要任务是对所选模型进行参数估计和假设检验。但是如果对计量模型的各种诊断或检验总不能令人满意,这时应把注意力集中到模型的设定方面:考虑所建模型是否遗漏了重要的变量? 是否包含了多余的变量? 所选模型的函数形式是否正确? 随机扰动项的设定是否合理? 变量的数据收集是否有误差? 所有这些,在计量经济学中被统称为设定误差。

一、模型的设定误差

1. 相关变量的遗漏

例如,如果"正确"的模型为:

$$Y_i = \beta_0 + \beta_1 X_{1i} + \beta_2 X_{2i} + \mu_i$$

而我们将模型设定为:

$$Y_i = \beta_0 + \beta_1 X_{1i} + \mu_i$$

即设定模型时漏掉了一个相关的解释变量。这类错误称为遗漏相关变量。

2. 无关变量的误选

例如,如果"真实模型"仍为:

$$Y_i = \beta_0 + \beta_1 X_{1i} + \beta_2 X_{2i} + \mu_i$$

但我们却将模型设定为:

$$Y_i = \beta_0 + \beta_1 X_{1i} + \beta_2 X_{2i} + \beta_3 X_{3i} + \mu_i$$

即设定模型时,多选了一个无关解释变量。这类错误称为无关变量的误选。

3. 错误的函数形式

例如,如果"真实"的回归函数形式为:

$$Y = A X_1^{\beta_1} X_2^{\beta_2} e^{\mu}$$

却将模型的函数形式设定为:

$$Y_i = \beta_0 + \beta_1 X_{1i} + \beta_2 X_{2i} + \mu_i$$

设定误差在建模中较容易出现。设定误差的存在可能会对模型造成不良的后果。当模型设定出现误差时,模型估计结果也会与"实际"有偏误;偏误的性质和程度与模型设定误差的类型密切相关。从实质上看,变量设定误差的主要后果,是一个或多个解释变量与随机扰动项之间存在着相关性,进而影响参数估计的统计特性。

二、模型设定误差的检验

1.检验是否含有无关变量

如果模型中误选了无关变量,则其系数的真值应为零。因此,只需对无关变量系数的显著性进行检验。可以采用:

t 检验:检验某一个变量是否应包括在模型中;

F 检验:检验若干个变量是否应同时包括在模型中。

因此,检验模型中是否含有无关的解释变量只需要对回归后的结果进行 t 检验或 F 检验即可,对于 F 检验可能更多的用到第四章中有约束的 F 检验的方法。

2.检验是否有相关变量的遗漏或函数形式设定偏误

对于遗漏变量设定误差的检验有多种方法,例如 DW 检验、拉格朗日乘数(LM)检验、豪斯曼检验、RESET 一般性检验等。这里只讨论设定误差的一些最常用的检验方法。

(1)残差检验

遗漏的相关变量应包含在随机扰动项中,那么回归所得的残差序列就会呈现单侧的正(负)相关性,因此可从自相关性的角度检验相关变量的遗漏。

对残差序列的检验不仅是检验自相关或异方差是否存在的好方法,而且可以用于检验模型中是否有相关变量的遗漏或函数形式设定偏误。对所选定的模型进行 OLS 回归,得到估计的残差序列 e_t,作 e_t 与时间 t 或某个解释变量的散点图,考察 e_t 是否有规律地在变动,以判断是否有相关变量的遗漏或函数形式设定偏误。如图 8-11(a)和(b)。

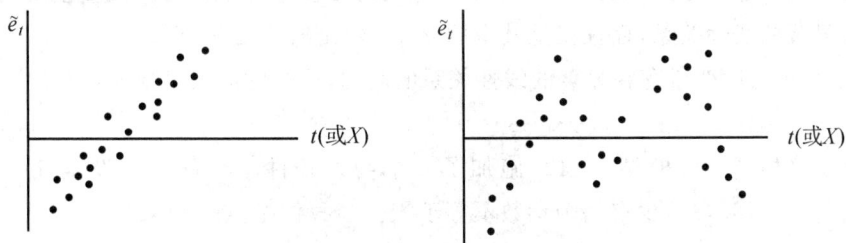

（a）趋势变化：模型设定时可能遗漏了一随着时间的推移而持续上升的变量

（b）循环变化：模型设定时可能遗漏了随着时间的推移而呈现循环变化的变量

图 8-11

模型函数形式设定有偏误时残差序列呈现正负交替变化。这是判断是否存在模型设定误差的一个显著标志。图 8-12 显示了一元回归模型中,真实模型呈幂函数形式,但却选取了线性函数进行回归。

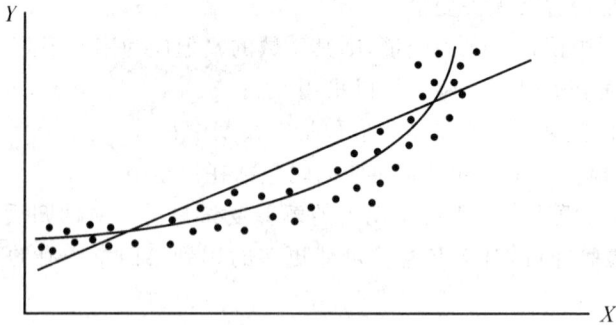

图 8-12   函数形式的设定误差

(2)拉格朗日乘数(Lagrange multiplier,LM)检验

拉格朗日乘数检验是一种大样本检验,它需要样本容量比较大,而且依赖于经典假设的成立。拉格朗日乘数这一名称来源于约束性最优化(constrained optimization)问题,而不是计量经济学的背景。但是这一方法已经成为计量经济学中非常常用的一种检验方法。

拉格朗日乘数检验的基本思想与第四章受约束的 F 检验非常类似,只不过构造的统计量不同,在 LM 检验中构造了一个服从 χ^2 分布的统计量。

对于多元线性回归模型:

$$Y=\beta_0+\beta_1 X_1+\beta_2 X_2+\cdots+\beta_k X_k+\mu \tag{8.13}$$

也许我们感兴趣的问题并不是所有 k 个解释变量整体上是否与因变量之间存在显著的线性关系,而仅仅是其中的 $q(q<k)$ 个解释变量 $X_{k-q+1},X_{k-q+2},\cdots,X_k$ 是否与因变量存在显著的线性关系的问题,这时的原假设变成:

$$H_0:\beta_{k-q+1}=\beta_{k-q+2}=\cdots=\beta_k=0 \tag{8.14}$$

这相当于对模型(8.13)施加了 q 个约束条件。其备择假设是 β_{k-q+1},$\beta_{k-q+2},\cdots,\beta_k$ 中至少有一个参数不等于零。当我们把这一约束(8.14)施加到模型(8.13)式时,便得到了一个受约束模型(restricted model):

$$Y=\tilde{\beta}_0+\tilde{\beta}_1 X_1+\tilde{\beta}_2 X_2+\cdots+\tilde{\beta}_{k-q}X_{k-q}+\tilde{\mu} \tag{8.15}$$

加"~"表示受约束模型的相关估计量,特别地用 $\tilde{e}$ 表示对受约束模型(8.15)进行估计后得到的残差序列。

显然,如果原假设(8.14)式成立,则表明(8.15)式是准确的模型,而(8.13)式是包含了 q 个不相关解释变量 $X_{k-q+1}, X_{k-q+2}, \cdots, X_k$ 的模型;反之,如果原假设(8.14)式不成立,则表明(8.15)式是一个遗漏了相关解释变量的模型。因此可以通过对原假设(8.14)式的检验来判断一个模型是否遗漏了相关解释变量。

如果原假设(8.14)式成立,即(8.15)式是准确的模型时,在经典假设成立的条件下,残差序列 $\tilde{e}$ 应该与(8.13)中的所有的解释变量不相关。因此可以考虑如下的辅助回归(auxiliary regression)模型:

$$\tilde{e} = \alpha_0 + \alpha_1 X_1 + \alpha_2 X_2 + \cdots + \alpha_k X_k + \mu \qquad (8.16)$$

其中,$\tilde{e}$ 表示对受约束模型(8.15)进行估计后得到的残差序列。如果 H_0 成立,对(8.16)式进行回归后的判定系数 R^2 应该很小。LM 检验利用 R^2 构造了如下统计量:

$$n \cdot R^2 \overset{asy}{\sim} \chi^2(q) \qquad (8.17)$$

其中,n 为样本容量,R^2 为辅助回归(8.16)式的判定系数,q 为受约束的变量个数,asy(asymptotically)表示渐近地,也即要求大样本情形。

因此 LM 检验可按下面的步骤进行:

①对受约束模型(可能存在遗漏变量问题)(8.15)进行回归,得残差序列 $\tilde{e}$.

②用残差序列 $\tilde{e}$ 对所有的解释变量作辅助回归(8.16)式,得判定系数 R^2.

③进行显著性检验:若 $n \cdot R^2 > \chi_\alpha^2(q)$,则拒绝原假设 H_0,认为受约束模型不成立,存在遗漏变量;否则,接受 H_0,认为受约束模型成立,不存在遗漏变量。

【例 8-4】本例分析影响中国对外贸易进口量的主要因素,由于一国的总体经济水平应该是影响进口量的一个主要因素,因此拟设定以下模型:

$$IM_t = \beta_0 + \beta_1 GDP_t + \mu_t \qquad (*)$$

其中,IM 为进口总额,GDP 为国内生产总值。

但是,有人可能怀疑该模型存在遗漏相关变量的设定误差,理由是一国的进口额除了受当期的 GDP 影响外,还可能受前面若干期的 GDP 的影响,另外还可能受汇率变动的影响。因此考虑把模型设定为:

$$IM_t = \beta_0 + \beta_1 GDP_t + \beta_2 GDP_{t-1} + \beta_3 EXCH_t + \mu_t \qquad (**)$$

其中,EXCH 代表汇率。

为了分析是否有相关变量的遗漏问题,搜集相关数据如表 8-4 所示。

表 8-4　中国进口额的相关数据

年份	GDP（亿元）	进口总额 IM（亿元）	汇率 EXCH	年份	GDP（亿元）	进口总额 IM（亿元）	汇率 EXCH
1980	4 517.8	298.8	149.84	1992	26 638.1	4 443.3	551.46
1981	4 862.4	375.38	170.51	1993	34 634.4	5 986.2	576.2
1982	5 294.7	364.99	189.26	1994	46 759.4	9 960.1	861.87
1983	5 934.5	422.6	197.57	1995	58 478.1	11 048.1	835.1
1984	7 171.0	637.83	232.7	1996	67 884.6	11 557.4	831.42
1985	8 964.4	1 257.8	293.66	1997	74 462.6	11 806.5	828.98
1986	10 202.2	1 498.3	345.28	1998	78 345.2	11 626.1	827.91
1987	11 962.5	1 614.2	372.21	1999	82 067.5	13 736.4	827.83
1988	14 928.3	2 055.1	372.21	2000	89 468.1	18 638.8	827.84
1989	16 909.2	2 199.9	376.51	2001	97 314.8	20 159.2	827.7
1990	18 547.9	2 574.3	478.32	2002	105 172.3	24 430.3	827.7
1991	21 617.8	3 398.7	532.33	2003	117 251.9	34 195.6	827.7

数据来源：中国统计年鉴 2004.

首先，利用样本数据对模型（ * ）进行回归，得如下回归方程：

$$\hat{IM}_t = -1\,067.337 + 0.2307 GDP_t$$

结果如表 8-5 所示。

表 8-5

```
Dependent Variable: IM
Method: Least Squares
Date: 06/25/08   Time: 21:51
Sample: 1980 2003
Included observations: 24
```

Variable	Coefficient	Std. Error	t-Statistic	Prob.
C	-1607.337	792.2620	-2.028795	0.0548
GDP	0.230696	0.014207	16.23779	0.0000

R-squared	0.922987	Mean dependent var	8095.246
Adjusted R-squared	0.919486	S.D. dependent var	8981.795
S.E. of regression	2548.579	Akaike info criterion	18.60411
Sum squared resid	1.43E+08	Schwarz criterion	18.70229
Log likelihood	-221.2494	F-statistic	263.6657
Durbin-Watson stat	0.535713	Prob(F-statistic)	0.000000

该回归式的残差图如图 8-13 所示。

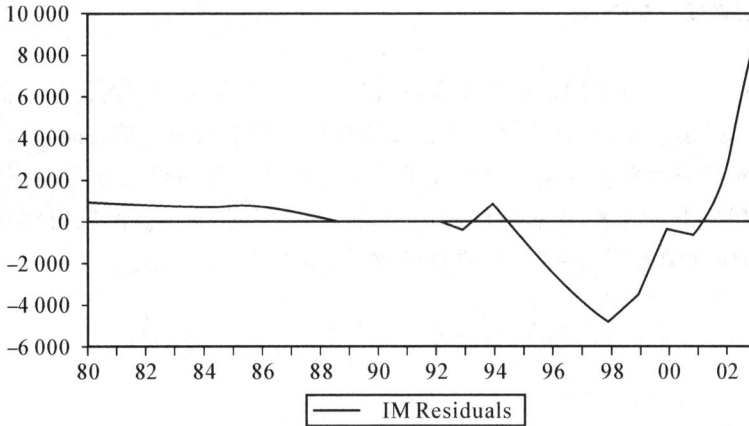

图 8-13

从残差图及 DW 值可以判断存在自相关问题,可能是由于遗漏相关变量引起的。考虑进行 LM 检验,首先生成残差序列 e_t,然后用 e_t 对所有解释变量(包括可能的遗漏变量)进行回归,得如表 8-6 所示的结果。

表 8-6

Dependent Variable: E
Method: Least Squares
Date: 06/25/08   Time: 22:02
Sample (adjusted): 1981 2003
Included observations: 23 after adjustments

Variable	Coefficient	Std. Error	t-Statistic	Prob.
C	4984.072	1085.973	4.589498	0.0002
GDP	0.844284	0.162569	5.193372	0.0001
GDP(-1)	-0.769059	0.159903	-4.809542	0.0001
EXCH	-21.34814	3.689279	-5.786534	0.0000

R-squared	0.656992	Mean dependent var	-37.56085
Adjusted R-squared	0.602833	S.D. dependent var	2541.624
S.E. of regression	1601.762	Akaike info criterion	17.75237
Sum squared resid	48747198	Schwarz criterion	17.94984
Log likelihood	-200.1522	F-statistic	12.13076
Durbin-Watson stat	1.086182	Prob(F-statistic)	0.000115

根据回归结果,计算 $n \cdot R^2 = 23 \times 0.656992 = 15.11$,查表得 $\chi^2_{0.05}(2) = 5.991$,显然有 $n \cdot R^2 > \chi^2_\alpha(q)$,所以拒绝原假设 H_0,认为受约束模型(*)不成立,存在遗漏变量。

三、模型的选择

前面讨论了模型的设定误差及其检验问题。接下来的问题便是如何来选择一个"好"的模型,尤其当经济理论没能够提供明确的相关信息时,如何来选择模型对研究者来说便是一个重要的问题。在建立计量经济模型时,是把研究的问题作为因变量,把影响问题的主要因素作为自变量。所以所谓模型的选择,当研究的问题明确时,主要是函数形式的选择以及变量的选取。

1. 变量的选择

对于变量的选择可以用我们在第四章中所讲过的几个原则:

(1)校正的判定系数:$\overline{R}^2 = 1 - \dfrac{RSS/(n-k-1)}{TSS/(n-1)}$

(2)赤池信息准则:$AIC = \ln \dfrac{e'e}{n} + \dfrac{2(k+1)}{n}$

(3)施瓦茨准则:$SC = \ln \dfrac{e'e}{n} + \dfrac{k}{n} \ln n$

从提高模型的拟合优度的角度来说,在进行变量选择时,这三个指标能起到同样的作用。只不过判断的方向不一样,对于校正的判定系数我们希望它越大越好,而对于赤池信息准则和施瓦茨准则我们是希望它们越小越好。它们之间的这种反向关系可以通过下面的推导看出:

对于 $\overline{R}^2 = 1 - \dfrac{RSS/(n-k-1)}{TSS/(n-1)}$,如果我们记 $S^2 = RSS/(n-k-1)$,显然有 $\overline{R}^2$ 和 S^2 呈反向变动关系,若记 $\hat{\sigma}^2 = RSS/n = e'e/n$,注意到:

$$
\begin{aligned}
\ln S^2 &= \ln(\hat{\sigma}^2 \frac{n}{n-k-1}) \\
&= \ln \hat{\sigma}^2 + \ln(1 + \frac{k+1}{n-k-1}) \\
&\simeq \ln \hat{\sigma}^2 + \frac{k+1}{n-k-1} \\
&\simeq \ln \hat{\sigma}^2 + \frac{k}{n}
\end{aligned}
\tag{8.18}
$$

其中,第一个利用 $\ln(1+x) \simeq x$,当 x 很小时。因此基于 $\overline{R}^2$ 的模型选择和基于 $\ln \hat{\sigma}^2 + \dfrac{k}{n}$ 是一样的,只不过判别的方向相反。而 $\ln \hat{\sigma}^2 + \dfrac{k}{n}$ 可以看作是如下一般形式的判别准则的特例:

$$\ln\hat{\sigma}^2 + c\,\frac{k}{n},\, c>0 \tag{8.19}$$

显然，AIC 准则和 SC 准则也都是(8.19)这一一般形式判别准则的特例。

2.线性模型与双对数线性模型的选择

在选择模型时，另一个经常遇到的问题是选择线性模型还是双对数线性模型。对于这个问题，无法通过判定系数的大小来辅助决策，因为在两类模型中被解释变量是不同的。为了在两类模型中比较，可用博克斯—考克斯(Box-Cox)变换，下面简单介绍一下 Box-Cox 变换的步骤：

(1)计算因变量 Y 的样本几何均值

$$\widetilde{Y} = (Y_1 Y_2 \cdots Y_n)^{1/n} = \exp\left(\frac{1}{n}\sum \ln Y_i\right)$$

(2)用得到的样本几何均值去除原被解释变量 Y，得到被解释变量的新序列 Y^*：

$$Y_i^* = Y_i / \widetilde{Y}$$

(3)用 Y^* 替代 Y，分别估计双对数线性模型与线性模型。并通过比较它们的残差平方和是否有显著差异来进行判断。Zarembka(1968)提出的检验统计量为：

$$\frac{1}{2}n\ln\left(\frac{RSS_2}{RSS_1}\right)$$

其中，RSS_2 与 RSS_1 分别为对应较大的残差平方和与较小的残差平方和，n 为样本容量。可以证明：该统计量在两个回归的残差平方和无差异的假设下服从自由度为 1 的 χ^2 分布。如果计算得到的该统计量的值大于给定显著水平下的临界值，则拒绝两个残差平方和无差异的原假设，从而应选择具有较小残差平方和的模型。

【例 8-5】对于例 8-4 我们考虑是选择线性模型还是双对数线性模型的问题。

如果分别对线性模型和对数线性模型直接进行回归，得到线性模型的判定系数 $R^2 = 0.923$，而双对数线性模型的判定系数 $R^2 = 0.984$. 但是不能就此简单地判断双对数模型比线性模型好，因为在两类模型中被解释变量是不同的。下面进行 Box-Cox 变换：

首先计算商品进口额 IM 的几何平均数为：

$$\widetilde{IM} = \exp\left(\frac{1}{n}\sum \ln IM_t\right) = 3\,625.429$$

用 $\widetilde{IM}$ 去除 IM，得新的进口额序列：$IM_t^* = \dfrac{IM_t}{\widetilde{IM}}$，

以 IM_t^* 代替 IM，分别进行双对数线性回归和线性回归，得：

$$\ln \widehat{IM}_t^* = -13.3282 + 1.3145 \ln GDP_t \qquad RSS_1 = 0.7974$$

$$\widehat{IM}_t^* = -0.44335 + 0.0000636 GDP_t \qquad RSS_2 = 10.87176$$

于是，

$$\frac{1}{2} n \ln\left(\frac{RSS_2}{RSS_1}\right) = \frac{24}{2} \ln\left(\frac{10.87176}{0.7974}\right) = 31.35$$

显然，该值大于 5% 显著水平下自由度为 1 的 χ^2 分布的临界值 3.841. 因此可以判定双对数模型确实优于线性模型。在这里我们仅仅是以最简单的一元模型为例进行分析，对多元模型可以类似地来处理。

【本章小结】

1. 虚拟变量作为解释变量引入模型有两种基本方式：加法方式和乘法方式。

2. 每一定性变量所需的虚拟变量个数要比该定性变量的类别（或属性）数少 1，即如果有 m 个定性变量，则只在模型中引入 $m-1$ 个虚拟变量。否则会陷入所谓"虚拟变量陷阱"，产生完全的多重共线性。

3. 线性概率模型、Logit 模型、Probit 模型。

4. 自回归模型、分布滞后模型，乘数分析。

5. 模型的设定误差、LM 检验，模型的选择方法。

【思考与练习】

8.1 回归模型中为什么要引入虚拟变量？有哪几种引入方式？各适用于什么情况？什么是"虚拟变量陷阱"？

8.2 直接用 OLS 估计 LPM 存在哪些问题？如何改进？

8.3 对分布滞后模型进行估计存在哪些困难？实际应用中如何处理这些困难？

8.4 模型的设定误差主要有哪些类型？通常有哪些检验方法？

8.5 求下列模型的短期和长期乘数：

(1) $\hat{Y}_t = 2.2 + 0.8 X_t + 0.6 X_{t-1} + 0.5 X_{t-2} + 0.2 X_{t-3}$

(2) $\hat{Y}_t = 4.1 + 0.7 Y_{t-1} + 1.2 X_t$

8.6　1971 年,Sen 和 Srivastava 在研究贫富国之间寿命期望的差异时, 利用 101 个国家的数据,建立了如下的回归模型:

$$\hat{Y}_i = -2.40 + 9.39\ln X_i - 3.36[D_i(\ln X_i - 7)]$$
$$\quad\ (4.37)\quad (0.857)\quad (2.42)\qquad\qquad R^2 = 0.752$$

括号内的数值为对应参数估计值的 t 值。Sen 和 Srivastava 认为人均收入的临界值为 1 097 美元(ln 1 097 = 7),若人均收入超过 1 097 美元,则被认定为富国;若收入低于 1 097 美元,则被认定为贫穷国。

(1)解释这些计算结果。

(2)回归方程中引入 $D_i(\ln X_i - 7)$ 的原因是什么? 如何解释这个回归解释变量?

(3)如何对贫穷国进行回归? 又如何对富国进行回归?

8.7　下表给出了 1970—1987 年美国的个人消费支出(PCE)和个人可支配收入(PDI)的数据,单位为 10 亿美元。

1970—1987 年美国个人消费支出 PCE 和个人可支配收入 PDI

年份	PCE	PDI	年份	PCE	PDI
1970	1 492	1 668.1	1979	2 004.4	2 212.6
1971	1 538.8	1 728.4	1980	2 000.4	2 214.3
1972	1 621.9	1 797.4	1981	2 042.2	2 248.6
1973	1 689.6	1 916.3	1982	2 050.7	2 261.5
1974	1 674	1 896.6	1983	2 146	2 331.9
1975	1 711.9	1 931.7	1984	2 249.3	2 469.8
1976	1 803.9	2 001	1985	2 354.8	2 542.8
1977	1 883.8	2 066.6	1986	2 455.2	2 640.9
1978	1 961	2 167.4	1987	2 521	2 686.3

利用上面的数据,估计下列模型:

$$PCE_t = \alpha_1 + \alpha_2 PDI_t + \mu_t$$
$$PCE_t = \beta_1 + \beta_2 PDI_t + \beta_3 PCE_{t-1} + \mu_t$$

(1)解释这两个回归模型的结果。

(2)短期和长期边际消费倾向(MPC)是多少?

时间序列变量的非平稳性与协整

学习内容与要求：

本章主要介绍当模型引入的变量为非平稳的时间序列变量时出现的问题及其解决方法。要求掌握时间序列平稳性的含义，理解伪回归的概念，掌握时间序列平稳性的检验，理解单整和协整的定义，掌握协整检验的方法，理解误差修正模型的含义。

时间序列数据被广泛地运用于计量经济研究。然而，回归分析有许多假定前提，如序列的平稳性。如果直接将经济变量的时间序列数据用于建模分析，实际上隐含了这些假定。在这些假定成立的条件下，进行的 t、F、χ^2 等检验才具有较高的可靠度。但是，越来越多的经验证据表明，经济分析中所涉及的大多数时间序列是非平稳的，而这将给计量分析带来一定的影响。

第一节　时间序列的平稳性

一、时间序列的平稳性概念

假定某个时间序列是由某一随机过程生成的，即假定时间序列 $\{Y_t\}$（$t = 1, 2, \cdots, n$）的每一个数值都是从一个概率分布中随机得到的，如果 Y_t 满足下列条件：

1. 均值 $E(Y_t) = \mu$ 是与时间 t 无关的常数；
2. 方差 $\mathrm{Var}(Y_t) = \sigma^2$ 是与时间 t 无关的常数；
3. 协方差 $\mathrm{Cov}(Y_t, Y_{t+k}) = \gamma_k$ 是只与时间间隔 k 有关，与时间 t 无关的常数。

则称该随机时间序列是平稳的,而该随机过程是一平稳随机过程。

特别地,具有零均值和同方差的不相关的随机过程称为白噪声过程或白噪声序列。如果用 μ_t 表示白噪声过程,则 $E(\mu_t)=0$,$Var(\mu_t)=\sigma^2$,$Cov(\mu_t,\mu_{t+k})=0$,对所有的 t 和 $k\neq0$ 成立。白噪声序列 μ_t 可用符号表示为 $\mu_t\sim IID(0,\sigma^2)$.

所谓时间序列的非平稳性,是指时间序列的统计规律随着时间的变化而发生变化,其均值函数、方差函数不再是常数,协方差函数也不仅仅是时间间隔 k 的函数,前面所介绍的高斯—马尔可夫定理不再成立,前面所介绍的计量经济技术也将遇到困难。

在经济领域中,我们所得到的许多时间序列大都是不平稳的。例如,国内生产总值 GDP 大多数情况下随时间的推移而持续增长,货币供给量 M_2 在正常状态下会随时间的推移而扩大。由于在实际中遇到的时间序列数据很可能是非平稳序列,因此有必要对时间序列数据进行平稳性检验,否则如果用非平稳时间序列直接回归,可能会造成伪回归。

二、伪回归

所谓"伪回归",是指变量间本来不存在有意义的关系,但回归结果也可表现出较高的拟合优度等看似有意义的错误结论。20 世纪 70 年代,Grange 和 Newbold 研究发现,造成"伪回归"的根本原因在于时间序列变量的非平稳性。他们用 Monte Carlo(蒙特卡罗)模拟方法研究发现,如果用传统回归分析方法对彼此不相关联的非平稳变量进行回归,t 检验值和 F 检验值往往会倾向于显著,从而得出"变量相依"的"伪回归结果"。为此,Grange 和 Newbold 提出了判断伪回归的一个经验法则:若回归结果中 $R^2>DW$,就可能存在伪回归问题。这种方法简单直观,但比较粗糙。判断伪回归比较可靠的方法是从导致伪回归的根源,也就是从时间序列的非平稳性出发,通过检验时间序列是否平稳加以判断。

因此,在利用回归分析方法讨论经济变量间有意义的经济关系之前,必须对经济变量时间序列的平稳性与非平稳性作出判断。如果经济变量时间序列是非平稳的,则需要寻找新的处理方法。

第二节 时间序列平稳性检验

平稳性检验的方法很多,我们这里主要介绍两种。

一、图示法

对于一个给定的时间序列,我们可以初步地通过该序列的时间路径图来判断它是否平稳。一个平稳的时间序列的均值和方差都是常数,也就意味着这个时间序列的取值必然围绕其均值上下波动,如图 9-1 中的 A.而非平稳的时间序列则往往表现出不同的时间段具有不同的均值,如持续上升或持续下降等,如图 9-1 中的 B.

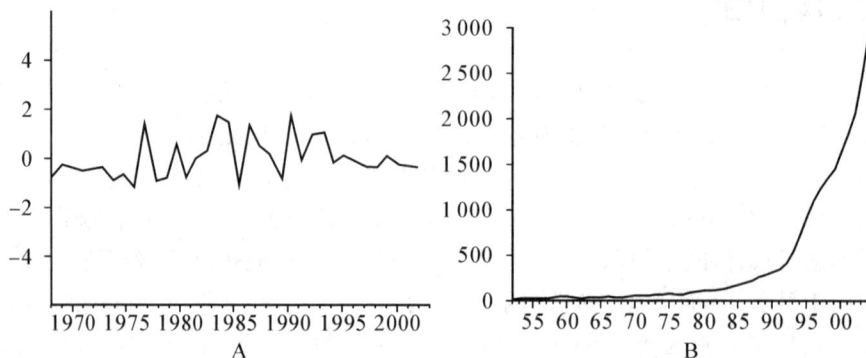

图 9-1 时间序列的平衡性

需要注意的是,多数经济时间序列有上升或下降的趋势,而不是围绕不变水平波动。这时我们可以通过对平稳性概念的扩展来加以解决。方法是把数据的趋势分离出来,然后根据分离趋势后的随机部分判别平稳性。例如,图 9-2A 中的变量就有明显的上升趋势,它不符合平稳性定义,但围绕稳定上升趋势的形态与平稳数据是相似的,当剔除趋势后就出现了平稳序列的特征,如图 9-2B 所示。

如果一个时间序列 t 时刻的随机变量 Y_t 可以表示为:

$$Y_t = \alpha + \beta t + \varepsilon_t \tag{9.1}$$

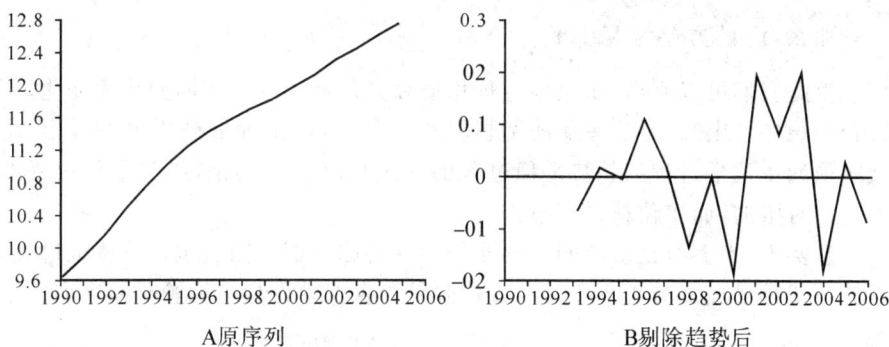

A原序列   B剔除趋势后

图 9-2 趋势平衡性时间序列

其中,ε_t 是一个平稳序列。那么,该序列去掉时间趋势 $\alpha + \beta t$ 之后的部分就是平稳的,称时间序列 Y_t 是"趋势平稳"的。值得注意的是,趋势平稳时间序列中的时间趋势既可以是线性的,也可以是非线性的。由于大部分经济时间序列都有趋势,因此趋势平稳很重要。

二、单位根检验

用图示法检验平稳性包含了相当程度的主观判断,不一定能得出客观明确的结论,还是需要运用其他方法做进一步的判断。时间序列平稳性检验广泛采用的方法是单位根检验。下面我们对这一方法做一下介绍。

为了便于说明,先介绍单位根过程的定义:如果随机过程变量满足关系式

$$Y_t = \alpha + Y_{t-1} + \mu_t \tag{9.2}$$

或

$$\Delta Y_t = \alpha + \mu_t \tag{9.3}$$

其中,μ_t 是白噪声过程,α 是常数项(或截距项),则称该随机过程为一个单位根过程(因为有一个特征方程的根为1,由此得名),这是单位根过程的基本形式,它还可以扩展到包含时间趋势项等多种情况。

将(9.2)式逐步展开可得:

$$\begin{aligned}
Y_t &= \alpha + Y_{t-1} + \mu_t \\
&= \alpha + (\alpha + Y_{t-2} + \mu_{t-1}) + \mu_t \\
&= 2\alpha + Y_{t-2} + \mu_t + \mu_{t-1} \\
&= \cdots = \alpha t + Y_0 + \sum_{i=1}^{t} \mu_i
\end{aligned} \tag{9.4}$$

那么，Y_t 的方差为 $\mathrm{Var}(Y_t)=\mathrm{Var}(\sum\limits_{i=1}^{t}\mu_i)=t\sigma^2$ （9.5）

由此我们可以看出，单位根过程均值和方差都随着时间的变化而变化，不符合平稳性的定义，是非平稳的随机过程。另外，由上面的分析可以看出，带截距项的单位根过程和趋势平稳过程的一个显著的区别是，趋势平稳过程的方差是有限的，而单位根过程不是。

事实上，大多数经济时间序列非平稳性的原因都是因为包含单位根过程，因此现代计量经济分析主要是通过检验是否存在单位根来检验时间序列的平稳性。

检验单位根最常用的方法是 DF 检验（Dickey-Fuller test）和扩展的 DF 检验（ADF test）。

1. DF 检验

我们先看一个最基本的单位根过程——随机游走过程

$Y_t=Y_{t-1}+\mu_t$ （9.6）

其中，μ_t 是白噪声过程。

如果自回归模型

$Y_t=\beta Y_{t-1}+\mu_t$ （9.7）

中的 $\beta=1$，或者(9.7)式变形为：

$\Delta Y_t=\rho Y_{t-1}+\mu_t$ （9.8）

中 $\rho=0$，那么时间序列 $\{Y_t\}$ 就是最基本的单位根过程——随机游走过程，它肯定是非平稳的。因此，对(9.8)式中 ρ 的显著性检验就是检验 $\{Y_t\}$ 是否为单位根过程。

根据线性回归分析中显著性检验的方法，检验 ρ 的显著性的方法是：先用最小二乘法估计 ρ，然后计算相应的 t 统计量，再根据样本容量等信息查 t 分布的临界值，然后进行判断。但是，这里值得注意的是，如果时间序列确实是非平稳的单位根过程，那么上述回归分析得到的 t 统计量不服从 t 分布，而是服从 DF 分布。因此，不能用 t 分布的临界值判断 ρ 的显著性。

为此，Dickey 和 Fuller 利用蒙特卡罗模拟方法构造了专门的统计分布表，给出了包括 10%、5%、1% 等几个显著性水平的临界值，称为 DF 临界值表（由于备择假设一般取 $\rho<0$，因此临界值一般为负）。并且为了区别起见和配合 EViews 的使用，把用上述模型计算得到的 t 统计量改称为"DF(ADF)值"（或 τ 统计量）。这样，判断 ρ 的显著性的方法就是：把 DF 值和 DF 临界值比较，如果 DF 值＜DF 临界值，则拒绝 $\rho=0$ 的假设，即认为 ρ 具有显著性，$\{Y_t\}$ 不是单位根过程，时间序列是平稳的；如果 DF 值≥DF 临界值，则接受 $\rho=0$

的假设,即认为 ρ 不具有显著性,$\{Y_t\}$ 是单位根过程,时间序列是非平稳的。

一般情况下,根据检验的需要,可以在检验式(9.8)中加入截距项或时间趋势项,因此 DF 检验可有以下三种形式:

$$\Delta Y_t = \rho Y_{t-1} + \mu_t$$
$$\Delta Y_t = \alpha + \rho Y_{t-1} + \mu_t$$
$$\Delta Y_t = \alpha + \beta t + \rho Y_{t-1} + \mu_t$$

2. ADF 检验

在用 DF 检验方法检验时间序列的平稳性时,实际上假定了时间序列是由具有白噪声误差项的一阶自回归过程 $AR(1)$ 生成,但是,在实际检验中,时间序列可能由更高阶的自回归生成,或者随机误差项并非白噪声。为了解决以上问题,Dickey 和 Fuller 对 DF 检验进行了扩展,形成了 ADF 检验。ADF 检验是通过以下三个模型完成的:

$$模型 1: \Delta Y_t = \rho Y_{t-1} + \sum_{i=1}^{p} \gamma_i \Delta Y_{t-i} + \mu_t$$

$$模型 2: \Delta Y_t = \alpha + \rho Y_{t-1} + \sum_{i=1}^{p} \gamma_i \Delta Y_{t-i} + \mu_t$$

$$模型 3: \Delta Y_t = \alpha + \beta t + \rho Y_{t-1} + \sum_{i=1}^{p} \gamma_i \Delta Y_{t-i} + \mu_t$$

其中,p 为滞后期数,一般根据 AIC 原则(即选择 AIC 值最小的)来确定。可以证明,在上述模型中检验原假设 $H_0: \rho = 0$ 的 t 统计量的极限分布和 DF 检验的极限分布相同,从而可以使用相同的临界值表。

实际检验时从模型 3 开始,然后模型 2,最后模型 1. 何时拒绝零假设,即原序列不存在单位根,为平稳序列,何时停止检验。否则,就要继续检验,直到检验完模型 1 为止。附表 6 给出了三个模型所使用的 ADF 分布临界值表。

一个简单的做法就是同时估计出上述三个模型的适当形式,也就是使模型残差成为白噪声,不具有自相关。然后通过 ADF 临界值表检验 $\rho = 0$。只要有一个模型的检验结果拒绝了零假设,就可以认为时间序列是平稳的。

【例 9-1】我们以第七章第六节案例分析中的美国实际可支配收入 X 为例,进行单位根检验,数据见表 7-2。先看 X 的曲线图,如图 9-3。

从图中可以看到 X 有一个上扬的趋势,属于非平稳时间序列特征。下面我们对 X 进行 ADF 检验:

先来看 ADF 检验在 EViews 中的操作:打开要检验的序列,点击 View→Unit Root Test,弹出如图 9-4 的对话框。在 Test type 里默认的是 ADF 检验,还可以选其他方法,这里我们不做介绍。在 Test for unit root in 中我们可以选择

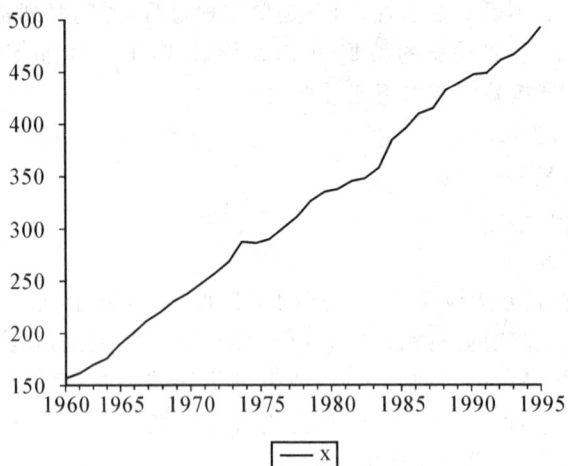

图 9-3 美国实际可支配收入 *X*

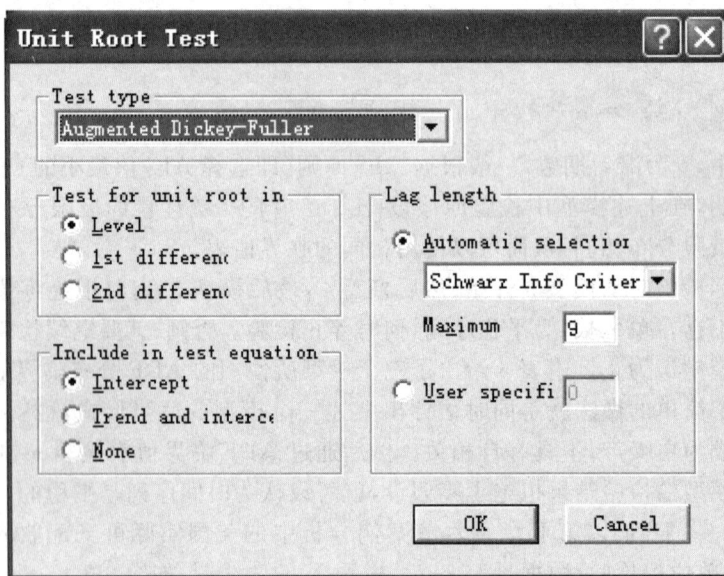

图 9-4 EViews 中的单位根检验

Level,1st difference,2nd difference 三种,分别对应的是对原变量水平量,原变量一次差分量和原变量二次差分量做 ADF 检验。在 Include in test equation 中可以选择 Intercept(截距项),Trend and intercept(趋势项和截距项),None(无趋势

项,也无截距项),它们分别对应的是 ADF 检验模型 2,3 和 1. Lag length 是确定
模型中滞后期,我们可以选择 Automatic selection(自动选择,在下拉菜单中有多
种确定标准可以选择),这是 EViews 默认的,当然也可以选择 User specified(使
用者自己确定)。以上选项都选好后点击"OK"就可以了。

打开 X 序列,进入单位根检验,选择 ADF,对原变量水平量进行检验,先
选择模型 3,滞后阶数自动给出,点击"OK",输出结果如表 9-1.

表 9-1 X 的 ADF 检验(模型 3)

Augmented Dickey-Fuller Unit Root Test on X

Null Hypothesis: X has a unit root
Exogenous: Constant, Linear Trend
Lag Length: 0 (Automatic based on SIC, MAXLAG=9)

	t-Statistic	Prob.*
Augmented Dickey-Fuller test statistic	-2.915861	0.1700
Test critical values: 1% level	-4.243644	
5% level	-3.544284	
10% level	-3.204699	

*MacKinnon (1996) one-sided p-values.

Augmented Dickey-Fuller Test Equation
Dependent Variable: D(X)
Method: Least Squares
Date: 07/07/08   Time: 19:27
Sample (adjusted): 1961 1995
Included observations: 35 after adjustments

Variable	Coefficient	Std. Error	t-Statistic	Prob.
X(-1)	-0.403607	0.138418	-2.915861	0.0064
C	65.50280	19.55917	3.348956	0.0021
@TREND(1960)	3.956124	1.341445	2.949151	0.0059

R-squared	0.218026	Mean dependent var	9.600000
Adjusted R-squared	0.169152	S.D. dependent var	5.214234
S.E. of regression	4.752818	Akaike info criterion	6.037169
Sum squared resid	722.8570	Schwarz criterion	6.170484
Log likelihood	-102.6505	F-statistic	4.461033
Durbin-Watson stat	1.698102	Prob(F-statistic)	0.019547

估计结果为

$$\Delta \hat{X}_t = 65.50 + 3.96\ t - 0.40 X_{t-1}$$
$$\qquad (3.35)\quad(2.95)\quad(-2.92)^*$$

$R^2 = 0.22 \quad DW = 1.70$

其中不带星号 * 的括号中为 t 值,带星号 * 的为 ADF 值。通过查表可以看出估计参数都是显著的,其中 X_{t-1}(输出结果中为 $X(-1)$)的 t 统计量就是 ADF 值,为 -2.92. 而在用模型 3 检验,样本量为 35(差分后少了一个样本),显著性水平为 0.05(0.01)的情况下,ADF 临界值为 $-3.54(-4.24)$(EViews 输出结果中已给出),显然 ADF 值大于其临界值,表明 X_t 含有单位根。

用模型 2 来检验,估计结果为:

$$\Delta \hat{X}_t = 8.37 + 0.0039 X_{t-1}$$
$$\qquad (3.01)\quad(0.43)^*$$

$R^2 = 0.005 \qquad DW = 1.98$

$\alpha = 0.05$ 时,ADF 临界值为 $-2.95 < 0.43$,所以模型 2 也表明 X_t 含有单位根。

用模型 1 检验,估计结果为:

$$\Delta \hat{X}_t = 0.0028 X_{t-1}$$
$$\qquad (9.50)^*$$

$R^2 = -0.23 \qquad DW = 1.98$

$\alpha = 0.05$ 时,ADF 临界值为 $-2.95 < 9.50$,所以模型 1 也表明 X_t 含有单位根。

综上所述,实际可支配收入 X_t 含有单位根,是非平稳序列。我们应该注意到,用模型 1 和 2 检验单位根时,检验结果出现了异常,即在用模型 2 时,X_{t-1} 项的系数为正,序列 X_t 表现为非单整的强非平稳序列(即不管通过多少次差分都不能得到平稳序列);在用模型 1 时,X_{t-1} 项的系数也为正且 R^2 为负,这些可能都是由于模型设定误差引起的。所以我们在检验中一定要选取一个正确的模型形式,才能保证检验结果的正确性。

同理,可以用此方法来检验实际消费支出 Y_t 也是含有单位根的。

第三节　时间序列的单整和协整

我们先来了解一下单整的定义。

一、单整

例如,随机游走过程

$$Y_t = Y_{t-1} + \mu_t$$

经差分后等价的变形为:

$$\Delta Y_t = \mu_t$$

由于 μ_t 是白噪声过程,因此 $\{\Delta Y_t\}$ 是平稳的。

如上所述,如果一个非平稳的时间序列经过一次差分后变成平稳的,就称该序列为一阶单整序列,记为 I(1). 以此类推,如果一个非平稳的时间序列经过 d 次差分后变成平稳的,就称该序列为 d 阶单整序列,记为 I(d). 显然,I(0)代表平稳时间序列。

现实生活中,只有少数的经济指标的时间序列是平稳的,如利率、增长率等,而大多数指标的时间序列是非平稳的,如以不变价格计算的流量指标如人均消费、人均收入等常表现为一阶单整,一些存量指标如存款余额等,常常表现为二阶单整。大部分非平稳时间序列经过一次或多次差分后可变为平稳的,但也有一些时间序列如 $Y_t = 1.2Y_{t-1} + \mu_t$,无论经过多少次差分都不能变为平稳的,这种序列被称为非单整的。

【例 9-2】在例 9-1 中我们检验了实际可支配收入 X 和实际消费支出 Y 都是含有单位根的,下面我们来确定一下它们的单整阶数。对 X 的一次差分做 ADF 检验,估计结果如下:

$$\Delta^2 \hat{X}_t = 9.79 - 1.01\Delta X_{t-1}$$
$$\quad\quad (5.13) \quad (-5.66)^*$$

$\alpha = 0.05$ 时,ADF 临界值为 -2.95,大于 ADF 统计量,所以用模型 2 检验表明 ΔX 不含有单位根。同理可检验 ΔY 也不含有单位根。至此,我们可以确定实际可支配收入 X 和实际消费支出 Y 都是 I(1)的。

二、协整

由前面分析可知,把非平稳的时间序列数据用于以平稳性数据为基础的计量经济回归分析,可能会导致错误的结果。因此,应该通过平稳性检验来避免这种情况。但是,检验时间序列平稳性的目的不是淘汰数据,因为简单地排除数据会浪费这些数据包含的信息,甚至会导致计量分析无法进行。当然,我们可以通过差分变换使变量成为平稳序列,但是这样做的后果是忽略了原始数据序列中所包含的一些重要信息,而这些信息对分析问题是必不可少的。协整理论的出现解决了上述问题。

协整是对非平稳经济变量之间的长期均衡关系的统计描述。非平稳经济变量间存在的长期稳定的均衡关系被称作协整关系。这里提到的均衡是指一种相对稳定的状态。

经济理论指出,某些经济变量间确实存在着长期均衡关系。这种均衡关系意味着经济系统不存在破坏均衡的内在机制。如果变量在某时期受到干扰后偏离其长期均衡点,则均衡机制会在下一期进行调整以使其重新回到均衡状态。例如,居民消费与国民收入就存在着这种均衡关系。居民消费与国民收入值两个变量都表现出非平稳的特征,但二者却存在着稳定的比率关系,其非均衡误差在一定的范围内波动。当消费支出过高,也就是高出均衡的消费支出,则基本建设规模就要相对减小,从而影响再生产规模的进一步扩大,最终影响经济发展,这样会使下一期的消费不会再无止境地上升,而是相应地有所减少,回落到均衡状态。当这个比例过低时,说明消费过少,投资增加,这使得产出增加,下期的消费也会相应地增加。再比如净收入与消费、政府支出与税收、工资与价格、进口与出口、货币供应量与价格水平、现货价格与期货价格以及男女人口数等,虽然单个变量序列是非平稳的,但往往两个变量间都存在着一种均衡关系。虽然经济变量经常会离开均衡点,但内在的均衡机制将不断地消除偏差,以维持这种均衡关系。

将上述例子推广到一般,以两个变量为例,假设它们存在下面的均衡关系:

$$Y_t = \alpha + \beta X_t + \mu_t \quad (\alpha, \beta \text{ 为常数}, \mu_t \text{ 为随机误差项})$$

如果 X_t, Y_t 永远处于均衡状态,则偏差 μ_t 为零。然而,由于受各种因素的影响,X_t, Y_t 并不是永远处于均衡位置上,从而使 $\mu_t \neq 0$,称为非均衡误差。当系统偏离均衡点时,由于受到系统均衡机制的约束,系统将在下一期移向均衡点。这也就是说,在不断出现非均衡误差的过程中,均衡机制始终维持着系统的均衡状态,这个过程中 μ_t 表现为一个非零的平稳序列。

到此,我们已经大概了解了协整的含义,即非平稳经济变量之间存在的长期稳定的关系称为协整关系。下面我们给出严格的协整的定义:

协整定义:若 $x_t = (x_{1t}, x_{2t}, \cdots, x_{nt})'$ 为 $n \times 1$ 阶列向量,其中每一个元素表示一个时间序列。如果

(1) x_t 每个分量的单整阶数都是 d, $x_{jt} \sim \mathrm{I}(d)$, $j = 1, 2, \cdots, n$.

(2) 存在一个 $n \times 1$ 阶列向量 $\boldsymbol{\beta} = (\beta_1, \beta_2, \cdots, \beta_n)'$, $(\boldsymbol{\beta} \neq \boldsymbol{0})$,使得 $\boldsymbol{\beta}' x_t \sim \mathrm{I}(d$

$-b)$，$0<b\leqslant d$，则称 x_{1t}，x_{2t}，$\cdots$，x_{nt} 存在 (d,b) 阶协整关系，用 $\boldsymbol{x}_t\sim CI(d,b)$ 表示。$\boldsymbol{\beta}$ 称为协整向量，$\boldsymbol{\beta}$ 的元素称为协整参数。

在经济中我们最关注的是 $CI(1,1)$ 形式。例如：假设国民收入时间序列 GDP_t 为一阶单整，货币供给量时间序列 M_{2t} 也为一阶单整。如果二者的线性组合 $\alpha GDP_t+\beta M_{2t}$ 构成的序列为 0 阶单整序列，那么 GDP_t 和 M_{2t} 就是 $(1,1)$ 阶协整。

当三个以上变量之间存在协整关系时，情况要比两个变量的情形复杂。此时，变量的单整阶数有可能不同。在这种情况下，单整阶数高的序列组合形成的新序列，其阶数应该与单整阶数低的序列的阶数相同。以三个变量为例：

$$Y_t=\alpha+\beta_1 X_{1t}+\beta_2 X_{2t}+\mu_t$$

假如 $Y_t\sim I(1)$，$X_{1t}\sim I(2)$，$X_{2t}\sim I(2)$，则 X_{1t} 和 X_{2t} 的组合必须为一阶单整，即 $(\beta_1 X_{1t}+\beta_2 X_{2t})\sim I(1)$. 只有这样，才有可能使 Y_t 和 $(\beta_1 X_{1t}+\beta_2 X_{2t})$ 之间存在协整关系。

三、协整的检验

协整检验的方法有多种，这里我们只介绍最常用的 EG 检验法。具体步骤如下：

1. 确定变量的单整阶数

由协整的定义可知，协整检验与单位根检验存在密切关系。在检验一组时间序列是否存在长期的协整关系之前，我们应先确定这组时间序列的单整阶数。如果只含有两个变量，则两个变量的单整阶数应该相同。如果变量个数多于两个，即解释变量个数多于一个，被解释变量的单整阶数不能高于任何一个解释变量的单整阶数。当解释变量的单整阶数高于被解释变量的单整阶数时，则必须至少有两个解释变量的单整阶数高于被解释变量的单整阶数。

2. 用 OLS 法估计参数进行协整回归

如果通过确定变量的单整阶数，认为变量间可能存在协整的话就对模型参数用 OLS 法做出估计，假设被解释变量为 Y_t，解释变量为 X_{1t}，X_{2t}，$\cdots$，X_{kt}，得到如下回归模型：

$$Y_t=\hat{\beta}_1 X_{1t}+\hat{\beta}_2 X_{2t}+\cdots+\hat{\beta}_k X_{kt}+e_t \tag{9.9}$$

其中，e_t 是残差，$\hat{\beta}_1$，$\hat{\beta}_2$，$\cdots$，$\hat{\beta}_k$ 为模型参数的 OLS 估计量。

为克服小样本条件下 (9.9) 式估计参数时存在的偏倚性，在协整回归中可采用动态回归。以二变量为例（多变量情形可以类推），可估计如下模型：

$$Y_t = \sum_{i=1}^{p} \alpha_i Y_{t-i} + \sum_{i=0}^{p} \beta_i X_{t-i} + \nu_t \qquad (9.10)$$

长期乘数由下式计算：

$$\hat{\theta} = \sum_{i=0}^{p} \hat{\beta}_i \Big/ \Big(1 - \sum_{i=1}^{p} \hat{\alpha}_i\Big) \qquad (9.11)$$

估计的长期关系是：

$$\hat{Y}_t = \hat{\theta} X_t$$

3. 对残差序列进行平稳性检验

用于检验 e_t 平稳性的模型如下：

$$\Delta e_t = \rho e_{t-1} + \sum_{i=1}^{p} \gamma_i \Delta e_{t-i} + \nu_t \qquad (9.12)$$

$$\Delta e_t = \alpha + \rho e_{t-1} + \sum_{i=1}^{p} \gamma_i \Delta e_{t-i} + \nu_t \qquad (9.13)$$

$$\Delta e_t = \alpha + \beta t + \rho e_{t-1} + \sum_{i=1}^{p} \gamma_i \Delta e_{t-i} + \nu_t \qquad (9.14)$$

其中，e_t 为 (9.9) 式的残差，作为非均衡误差的估计，p 是 Δe_t 的滞后阶数，α 为截距项，t 为趋势项。当需要加截距项和趋势项时，可以加在协整回归式 (9.9) 中，也可以加在 (9.10) 式中，但只需加入一次，不必重复加入。

以上三式中如果不带 $\sum_{i=1}^{p} \gamma_i \Delta e_{t-i}$ 项，则称为 EG 检验。如果为了避免误差项存在自相关而加入 $\sum_{i=1}^{p} \gamma_i \Delta e_{t-i}$ 项，则称为扩展的 EG 检验，也称为 AEG 检验。相对应参数 ρ 的检验用 t 统计量分别称为 EG 和 AEG 统计量。计算公式与 DF, ADF 统计量 (或 t 统计量) 相同，即 $AEG = \hat{\rho} / s(\hat{\rho})$。

原假设 $H_0: \rho = 0$(μ_t 非平稳)，即该组变量不存在协整关系。

当一组变量存在协整关系时，协整参数才可以通过协整回归进行估计，估计参数具有一致性。然而，即使这组变量存在协整关系，EG 和 AEG 统计量的分布仍然是非标准正态的。可以证明 EG 和 AEG 统计量的渐近分布不仅不同于正态分布，也不同于 DF 和 ADF 分布。因此 DF 检验临界值不能用于协整检验。EG 和 AEG 检验临界值比 DF 和 ADF 检验临界值更小些。协整检验的临界值可以从麦金农 (Mackinnon) 提供的临界值表 (附表 7) 中查到。

下面介绍一下 Mackinnon 协整检验临界值表的用法。

Mackinnon 协整检验临界值 C_α 计算公式是：

$$C_\alpha = \phi_\infty + \phi_1 T^{-1} + \phi_2 T^{-2}$$

其中，C_α 表示临界值，α 表示检验水平，ϕ_∞，ϕ_1 和 ϕ_2 的值可以从 Mackinnon 临界值表中查出。上述函数称为响应面函数。它以样本容量 T 为自变量,可以计算出任何样本容量所对应的临界值。临界值 C_α 还与检验水平 α,所含时间序列变量个数 n,协整回归中是否含有截距项、趋势项等因素有关。

【例 9-3】若 $n=1$,$T=50$,$\alpha=0.05$,无截距项 μ,无趋势项 t,则

$$C_{0.05} = -1.939 - (0.40/50) = -1.95$$

若 $n=2$,$T=30$,$\alpha=0.05$,有截距项 μ,无趋势项 t,则

$$C_{0.05} = -3.3377 - (5.967/30) - (8.98/30^2) = -3.5466$$

Mackinnon 临界值表把协整检验和单整检验结合在一起,即把 ADF 检验和 AEG 检验结合在一起。当 $n=1$ 时,即只含有一个变量,直接对原变量进行检验,检验的就是单整性问题,即 ADF 检验。当变量个数 $n>1$ 时,对应的是 AEG 检验(协整性检验)。

【例 9-4】在例 9-2 中我们已经确认实际可支配收入 X 和实际消费支出 Y 都是 I(1) 的。两个变量存在协整的可能,下面我们用 EG 检验法检验一下是否真的存在协整。

1. 用 OLS 法估计参数进行协整回归,这一步我们在第七章第六节里已经完成,消除了自相关的估计模型为

$$Y_t = -13.85 + 0.95X_t + e_t$$

其中 e_t 为残差。

2. 对残差序列进行 ADF 检验,估计方程为:

$$\Delta e_t = -1.04e_{t-1}$$
$$(-5.98)^*$$

$\alpha=0.05$,变量个数 $n=2$,有截距项,无趋势项的情况下,EG 临界值为:

$$C_\alpha = \phi_\infty + \phi_1 T^{-1} + \phi_2 T^{-2} = -3.34 - 5.97/36 - 8.98/36^2 = -4.50 > -5.98$$

所以残差为平稳时间序列,不含单位根,也即实际可支配收入 X 和实际消费支出 Y 存在协整关系。

第四节 误差修正模型

一、误差修正模型的介绍

误差修正模型(ECM)是一种具有特定形式的计量经济模型,其表达的内

容是:若变量间存在协整关系,表明这些变量间存在着长期稳定的关系,即变量中的长期分量相互抵消,产生了一个平稳的时间序列;而这种长期稳定的关系在短期动态过程的不断调整下得以维持,之所以能够这样,是因为一种调节机制——误差修正机制在起作用,防止了长期关系的偏差的扩大。因此,任何一组相互协整的时间序列变量都存在误差修正机制,反映短期调节行为。Granger 证明了,如果若干个变量存在协整关系,则这些变量必有误差修正模型表达形式存在。

这里我们以两变量模型为例解释一下误差修正模型。

设 $Y_t \sim I(1)$,$X_t \sim I(1)$,并存在协整关系,则最简单的误差修正模型表达式为:

$$\Delta Y_t = \alpha_0 \Delta X_t + \alpha_1 ECM_{t-1} + \mu_t \tag{9.15}$$

其中 $ECM_t = Y_t - \beta_0 - \beta_1 X_t$,是均衡误差。$Y_t = \beta_0 + \beta_1 X_t$ 表示 Y_t 和 X_t 的长期关系。$\alpha_1 ECM_{t-1}$ 为误差修正项。α_1 是修正系数,表示误差修正项对 ΔY_t 的修正速度。根据误差修正模型的推导原理,α_1 的值应该为负,误差修正机制应该是一个负反馈过程:如果第 i 期 ECM_i 为正,说明 $Y_i > \beta_0 + \beta_1 X_i$,$Y_i$ 比均衡值偏大,但是因为 α_1 为负,那么第 $i+1$ 期 Y 的增量 ΔY_{i+1} 将变小,即受到反向修正,使 Y 向均衡方向移动;如果第 i 期 ECM_i 为负,分析过程同上,只是作用方向相反。β_0 和 β_1 是长期乘数,α_0 和 α_1 是短期乘数。

由以上分析可见,误差修正模型中既有描述变量长期关系的参数,又有描述变量短期关系的参数;既可研究经济问题的静态(长期)特征,又可研究其动态(短期)特征。

二、误差修正模型的建立

下面介绍最常用的 EG 两步法(Engle-Granger,1987)。

以两变量模型为例,假设两个 I(1) 的协整变量 Y_t,X_t 具有如下关系:

$$Y_t = \beta_0 + \beta_1 X_t + \mu_t \tag{9.16}$$

其中 $\mu_t \sim I(0)$,则 Y_t,X_t 的长期关系是

$$Y_t = \beta_0 + \beta_1 X_t$$

第一步,首先用 OLS 法估计变量间的长期关系,得到长期乘数(协整向量)。

用 OLS 法估计(9.16)式得

$$Y_t = \hat{\beta}_0 + \hat{\beta}_1 X_t + e_t$$

$e_t = Y_t - \hat{\beta}_0 - \hat{\beta}_1 X_t$ 表示非均衡误差的估计。

为克服小样本条件下上式估计参数时存在的偏倚性,在协整回归中可采用(9.10)式的方法。当 Y_t,X_t 长期关系未知时,如有必要可在协整回归式中加上趋势项。

第二步,建立短期动态关系,即误差修正模型。以第一步求到的残差项作为非均衡误差的估计,和各变量的一阶差分共同构造误差修正模型,并用 OLS 法估计。

把非均衡误差的估计 e_t 引入(9.15),建立误差修正模型:

$$\Delta Y_t = \alpha_0 \Delta X_t + \alpha_1 (Y_{t-1} - \hat{\beta}_0 - \hat{\beta}_1 X_{t-1}) + \nu_t \tag{9.17}$$

其中,$\alpha_1 (Y_{t-1} - \hat{\beta}_0 - \hat{\beta}_1 X_{t-1})$ 是误差修正项。

这里有几点需要注意:

1. Y_t,X_t 存在协整关系,那么 $e_t = Y_t - \hat{\beta}_0 - \hat{\beta}_1 X_t \sim I(0)$,又因为 Y_t,$X_t \sim I(1)$,所以 ΔY_t,$\Delta X_t \sim I(0)$,误差修正模型中所有项都是 I(0)的,可以用 OLS 法估计(9.17)。

2. 如认为(9.17)式动态性不足,即 ν_t 中存在自相关,可以在模型右侧加入 ΔY_t,ΔX_t 的滞后项。

3. 误差修正模型中的变量一般不存在多重共线性问题。

4. 建模过程中允许根据 t 检验和 F 检验剔除 ECM 模型中的差分变量,但在非均衡误差项中不要剔除任何变量,否则将影响长期关系的表达。

5. ECM 模型中另一种估计方法是:若变量为平稳变量或者为非平稳变量但存在长期均衡关系,可以把误差修正项的括号打开,对模型直接用 OLS 法估计。

【例 9-5】续例 9-4,得到残差序列 e_t 作为 ECM,将其和 ΔX_t,ΔY_t 构成误差修正模型,估计结果为:

$$\Delta \hat{Y}_t = 0.92 \Delta X_t - 0.30 ECM_{t-1}$$

$$\quad\ (17.77)\quad (1.58)$$

$$R^2 = 0.59 \qquad DW = 1.88$$

回归方程表明了实际可支配收入的变化 ΔX_t 以 0.92 的比例影响实际消费支出的变化 ΔY_t,非均衡误差 ECM 以自身 30% 的调整力度影响后一期实际消费支出的变化,这些是变量间的短期关系。另外,ECM 中还包含了一个长期关系,就是我们在第七章中得到的平均边际消费倾向为 0.95.

第五节 案例分析

我们知道一国的进口额的大小主要取决于该国的购买力或收入水平,表 9-2 给出了我国 1981—2007 年的进口额 IM(单位:亿元,按当年汇率的中间价折算)和 GNP(单位:亿元,按当年价格计算)的数据。下面我们用 ECM 模型考察两者之间的关系。

表 9-2　进口和国民收入数据

年份	进口 IM	GNP	年份	进口 IM	GNP
1981	375.377 8	4 889.5	1995	11 030.33	59 810.5
1982	364.987 9	5 330.5	1996	11 542.85	70 142.5
1983	422.602 2	5 985.6	1997	11 802.19	78 060.8
1984	637.830 7	7 243.8	1998	11 610.36	83 024.3
1985	1 240.772	9 040.7	1999	13 717.06	88 479.2
1986	1 481.389	10 274.4	2000	18 634.18	98 000.5
1987	1 608.543	12 050.6	2001	20 158.88	108 068.2
1988	2 057.391	15 036.8	2002	24 431.22	119 095.7
1989	2 226.68	17 000.9	2003	34 164.15	135 174.0
1990	2 551.598	18 718.3	2004	46 451.8	159 586.7
1991	3 395.786	21 826.2	2005	54 061.37	184 739.1
1992	4 443.94	26 937.3	2006	63 093.68	211 808.0
1993	5 990.118	35 260.0	2007	71 892.41	71 892.41
1994	9 964.424	48 108.5			

数据来源:《中国统计年鉴》(2007,1996),《全国年度统计公报》(2007),中国人民银行网站等

(一)确定变量形式

这里我们运用对数模型,即用 $\ln IM = \log(IM)$,$\ln GNP = \log(GNP)$。这

样处理既可以一定程度上避免异方差,又可有效降低变量单整阶数,而估计参数也不失经济意义。

(二)变量的平稳性检验

1. $\ln GNP$ 的 ADF 检验

水平量的 ADF 检验结果为:

(1)用模型 3 时

$$\Delta \ln \hat{GNP}_t = 1.43 + 0.025t - 0.16\ln GNP_{t-1} + 0.72\Delta \ln GNP_{t-1}$$
$$(2.72)(2.42) \quad (-2.57)^* \quad (4.89)$$

$R^2 = 0.58 \qquad DW = 1.70$

$ADF = -2.57$,而 $\alpha = 0.05$ 时,ADF 的临界值为 $-3.60 < -2.57$,所以 $\ln GNP$ 存在单位根。

(2)用模型 2 时

$$\Delta \ln \hat{GNP}_t = 0.20 - 0.009\ln GNP_{t-1} + 0.97\Delta \ln GNP_{t-1} - 0.73\Delta \ln GNP_{t-2} +$$
$$(1.57)(-0.92)^* \quad (4.40) \quad (-2.46)$$
$$0.56\Delta \ln GNP_{t-3} - 0.44\Delta \ln GNP_{t-4}$$
$$(1.92) \quad (-2.13)$$

$R^2 = 0.64 \qquad DW = 1.61$

$ADF = -0.92$,而 $\alpha = 0.05$ 时,ADF 的临界值为 $-3.00 < -0.92$,所以 $\ln GNP$ 存在单位根。

(3)用模型 1 时

$$\Delta \ln \hat{GNP}_t = 0.0056\ln GNP_{t-1} + 0.99\Delta \ln GNP_{t-1} - 0.39\Delta \ln GNP_{t-2}$$
$$(2.35)^* \quad (4.93) \quad (-1.90)$$

$R^2 = 0.47 \qquad DW = 1.88$

$ADF = 2.35$,$\alpha = 0.05$ 时,ADF 的临界值为 $-1.96 < 2.35$,说明 $\ln GNP$ 存在单位根。

综上所述,$\ln GNP$ 存在单位根,是非平稳序列。

2. $\ln IM$ 的 ADF 检验

水平量的 ADF 检验结果为:

(1)用模型 3 时

$$\Delta\ln\widehat{IM}_t = 2.62 + 0.08t - 0.42\ln IM_{t-1} + 0.46\Delta\ln IM_{t-1}$$
$$\qquad\quad (3.72)(3.19)\quad (-3.41)^* \quad (2.76)$$

$R^2 = 0.58 \qquad DW = 1.70$

$ADF = -3.41$,而 $\alpha = 0.05$ 时，ADF 的临界值为 $-3.60 < -3.41$，所以 $\ln IM$ 存在单位根。

（2）用模型 2 时

$$\Delta\ln\widehat{IM}_t = 0.36 - 0.018\ln IM_{t-1}$$
$$\qquad\quad (3.72)\quad (-3.41)^*$$

$R^2 = 0.03 \qquad DW = 1.37$

$ADF = -3.41$,而 $\alpha = 0.05$ 时，ADF 的临界值为 $-3.60 < -3.41$，所以 $\ln IM$ 存在单位根。

（3）用模型 1 时

$$\Delta\ln\widehat{IM}_t = 0.02\ln IM_{t-1}$$
$$\qquad\qquad (5.79)^*$$

$R^2 = -0.13 \qquad DW = 1.22$

$ADF = 5.79$,而 $\alpha = 0.05$ 时，ADF 的临界值为 $-1.96 < 5.79$，所以 $\ln IM$ 存在单位根。

综上所述，$\ln IM$ 存在单位根，是非平稳序列。

（三）确定变量的单整阶数

1. 检验 $\Delta\ln GNP$ 的平稳性

步骤如（二）中所示，这里不再重复，直接给出估计结果：

$$\Delta^2\ln GNP_t = 0.076 - 0.494\Delta\ln GNP_{t-1} + 0.415\Delta^2\ln GNP_{t-2}$$
$$\qquad\quad (2.89)\quad (-3.04)^*\qquad\qquad (2.15)$$

$R^2 = 0.33 \qquad DW = 1.85$

$ADF = -3.04$,而 $\alpha = 0.05$ 时的 ADF 的临界值为 $-2.99 > -3.04$，所以 $\Delta\ln GNP$ 不含单位根，是平稳序列。

2. 检验 $\Delta\ln IM$ 的平稳性

$$\Delta^2\ln\widehat{IM}_t = 0.223 - 0.005t - 0.740\Delta\ln IM_{t-1}$$
$$\qquad\quad (2.77)\quad (-1.10)\ (-3.86)^*$$

$R^2 = 0.41 \qquad DW = 1.85$

$ADF = -3.86$，而 $\alpha = 0.05$ 时，ADF 的临界值为 $-3.60 > -3.86$，所以 $\Delta \ln IM$ 不含单位根，是平稳序列。所以 $\Delta \ln GNP$ 和 $\Delta \ln IM$ 都是一阶单整的。$\ln GNP$ 和 $\ln IM$ 存在协整的可能性。

（四）协整检验

将模型设定为

$$\ln IM_t = \beta_0 + \beta_1 \ln GNP_t + \mu_t \tag{9.18}$$

其中，β_0 为常数，β_1 为 GNP 对 IM 的弹性。

1. 用 OLS 法对（9.18）式估计得长期关系：

$$\ln IM_t = -4.94 + 1.29 \ln GNP_t + e_t$$
$$\qquad (-15.83) \quad (43.96)$$

$R^2 = 0.987 \qquad F = 1\ 932.80 \qquad DW = 0.465$

其中 e_t 为残差，可以检验估计模型存在自相关，加入 $\ln GNP_t$ 和 $\ln IM_t$ 的滞后项进行回归，估计结果为

$$\ln \widehat{IM}_t = -1.76 + 2.47 \ln GNP_t + 1.08 \ln IM_{t-1} - 3.45 \ln GNP_{t-1} -$$
$$\qquad (-1.95) \ (4.77) \qquad (4.26) \qquad (-2.56)$$
$$0.52 \ln IM_{t-2} + 1.43 \ln GNP_{t-2} + 0.05 \ln IM_{t-3} + 0.04 \ln GNP_{t-3}$$
$$(-1.48) \qquad (0.89) \qquad (0.24) \qquad (0.06)$$

$R^2 = 0.997 \qquad F = 761.08 \qquad DW = 2.10$

其中，括号内为 t 值，LM(1) = 1.798，LM(2) = 4.11，模型已不存在自相关，这里需要注意的是，在上式的回归中，通不过显著性检验的项不要剔除掉，否则会影响长期关系的表示。按照（9.11）计算长期关系为：

$$\ln IM_t = -4.51 + 1.26 \ln GNP_t$$

即 GNP 对 IM 的长期弹性为 1.26，意味着 GNP 每增加 1%，IM 就增加 1.26%。

2. 对 e_t 进行平稳性检验

ADF 检验结果为：

$$\Delta \hat{e}_t = -1.07 e_{t-1}$$
$$\qquad (-5.13)^*$$

$R^2 = 0.392 \qquad DW = 2.008$

$EG = -5.13$，EG 临界值 $C_{0.05} = 3.3377 - 5.967/27 - 8.98/(27)^2 = -3.5710 > EG$。所以 $\ln GNP$ 和 $\ln IM$ 存在协整关系。

(五)建立 ECM 模型

$$\Delta \ln \widehat{IM}_t = 2.48 \Delta \ln GNP_t - 0.46 ECM_{t-1} + 0.33 \Delta \ln IM_{t-1} -$$

$$\qquad (7.40) \qquad\qquad (-4.21) \qquad (2.12)$$

$$\qquad 1.21 \Delta \ln GNP_{t-1} - 0.51 \Delta \ln GNP_{t-3}$$

$$\qquad (-2.40) \qquad\qquad (-1.87)$$

$$R^2 = 0.793 \qquad DW = 1.57$$

经检验已不存在自相关。其中 ECM 为非均衡误差的估计,它以上期均衡误差的 46% 的调整力度对下一期 $\Delta \ln IM_t$ 做出调整,使之趋向均衡状态。

【本章小结】

1.如果均值 $E(Y_t) = \mu$,方差 $Var(Y_t) = \sigma^2$,协方差 $Cov(Y_t, Y_{t+k}) = \gamma_k$,且都是与时间 t 无关的常数,则称该随机时间序列是平稳的。

2.伪回归是指变量间本来不存在有意义的关系,但回归结果也可表现出较高的拟合优度等看似有意义的错误结论。

3.时间序列平稳性检验的方法有图示法和单位根检验。

4.单整是指如果一个非平稳的时间序列经过 d 次差分后变成平稳的,就称该序列为 d 阶单整序列,记为 $I(d)$。

5.非平稳经济变量间存在的长期稳定的均衡关系称作协整关系。(数学定义见正文)

6.协整检验最常用的是 EG 检验。

7.以协整为基础建立的误差修正模型既可研究经济问题的静态(长期)特征又可研究其动态(短期)特征。通常用 EG 两步法建立误差修正模型。

【思考与练习】

9.1 平稳的时间序列的特征是什么?

9.2 一个 I(1) 的变量对一个 I(0) 的变量回归会出现什么现象?

9.3 为什么 ADF 值一般为负的?

9.4 证明随机游走过程为非平稳过程。

9.5 在检验协整时,协整回归后对残差进行单位根检验,如果 ADF 检验残差是平稳的,是不是就可以说变量间存在协整关系?

9.6 协整回归时如果存在自相关要不要修正?

9.7　食品支出对数模型如下：

$$\ln F_t = \beta_0 + \beta_1 \ln E_t + \mu_t$$

其中，F_t 为食品支出，E_t 为生活支出，μ_t 为误差项。下表是日本职工家庭人均食品支出额和职工家庭人均生活支出额的对数值。

日本职工家庭人均食品支出额和职工家庭人均生活支出额的对数值

年份	$\ln F_t$	$\ln E_t$	年份	$\ln F_t$	$\ln E_t$
1949	9.207 6	9.717 5	1972	9.875 5	11.047 3
1950	9.228 8	9.783 5	1973	9.902	11.102 7
1951	9.185 8	9.795 4	1974	9.907 1	11.084 3
1952	9.275 5	9.944 9	1975	9.927 1	11.130 7
1953	9.335 8	10.059	1976	9.932 5	11.133
1954	9.333 4	10.057 4	1977	9.918 8	11.147 1
1955	9.348 4	10.105 3	1978	9.912 4	11.153 3
1956	9.382 3	10.180 4	1979	9.905	11.181 5
1957	9.417 4	10.227 9	1980	9.892 9	11.172 4
1958	9.464 1	10.289 9	1981	9.894	11.186
1959	9.486 4	10.344	1982	9.896 9	11.217 3
1960	9.517 6	10.395 5	1983	9.895 3	11.223 8
1961	9.565 9	10.474 2	1984	9.895 2	11.24
1962	9.599 2	10.539 9	1985	9.884 4	11.243 5
1963	9.548 1	10.553 8	1986	9.890 1	11.256 4
1964	9.602 2	10.624 5	1987	9.875 1	11.268 8
1965	9.634 3	10.650 4	1988	9.897 9	11.310 2
1966	9.651 3	10.696 3	1989	9.905 6	11.321 8
1967	9.699 8	10.759 4	1990	9.921 2	11.343 2
1968	9.742	10.834 1	1991	9.923 6	11.349 1
1969	9.785 5	10.901 5	1992	9.917 5	11.359 2
1970	9.822 2	10.954 8	1993	9.906	11.366 4
1971	9.845 6	11.002 4			

（1）对 $\ln F_t$ 和 $\ln E_t$ 进行 ADF 检验，确定单整阶数，检验 $\ln F_t$ 和 $\ln E_t$ 是否存在协整关系。

（2）如果存在协整关系，建立 ECM 模型。

附录　常用统计表

附表 1　正态分布概率表

$$F(Z) = P(|x - \bar{x}|/\sigma < Z)$$

Z	F(Z)	Z	F(Z)	Z	F(Z)	Z	F(Z)
0.00	0.000 0	0.35	0.273 7	0.70	0.516 1	1.05	0.706 3
0.01	0.008 0	0.36	0.281 2	0.71	0.522 3	1.06	0.710 9
0.02	0.016 0	0.37	0.288 6	0.72	0.528 5	1.07	0.715 4
0.03	0.023 9	0.38	0.296 1	0.73	0.534 6	1.08	0.719 9
0.04	0.031 9	0.39	0.303 5	0.74	0.540 7	1.09	0.724 3
0.05	0.039 9	0.40	0.310 8	0.75	0.546 7	1.10	0.728 7
0.06	0.047 8	0.41	0.318 2	0.76	0.552 7	1.11	0.733 0
0.07	0.055 8	0.42	0.325 5	0.77	0.558 7	1.12	0.737 3
0.08	0.063 8	0.43	0.332 5	0.78	0.564 6	1.13	0.741 5
0.09	0.071 7	0.44	0.340 1	0.79	0.570 5	1.14	0.745 7
0.10	0.079 7	0.45	0.347 3	0.80	0.576 3	1.15	0.749 9
0.11	0.087 6	0.46	0.354 5	0.81	0.582 1	1.16	0.754 0
0.12	0.095 5	0.47	0.361 6	0.82	0.587 8	1.17	0.758 0
0.13	0.103 4	0.48	0.368 8	0.83	0.593 5	1.18	0.762 0
0.14	0.111 3	0.49	0.375 9	0.84	0.599 1	1.19	0.766 0
0.15	0.119 2	0.50	0.382 9	0.85	0.604 7	1.20	0.769 9
0.16	0.127 1	0.51	0.389 9	0.86	0.610 2	1.21	0.773 7
0.17	0.135 0	0.52	0.396 9	0.87	0.615 7	1.22	0.777 5
0.18	0.142 8	0.53	0.403 9	0.88	0.621 1	1.23	0.781 3
0.19	0.150 7	0.54	0.410 8	0.89	0.626 5	1.24	0.785 0
0.20	0.158 5	0.55	0.417 7	0.90	0.631 9	1.25	0.788 7
0.21	0.166 3	0.56	0.424 5	0.91	0.637 2	1.26	0.792 3
0.22	0.174 1	0.57	0.431 3	0.92	0.642 4	1.27	0.795 9
0.23	0.181 9	0.58	0.438 1	0.93	0.647 6	1.28	0.799 5
0.24	0.189 7	0.59	0.444 8	0.94	0.652 8	1.29	0.803 0
0.25	0.197 4	0.60	0.451 5	0.95	0.657 9	1.30	0.806 4
0.26	0.205 1	0.61	0.458 1	0.96	0.662 9	1.31	0.809 8
0.27	0.212 8	0.62	0.464 7	0.97	0.668 0	1.32	0.813 2
0.28	0.220 5	0.63	0.471 3	0.98	0.672 9	1.33	0.816 5
0.29	0.228 2	0.64	0.477 8	0.99	0.677 8	1.34	0.819 8
0.30	0.235 8	0.65	0.484 3	1.00	0.682 7	1.35	0.823 0
0.31	0.243 4	0.66	0.490 7	1.01	0.687 5	1.36	0.826 2
0.32	0.251 0	0.67	0.497 1	1.02	0.692 3	1.37	0.829 3
0.33	0.258 6	0.68	0.503 5	1.03	0.697 0	1.38	0.832 4
0.34	0.266 1	0.69	0.509 8	1.04	0.701 7	1.39	0.835 5

附表1（续）

Z	$F(Z)$	Z	$F(Z)$	Z	$F(Z)$	Z	$F(Z)$
1.40	0.838 5	1.75	0.919 9	2.20	0.972 2	2.90	0.996 2
1.41	0.841 5	1.76	0.921 6	2.22	0.973 6	2.92	0.996 5
1.42	0.844 4	1.77	0.923 3	2.24	0.974 9	2.94	0.996 7
1.43	0.847 3	1.78	0.924 9	2.26	0.976 2	2.96	0.996 9
1.44	0.850 1	1.79	0.926 5	2.28	0.977 4	2.98	0.997 1
1.45	0.852 9	1.80	0.928 1	2.30	0.978 6	3.00	0.997 3
1.46	0.855 7	1.81	0.929 7	2.32	0.979 7	3.20	0.998 6
1.47	0.858 4	1.82	0.931 2	2.34	0.980 7	3.40	0.999 3
1.48	0.861 1	1.83	0.932 8	2.36	0.981 7	3.60	0.999 68
1.49	0.863 8	1.84	0.934 2	2.38	0.982 7	3.80	0.999 86
1.50	0.866 4	1.85	0.935 7	2.40	0.983 6	4.00	0.999 94
1.51	0.869 0	1.86	0.937 1	2.42	0.984 5	4.50	0.999 994
1.52	0.871 5	1.87	0.938 5	2.44	0.985 3	5.00	0.999 999
1.53	0.874 0	1.88	0.939 9	2.46	0.986 1		
1.54	0.876 4	1.89	0.941 2	2.48	0.986 9		
1.55	0.878 9	1.90	0.942 6	2.50	0.987 6		
1.56	0.881 2	1.91	0.943 9	2.52	0.988 3		
1.57	0.883 6	1.92	0.945 1	2.54	0.988 9		
1.58	0.885 9	1.93	0.946 4	2.56	0.989 5		
1.59	0.888 2	1.94	0.947 6	2.58	0.990 1		
1.60	0.890 4	1.95	0.948 8	2.60	0.990 7		
1.61	0.892 6	1.96	0.950 0	2.62	0.991 2		
1.62	0.894 8	1.97	0.951 2	2.64	0.991 7		
1.63	0.896 9	1.98	0.952 3	2.66	0.992 2		
1.64	0.899 0	1.99	0.953 4	2.68	0.992 6		
1.65	0.901 1	2.00	0.954 5	2.70	0.993 1		
1.66	0.903 1	2.02	0.956 6	2.72	0.993 5		
1.67	0.905 1	2.04	0.958 7	2.74	0.993 9		
1.68	0.907 0	2.06	0.960 6	2.76	0.994 2		
1.69	0.909 0	2.08	0.962 5	2.78	0.994 6		
1.70	0.910 9	2.10	0.964 3	2.80	0.994 9		
1.71	0.912 7	2.12	0.966 0	2.82	0.995 2		
1.72	0.914 6	2.14	0.967 6	2.84	0.995 5		
1.73	0.916 4	2.16	0.969 2	2.86	0.995 8		
1.74	0.918 1	2.18	0.970 7	2.88	0.996 0		

附表 2 t 分布临界值表

$$P[|t(v)|>t_a(v)]=\alpha$$

单侧	$\alpha=0.10$	0.05	0.025	0.01	0.005
双侧	$\alpha=0.20$	0.10	0.05	0.02	0.01
$v=1$	3.078	6.314	12.706	31.821	63.657
2	1.886	2.920	4.303	6.965	9.925
3	1.638	2.353	3.182	4.541	5.841
4	1.533	2.132	2.776	3.747	4.604
5	1.476	2.015	2.571	3.365	4.032
6	1.440	1.943	2.447	3.143	3.707
7	1.415	1.895	2.365	2.998	3.499
8	1.397	1.860	2.306	2.896	2.355
9	1.383	1.833	2.262	2.821	3.250
10	1.372	1.812	2.228	2.764	3.169
11	1.363	1.796	2.201	2.718	3.106
12	1.356	1.782	2.179	2.681	3.055
13	1.350	1.771	2.160	2.650	3.012
14	1.345	1.761	2.145	2.624	2.977
15	1.341	1.753	2.131	2.602	2.947
16	1.337	1.746	2.120	2.583	2.921
17	1.333	1.740	2.110	2.567	2.898
18	1.330	1.734	2.101	2.552	2.878
19	1.328	1.729	2.093	2.539	2.861
20	1.325	1.725	2.086	2.528	2.845
21	1.323	1.721	2.080	2.518	2.831
22	1.321	1.717	2.074	2.508	2.819
23	1.319	1.714	2.069	2.500	2.807
24	1.318	1.711	2.064	2.492	2.797
25	1.316	1.708	2.060	2.485	2.787
26	1.315	1.706	2.056	2.479	2.779
27	1.314	1.703	2.052	2.473	2.771
28	1.313	1.701	2.048	2.467	2.763
29	1.311	1.699	2.045	2.462	2.756
30	1.310	1.697	2.042	2.457	2.750
40	1.303	1.684	2.021	2.423	2.704
50	1.299	1.676	2.009	2.403	2.678
60	1.296	1.671	2.000	2.390	2.660
70	1.294	1.667	1.994	2.381	2.648
80	1.292	1.664	1.990	2.374	2.639
90	1.291	1.662	1.987	2.368	2.632
100	1.290	1.660	1.984	2.364	2.626
125	1.288	1.657	1.979	2.357	2.616
150	1.287	1.655	1.976	2.351	2.609
200	1.286	1.653	1.972	2.345	2.601
∞	1.282	1.645	1.960	2.326	2.576

附表3 χ^2 分布临界值表

$$P[\chi^2(v) > \chi^2_\alpha(v)] = \alpha$$

v	显 著 性 水 平(α)												
	0.99	0.98	0.95	0.90	0.80	0.70	0.50	0.30	0.20	0.10	0.05	0.02	0.01
1	0.000 2	0.000 6	0.003 9	0.015 8	0.064 2	0.148	0.455	1.074	1.642	2.706	3.841	5.412	6.635
2	0.020 1	0.040 4	0.103	0.211	0.446	0.713	1.386	2.403	3.219	4.605	5.991	7.824	9.210
3	0.115	0.185	0.352	0.584	1.005	1.424	2.366	3.665	4.642	6.251	7.815	9.837	11.341
4	0.297	0.429	0.711	1.064	1.649	2.195	3.357	4.878	5.989	7.779	9.488	11.668	13.277
5	0.554	0.752	1.145	1.610	2.343	3.000	4.351	6.064	7.289	9.236	11.070	13.388	15.068
6	0.872	1.134	1.635	2.204	3.070	3.828	5.348	7.231	8.558	10.645	12.592	15.033	16.812
7	1.239	1.564	2.167	2.833	3.822	4.671	6.346	8.383	9.803	12.017	14.067	16.622	18.475
8	1.646	2.032	2.733	3.490	4.594	5.527	7.344	9.524	11.030	13.362	15.507	18.168	20.090
9	2.088	2.532	3.325	4.168	5.380	6.393	8.343	10.656	12.242	14.684	16.919	19.679	21.666
10	2.558	3.059	3.940	4.865	6.179	7.267	9.342	11.781	13.442	15.987	18.307	21.161	23.209
11	3.053	3.609	4.575	5.578	6.989	8.148	10.341	12.899	14.631	17.275	19.675	22.618	24.725
12	3.571	4.178	5.226	6.304	7.807	9.304	11.340	14.011	15.812	18.549	21.026	24.054	26.217
13	4.107	4.765	5.892	7.042	8.634	9.926	12.340	15.119	16.985	19.812	22.362	25.472	27.688
14	4.660	5.368	6.571	7.790	9.467	10.821	13.339	16.222	18.151	21.064	23.685	26.873	29.141
15	5.229	5.985	7.261	8.547	10.307	11.721	14.339	17.322	19.311	22.307	24.996	28.259	30.578
16	5.812	6.614	7.962	9.312	11.152	12.624	15.338	18.413	20.465	23.542	26.296	29.633	32.000
17	6.408	7.255	8.672	10.035	12.002	13.531	16.338	19.511	21.615	24.769	27.587	30.995	33.409
18	7.015	7.906	9.390	10.865	12.857	14.440	17.338	20.601	22.760	25.989	28.869	32.346	34.805
19	7.633	8.567	10.117	11.651	13.716	15.352	18.338	21.689	23.900	27.204	30.144	33.687	36.191
20	8.260	9.237	10.851	12.443	14.578	16.266	19.337	22.775	25.038	28.412	31.410	35.020	37.566
21	8.897	9.915	11.591	13.240	15.445	17.182	20.337	23.858	26.171	29.615	32.671	36.343	38.932
22	9.542	10.600	12.338	14.041	16.314	18.101	21.337	24.939	27.301	30.813	33.924	37.659	40.289
23	10.196	11.293	13.091	14.848	17.187	19.021	22.337	26.018	28.429	32.007	35.172	37.968	41.638
24	10.856	11.992	13.848	15.659	18.062	19.943	23.337	27.096	29.553	33.196	36.415	40.270	42.980
25	11.524	12.697	14.611	16.473	18.940	20.867	24.337	28.172	30.675	34.382	37.652	41.566	44.314
26	12.198	13.409	15.379	17.292	19.820	21.792	25.336	29.246	31.795	35.563	38.885	42.856	45.642
27	12.897	14.125	16.151	18.114	20.703	22.719	26.336	30.319	32.912	36.741	40.113	44.140	46.963
28	13.565	14.847	16.928	18.930	21.588	23.647	27.336	31.391	34.027	37.916	41.337	45.419	48.278
29	14.256	15.574	17.708	19.768	22.475	24.577	28.336	32.461	35.139	39.087	42.557	46.693	49.588
30	14.593	16.306	18.493	20.599	23.364	25.508	29.336	33.530	36.250	40.256	43.773	47.962	50.892

附表 4　F 分布临界值表($\alpha=0.05$)

$$P[F(v_1,v_2)>F_\alpha(v_1,v_2)]=\alpha$$

v_2 \ v_1	1	2	3	4	5	6	8	10	15
1	161.4	199.5	215.7	224.6	230.2	234.0	238.9	241.9	245.9
2	18.51	19.00	19.16	19.25	19.30	19.33	19.37	19.40	19.43
3	10.13	9.55	9.28	9.12	9.01	8.94	8.85	8.79	8.70
4	7.71	6.94	6.59	6.39	6.26	6.16	6.04	5.96	5.86
5	6.61	5.79	5.41	5.19	5.05	4.95	4.82	4.74	4.62
6	5.99	5.14	4.76	4.53	4.39	4.28	4.15	4.06	3.94
7	5.59	4.74	4.35	4.12	3.97	3.87	3.73	3.64	3.51
8	5.32	4.46	4.07	3.84	3.69	3.58	3.44	3.35	3.22
9	5.12	4.26	3.86	3.63	3.48	3.37	3.23	3.14	3.01
10	4.96	4.10	3.71	3.48	3.33	3.22	3.07	2.98	2.85
11	4.84	3.98	3.59	3.36	3.20	3.09	2.95	2.85	2.72
12	4.75	3.89	3.49	3.26	3.11	3.00	2.85	2.75	2.62
13	4.67	3.81	3.41	3.18	3.03	2.92	2.77	2.67	2.53
14	4.60	3.74	3.34	3.11	2.96	2.85	2.70	2.60	2.46
15	4.54	3.68	3.29	3.06	2.90	2.79	2.64	2.54	2.40
16	4.49	3.63	3.24	3.01	2.85	2.74	2.59	2.49	2.35
17	4.45	3.59	3.20	2.96	2.81	2.70	2.55	2.45	2.31
18	4.41	3.55	3.16	2.93	2.77	2.66	2.51	2.41	2.27
19	4.38	3.52	3.13	2.90	2.74	2.63	2.48	2.38	2.23
20	4.35	3.49	3.10	2.87	2.71	2.60	2.45	2.35	2.20
21	4.32	3.47	3.07	2.84	2.68	2.57	2.42	2.32	2.18
22	4.30	3.44	3.05	2.82	2.66	2.55	2.40	2.30	2.15
23	4.28	3.42	3.03	2.80	2.64	2.53	2.37	2.27	2.13
24	4.26	3.40	3.01	2.78	2.62	2.51	2.36	2.25	2.11
25	4.24	3.39	2.99	2.76	2.60	2.49	2.34	2.24	2.09
26	4.23	3.37	2.98	2.74	2.59	2.47	2.32	2.22	2.07
27	4.21	3.35	2.96	2.73	2.57	2.46	2.31	2.20	2.06
28	4.20	3.34	2.95	2.71	2.56	2.45	2.29	2.19	2.04
29	4.18	3.33	2.93	2.70	2.55	2.43	2.28	2.18	2.03
30	4.17	3.32	2.92	2.69	2.53	2.42	2.27	2.16	2.01
40	4.08	3.23	2.84	2.61	2.45	2.34	2.18	2.08	1.92
50	4.03	3.18	2.79	2.56	2.40	2.29	2.13	2.03	1.87
60	4.00	3.15	2.76	2.53	2.37	2.25	2.10	1.99	1.84
70	3.98	3.13	2.74	2.50	2.35	2.23	2.07	1.97	1.81
80	3.96	3.11	2.72	2.49	2.33	2.21	2.06	1.95	1.79
90	3.95	3.10	2.71	2.47	2.32	2.20	2.04	1.94	1.78
100	3.94	3.09	2.70	2.46	2.31	2.19	2.03	1.93	1.77
125	3.92	3.07	2.68	2.44	2.29	2.17	2.01	1.91	1.75
150	3.90	3.06	2.66	2.43	2.27	2.16	2.00	1.89	1.73
200	3.89	3.04	2.65	2.42	2.26	2.14	1.98	1.88	1.72
∞	3.84	3.00	2.60	2.37	2.21	2.10	1.94	1.83	1.67

附表 4(续)(α=0.01)

v_2＼v_1	1	2	3	4	5	6	8	10	15
1	4 052	4 999	5 403	5 625	5 764	5 859	5 981	6 056	6 157
2	98.50	99.00	99.17	99.25	99.30	99.33	99.37	99.40	99.43
3	34.12	30.82	29.46	28.71	28.24	27.91	27.49	27.23	26.87
4	21.20	18.00	16.69	15.98	15.52	15.21	14.80	14.55	14.20
5	16.26	13.27	12.06	11.39	10.97	10.67	10.29	10.05	9.72
6	13.75	10.92	9.78	9.15	8.75	8.47	8.10	7.87	7.56
7	12.25	9.55	8.45	7.85	7.46	7.19	6.84	6.62	6.31
8	11.26	8.65	7.59	7.01	6.63	6.37	6.03	5.81	5.52
9	10.56	8.02	6.99	6.42	6.06	5.80	5.47	5.26	4.96
10	10.04	7.56	6.55	5.99	5.64	5.39	5.06	4.85	4.56
11	9.65	7.21	6.22	5.67	5.32	5.07	4.74	4.54	4.25
12	9.33	6.93	5.95	5.41	5.06	4.82	4.50	4.30	4.01
13	9.07	6.70	5.74	5.21	4.86	4.62	4.30	4.10	3.82
14	8.86	6.51	5.56	5.04	4.69	4.46	4.14	3.94	3.66
15	8.86	6.36	5.42	4.89	4.56	4.32	4.00	3.80	3.52
16	8.53	6.23	5.29	4.77	4.44	4.20	3.89	3.69	3.41
17	8.40	6.11	5.19	4.67	4.34	4.10	3.79	3.59	3.31
18	8.29	6.01	5.09	4.58	4.25	4.01	3.71	3.51	3.23
19	8.18	5.93	5.01	4.50	4.17	3.94	3.63	3.43	3.15
20	8.10	5.85	4.94	4.43	4.10	3.87	3.56	3.37	3.09
21	8.02	5.78	4.87	4.37	4.04	3.81	3.51	3.31	3.03
22	7.95	5.72	4.82	4.31	3.99	3.76	3.45	3.26	2.98
23	7.88	5.66	4.76	4.26	3.94	3.71	3.41	3.21	2.93
24	7.82	5.61	4.72	4.22	3.90	3.67	3.36	3.17	2.89
25	7.77	5.57	4.68	4.18	3.85	3.63	3.32	3.13	2.85
26	7.72	5.53	4.64	1.14	3.82	3.59	3.29	3.09	2.81
27	7.68	5.49	4.60	4.11	3.78	3.56	3.26	3.06	2.78
28	7.64	5.45	4.57	4.07	3.75	3.53	3.23	3.03	2.75
29	7.60	5.42	4.54	4.04	3.73	3.50	3.20	3.00	2.73
30	7.56	5.39	4.51	4.02	3.70	3.47	3.17	2.98	2.70
40	7.31	5.18	4.31	3.83	3.51	3.29	2.99	2.80	2.52
50	7.17	5.06	4.20	3.72	3.41	3.19	2.89	2.70	2.42
60	7.08	4.98	4.13	3.65	3.34	3.12	2.82	2.63	2.35
70	7.01	4.92	4.07	3.60	3.29	3.07	2.78	2.59	2.31
80	6.96	4.88	4.04	3.56	3.26	3.04	2.74	2.55	2.27
90	6.93	4.85	4.01	3.53	3.23	3.01	2.72	2.52	2.42
100	6.90	4.82	3.98	3.51	3.21	2.99	2.69	2.50	2.22
125	6.84	4.78	3.94	3.47	3.17	2.95	2.66	2.47	2.19
150	6.81	4.75	3.91	3.45	3.14	2.92	2.63	2.44	2.16
200	6.76	4.71	3.88	3.41	3.11	2.89	2.60	2.41	2.13
∞	6.63	4.61	3.78	3.32	3.02	2.80	2.51	2.23	2.04

附表 5　DW 临界值检验表

5%的上下界

n	k=2		k=3		k=4		k=5		k=6	
	d_L	d_U	d_L	d_U	d_L	d_U	d_L	d_U	d_L	d_U
15	1.08	1.36	0.95	1.54	0.82	1.75	0.69	1.97	0.56	2.21
16	1.10	1.37	0.98	1.54	0.86	1.73	1.74	1.93	0.62	2.15
17	1.13	1.38	1.02	1.54	0.90	1.71	0.78	1.90	0.67	2.10
18	1.16	1.39	1.05	1.53	0.93	1.69	0.82	1.87	0.71	2.06
19	1.18	1.40	1.08	1.53	0.97	1.68	0.86	1.85	0.75	2.02
20	1.20	1.41	1.10	1.54	1.00	1.68	0.90	1.83	0.79	1.99
21	1.22	1.42	1.13	1.54	1.03	1.67	0.93	1.81	0.83	1.96
22	1.24	1.43	1.15	1.54	1.05.	1.66	0.96	1.80	0.86	1.94
23	1.26	1.44	1.17	1.54	1.08	1.66	0.99	1.79	0.90	1.92
24	1.27	1.45	1.19	1.55	1.10	1.66	1.01	1.78	0.93	1.90
25	1.29	1.45	1.21	1.55	1.12	1.66	1.04	1.77	0.95	1.89
26	1.30	1.46	1.22	1.55	1.14	1.65	1.06	1.76	0.98	1.88
27	1.32	1.47	1.24	1.56	1.16	1.65	1.08	1.76	1.01	1.86
28	1.33	1.48	1.26	1.56	1.18	1.65	1.10	1.75	1.03	1.85
29	1.34	1.48	1.27	1.56	1.20	1.65	1.12	1.74	1.05	1.81
30	1.35	1.49	1.28	1.57	1.21	1.65	1.14	1.74	1.07	1.83
31	1.36	1.50	1.30	1.57	1.23	1.65	1.16	1.74	1.09	1.83
32	1.37	1.50	1.31	1.57	1.24	1.65	1.18	1.73	1.11	1.82
33	1.38	1.51	1.32	1.58	1.26	1.65	1.19	1.73	1.13	1.81
34	1.39	1.51	1.33	1.58	1.27	1.65	1.21	1.73	1.15	1.81
35	1.40	1.52	1.34	1.58	1.28	1.65	1.22	1.73	1.16	1.80
36	1.41	1.52	1.35	1.59	1.29	1.65	1.24	1.73	1.18	1.80
37	1.42	1.53	1.36	1.59	1.31	1.66	1.25	1.72	1.19	1.80
38	1.43	1.54	1.37	1.59	1.32	1.66	1.26	1.72	1.21	1.79
39	1.43	1.54	1.38	1.60	1.33	1.66	1.27	1.72	1.22	1.79
40	1.44	1.54	1.39	1.60	1.34	1.66	1.29	1.72	1.23	1.79
45	1.48	1.57	1.43	1.62	1.38	1.67	1.34	1.72	1.29	1.78
50	1.50	1.59	1.46	1.63	1.42	1.67	1.38	1.72	1.34	1.77
55	1.53	1.60	1.49	1.64	1.45	1.68	1.41	1.72	1.38	1.77
60	1.55	1.62	1.51	1.65	1.48	1.69	1.44	1.73	1.41	1.77
65	1.57	1.63	1.54	1.66	1.50	1.70	1.47	1.73	1.44	1.77
70	1.58	1.64	1.55	1.67	1.52	1.70	1.49	1.74	1.46	1.77
75	1.60	1.65	1.57	1.68	1.54	1.71	1.51	1.74	1.49	1.77
80	1.61	1.66	1.59	1.69	1.56	1.72	1.53	1.74	1.51	1.77
85	1.62	1.67	1.60	1.70	1.57	1.72	1.55	1.75	1.52	1.77
90	1.63	1.68	1.61	1.70	1.59	1.73	1.57	1.75	1.54	1.78
95	1.64	1.69	1.62	1.71	1.60	1.73	1.58	1.75	1.56	1.78
100	1.65	1.69	1.63	1.72	1.61	1.74	1.59	1.76	1.57	1.78

续表

n	$k=2$		$k=3$		$k=4$		$k=5$		$k=6$	
	d_L	d_U	d_L	d_U	d_L	d_U	d_L	d_U	d_L	d_U
15	0.81	1.07	0.70	1.25	0.59	1.46	0.49	1.70	0.39	1.96
16	0.84	1.09	0.74	1.25	0.63	1.44	0.53	1.66	0.44	1.90
17	0.87	1.10	0.77	1.25	0.67	1.43	0.57	1.63	0.48	1.85
18	0.90	1.12	0.80	1.26	0.71	1.42	0.61	1.60	0.52	1.80
19	0.93	1.13	0.83	1.27	0.74	1.41	0.65	1.58	0.56	1.74
20	0.95	1.15	0.86	1.27	0.77	1.41	0.68	1.57	0.60	1.74
21	0.97	1.16	0.89	1.27	0.80	1.41	0.72	1.55	0.63	1.71
22	1.00	1.17	0.91	1.28	0.83	1.40	0.75	1.54	0.66	1.69
23	1.02	1.19	0.94	1.29	0.86	1.40	0.77	1.53	0.70	1.67
24	1.04	1.20	0.96	1.30	0.88	1.41	0.80	1.53	0.72	1.66
25	1.05	1.21	0.98	1.30	0.90	1.41	0.83	1.52	0.75	1.65
26	1.07	1.22	1.00	1.31	0.93	1.41	0.85	1.52	0.78	1.64
27	1.09	1.23	1.02	1.32	0.95	1.41	0.88	1.51	0.81	1.63
28	1.10	1.24	1.04	1.32	0.97	1.41	0.90	1.51	0.83	1.62
29	1.12	1.25	1.05	1.33	0.99	1.42	0.92	1.51	0.85	1.61
30	1.13	1.26	1.07	1.34	1.01	1.42	0.94	1.51	0.88	1.61
31	1.15	1.27	1.08	1.34	1.02	1.42	0.96	1.51	0.90	1.60
32	1.16	1.28	1.10	1.35	1.04	1.43	0.98	1.51	0.92	1.60
33	1.17	1.29	1.11	1.36	1.05	1.43	1.00	1.51	0.94	1.59
34	1.18	1.30	1.13	1.36	1.07	1.43	1.01	1.51	0.95	1.59
35	1.19	1.31	1.14	1.37	1.08	1.44	1.03	1.51	0.97	1.59
36	1.21	1.32	1.15	1.38	1.10	1.44	1.04	1.51	0.99	1.59
37	1.22	1.32	1.16	1.38	1.11	1.45	1.06	1.51	1.00	1.59
38	1.23	1.33	1.18	1.39	1.12	1.45	1.07	1.52	1.02	1.58
39	1.24	1.34	1.19	1.39	1.14	1.45	1.09	1.52	1.03	1.58
40	1.25	1.34	1.20	1.40	1.15	1.46	1.10	1.52	1.05	1.58
45	1.29	1.38	1.24	1.42	1.20	1.48	1.16	1.53	1.11	1.58
50	1.32	1.40	1.28	1.45	1.24	1.49	1.20	1.54	1.16	1.59
55	1.36	1.43	1.32	1.47	1.28	1.51	1.25	1.55	1.21	1.59
60	1.38	1.45	1.35	1.48	1.32	1.52	1.28	1.56	1.25	1.60
65	1.41	1.47	1.38	1.50	1.35	1.53	1.31	1.57	1.28	1.61
70	1.43	1.49	1.40	1.52	1.37	1.55	1.34	1.58	1.31	1.61
75	1.45	1.50	1.42	1.53	1.39	1.56	1.37	1.59	1.34	1.62
80	1.47	1.52	1.44	1.54	1.42	1.57	1.39	1.60	1.36	1.62
85	1.48	1.53	1.46	1.55	1.43	1.58	1.41	1.60	1.39	1.63
90	1.50	1.54	1.47	1.56	1.45	1.59	1.43	1.61	1.41	1.64
95	1.51	1.55	1.49	1.57	1.47	1.60	1.45	1.62	1.42	1.64
100	1.52	1.56	1.50	1.58	1.48	1.60	1.46	1.63	1.44	1.65

注：n 观察值个数；k 是解释变量个数，包括常数项

附表 6 DF 分布百分位表

模型	统计量	样本容量	α			
			0.01	0.025	0.05	0.10
模型 1	τ_ρ	25	−2.66	−2.26	−1.95	−1.60
		50	−2.62	−2.25	−1.95	−1.61
		100	−2.60	−2.24	−1.95	−1.61
		250	−2.58	−2.23	−1.95	−1.62
		500	−2.58	−2.23	−1.95	−1.62
		∞	−2.58	−2.23	−1.95	−1.62
模型 2	τ_ρ	25	−3.75	−3.33	−3.00	−2.63
		50	−3.58	−3.22	−2.93	−2.60
		100	−3.51	−3.17	−2.89	−2.58
		250	−3.46	−3.14	−2.88	−2.57
		500	−3.44	−3.13	−2.87	−2.57
		∞	−3.43	−3.12	−2.86	−2.57
	τ_a	25	3.41	2.97	2.61	2.20
		50	3.28	2.89	2.56	2.18
		100	3.22	2.86	2.54	2.17
		250	3.19	2.84	2.53	2.16
		500	3.18	2.83	2.52	2.16
		∞	3.18	2.83	2.52	2.16
模型 3	τ_ρ	25	−4.38	−3.95	−3.60	−3.24
		50	−4.15	−3.80	−3.50	−3.18
		100	−4.04	−3.73	−3.45	−3.15
		250	−3.99	−3.69	−3.43	−3.13
		500	−3.98	−3.68	−3.42	−3.13
		∞	−3.96	−3.66	−3.41	−3.12
	τ_a	25	4.05	3.59	3.20	2.77
		50	3.87	3.47	3.14	2.75
		100	3.78	3.42	3.11	2.73
		250	3.74	3.39	3.09	2.73
		500	3.72	3.38	3.08	2.72
		∞	3.71	3.38	3.08	2.72
	τ_β	25	3.74	3.25	2.85	2.39
		50	3.60	3.18	2.81	2.38
		100	3.53	3.14	2.79	2.38
		250	3.49	3.12	2.79	2.38
		500	3.48	3.11	2.78	2.38
		∞	3.46	3.11	2.78	2.38

附表 7　协整性检验临界值表

n	模型形式	α	ϕ_∞	ϕ_1	ϕ_2
1	无截距项,无趋势项	0.01	-2.5658	-1.960	-10.04
		0.05	-1.9393	-0.398	0.00
		0.10	-1.6156	-0.181	0.00
1	截距项,无趋势项	0.01	-3.4336	-5.999	-29.25
		0.05	-2.8621	-2.738	-8.36
		0.10	-2.5671	-1.438	-4.48
1	截距项,趋势项	0.01	-3.9638	-8.353	-47.44
		0.05	-3.4126	-4.039	-17.83
		0.10	-3.1279	-2.418	-7.58
2	截距项,无趋势项	0.01	-3.9001	-10.534	-30.03
		0.05	-3.3377	-5.967	-8.98
		0.10	-3.0462	-4.069	-6.73
2	截距项,趋势项	0.01	-4.3266	-15.531	-34.03
		0.05	-3.7809	-9.421	-15.06
		0.10	-3.4959	-7.203	-4.01
3	截距项,无趋势项	0.01	-4.2981	-13.790	-46.37
		0.05	-3.7429	-8.352	-13.41
		0.10	-3.4518	-6.241	-2.79
3	截距项,趋势项	0.01	-4.6676	-18.492	-49.35
		0.05	-4.1193	-12.024	-13.13
		0.10	-3.8344	-9.188	-4.85
4	截距项,无趋势项	0.01	-4.6493	-17.188	-59.20
		0.05	-4.1000	-10.745	-21.57
		0.10	-3.8110	-8.317	-5.19
4	截距项,趋势项	0.01	-4.9695	-22.504	-50.22
		0.05	-4.4294	-14.501	-19.54
		0.10	-4.1474	-11.165	-9.88
5	截距项,无趋势项	0.01	-4.9587	-22.140	-37.29
		0.05	-4.4185	-13.641	-21.16
		0.10	-4.1327	-10.638	-5.48
5	截距项,趋势项	0.01	-5.2497	-26.606	-49.56
		0.05	-4.7154	-17.432	-16.50
		0.10	-4.4345	-13.654	-5.77

续表

n	模型形式	α	ϕ_{∞}	ϕ_1	ϕ_2
6	截距项,无趋势项	0.01	-5.2400	-26.278	-41.65
		0.05	-4.7048	-17.120	-11.17
		0.10	-4.4242	-13.347	0.00
6	截距项,趋势项	0.01	-5.5127	-30.735	-52.50
		0.05	-4.9767	-20.883	-9.05
		0.10	-4.6999	-16.445	0.00

注:1.临界值计算公式是:$C_{\alpha} = \phi_{\infty} + \phi_1 T^{-1} + \phi_2 T^{-2}$,其中 T 为样本容量。

2.n 表示协整回归式中所含变量个数,α 表示显著性水平。

参考文献

1. 张晓峒主编. 计量经济学基础(第三版). 天津:南开大学出版社,2007.

2. 张晓峒著. 计量经济分析(修订版). 北京:经济科学出版社,2000.

3. 詹姆斯·D. 汉密尔顿著. 时间序列分析. 刘明志译. 北京:中国社会科学出版社,1999.

4. 威廉·H. 格林著. 计量经济分析(第五版). 费剑平译. 北京:中国人民大学出版社,2007.

5. J. M. 伍德里奇著. 计量经济学导论现代观点. 费剑平,林相森译. 北京:中国人民大学出版社,2002.

6. 古扎拉蒂著. 计量经济学(第三版). 林少宫译. 北京:中国人民大学出版社,1999.

7. 庞浩主编. 计量经济学. 北京:科学出版社,2007.

8. 李子奈,潘文卿编著. 计量经济学(第二版). 北京:高等教育出版社,2005.

9. 靳云汇,金赛男等编著. 高级计量经济学(上册). 北京:北京大学出版社,2007.

10. 谢识予编著. 计量经济学教程. 上海:复旦大学出版社,2004.

11. 童光荣主编. 计量经济学. 武汉:武汉大学出版社,2006.

12. 张晓峒著. EViews 使用指南与案例. 北京:机械工业出版社,2007.

13. 孙敬水主编. 计量经济学. 北京:清华大学出版社,2004.

14. 郑翔主编. 计量经济学. 成都:四川大学出版社. 2002.

15. Gujarati, D. N. *Basic Econometrics*, Fourth Edition, Mcgraw-Hill, 2004.

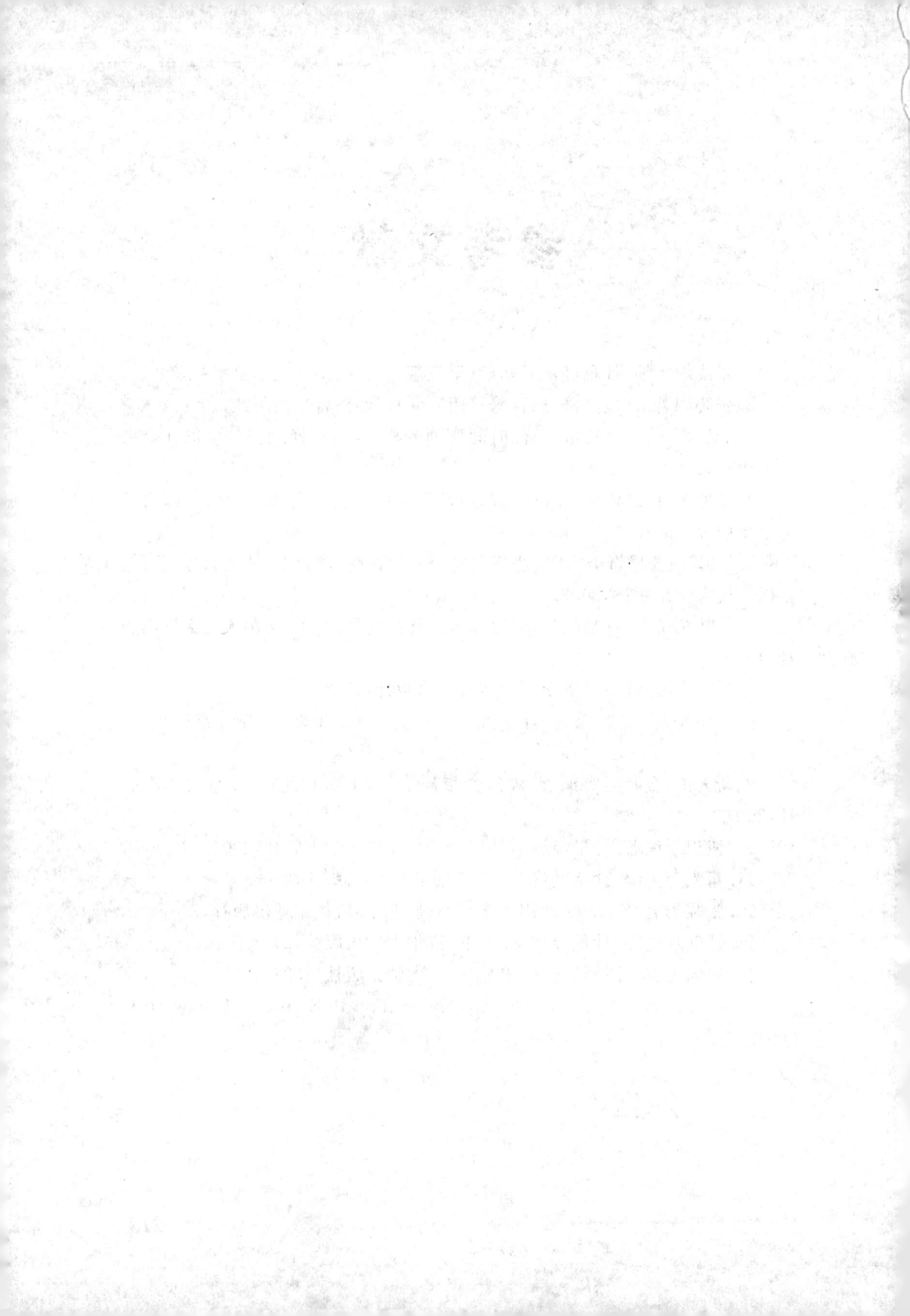